2021

AMÉLIA SOARES *da* ROCHA

CONTRATOS *de* CONSUMO

PARÂMETROS EFICIENTES
PARA A REDUÇÃO DA ASSIMETRIA
INFORMACIONAL

2021 © Editora Foco
Autora: Amélia Soares da Rocha
Diretor Acadêmico: Leonardo Pereira
Editor: Roberta Densa
Assistente Editorial: Paula Morishita
Revisora Sênior: Georgia Renata Dias
Capa Criação: Leonardo Hermano
Diagramação: Ladislau Lima
Impressão miolo e capa: GRAFNORTE

Dados Internacionais de Catalogação na Publicação (CIP) (Câmara Brasileira do Livro, SP, Brasil)

R672c Rocha, Amélia Soares da.
Contratos de consumo: parâmetros eficientes para a redução da assimetria informacional / Amélia Soares da Rocha. - Indaiatuba, SP : Editora Foco, 2021.
208 p. ; 17cm x 24cm.

Inclui bibliografia e índice.
ISBN: 978-65-5515-272-2

1. Direito. 2. Direito constitucional. 3. Direito do consumidor. I. Título.

2021-1064   CDD 342.5   CDU 347.451.031

Elaborado por Odilio Hilario Moreira Junior – CRB-8/9949
Índices para Catálogo Sistemático:
1. Direito civil 342.5   2. Direito civil 347.451.031

DIREITOS AUTORAIS: É proibida a reprodução parcial ou total desta publicação, por qualquer forma ou meio, sem a prévia autorização da Editora FOCO, com exceção do teor das questões de concursos públicos que, por serem atos oficiais, não são protegidas como Direitos Autorais, na forma do Artigo 8º, IV, da Lei 9.610/1998. Referida vedação se estende às características gráficas da obra e sua editoração. A punição para a violação dos Direitos Autorais é crime previsto no Artigo 184 do Código Penal e as sanções civis às violações dos Direitos Autorais estão previstas nos Artigos 101 a 110 da Lei 9.610/1998. Os comentários das questões são de responsabilidade dos autores.

NOTAS DA EDITORA:

Atualizações e erratas: A presente obra é vendida como está, atualizada até a data do seu fechamento, informação que consta na página II do livro. Havendo a publicação de legislação de suma relevância, a editora, de forma discricionária, se empenhará em disponibilizar atualização futura.

Erratas: A Editora se compromete a disponibilizar no site www.editorafoco.com.br, na seção Atualizações, eventuais erratas por razões de erros técnicos ou de conteúdo. Solicitamos, outrossim, que o leitor faça a gentileza de colaborar com a perfeição da obra, comunicando eventual erro encontrado por meio de mensagem para contato@editorafoco.com.br. O acesso será disponibilizado durante a vigência da edição da obra.

Impresso no Brasil (03.2021) – Data de Fechamento (01.2021)

2021
Todos os direitos reservados à
Editora Foco Jurídico Ltda.
Avenida Itororó, 348 – Sala 05 – Cidade Nova
CEP 13334-050 – Indaiatuba – SP
E-mail: contato@editorafoco.com.br
www.editorafoco.com.br

Ao coração generoso de Dona Francinete, minha mãe,
que nunca mediu esforços para garantir os estudos das filhas
e aos noventa anos de Oseinha dos Pobres, meu Pai.

AGRADECIMENTOS

Gratidão não é só palavra, mas atitude. É também valor e princípio de vida. É reconhecer que nada se faz sozinho, que somos interdependentes na estrada tão desafiadora quanto encantadora da vida.

Agradeço, primeiro, às forças espirituais que governam nossa vida, aos Deuses e às Deusas que nos inspiram, fortalecem e amparam. O período de doutoramento – do qual este livro é fruto – coincidiu com mudanças estruturais na minha vida, especialmente configuradas com a partida de minha mãe e de meu pai. Foi a presença divina que me aqueceu o coração renovando a crença de que tudo tem um sentido de necessário aprendizado.

Agradeço, imensamente, ao privilégio da família que tenho. Ao Oseinha e à Nenete que, por seus exemplos, ensinaram-me a lutar para que todos pudessem ter igualdade de ponto de partida. Ao meu filho Vinícius, que há 8 anos me fez renascer na própria vida e todos os dias me alimenta de amor, luz, determinação e força. À minha esposa Rose, o amor que sempre sonhei, com quem aprendo todos os dias em um cotidiano cheio de sentimentos e sentidos e partilho tantos sonhos e ideais. À Mãe Ila e ao Marcos, amados pais e orientadores que ganhei da vida. À Noemi e ao Xande, que sempre seguraram a minha mão, mesmo quando duvidaram do caminho. Às minhas amadas irmãs Maria Clara, Marcelle e Chrystianne, cuja dignidade e força tanto me inspiram. À minha sogra Mundinha e meus amados cunhados Rosália e Wallison. Aos meus sobrinhos e sobrinhas. Aos meus tios e tias, em especial Tia Lulude e Tia Memé. Aos meus primos e primas, em especial, Claudinha, Leinha, Wilzinha e Bel. Às amizades que se tornam família, em especial Michele e Eduardo, Lia e Eugênio.

Agradeço à minha professora orientadora, Professora Uinie Caminha, por todo o incentivo para o ingresso no doutorado e pela firmeza e pelo afinco com que acompanhou o desenvolvimento de toda a pesquisa, de forma que as divergências fossem caminho para o aperfeiçoamento da pesquisa, maior clareza no argumento e para a melhor qualidade do trabalho.

Agradeço às professoras Cláudia Lima Marques, Maria Tereza Aina Sadek e Joyceane Bezerra de Menezes e ao professor Alexander Perazo Nunes de Carvalho, pelo privilégio de suas presenças na banca de avaliação da tese vez que carregam inequívoca competência e credibilidade em todos os aspectos de suas vidas, e continuam acreditando e lutando por um Direito que rime com Justiça.

Agradeço à Defensoria Pública do Estado do Ceará, o que faço por meio da Defensora Pública Geral do Estado do Ceará, Elizabeth das Chagas Sousa, mulher de inequívoco sentimento republicano e amor pela causa da Justiça para todas e todos, de conduta e atuação admiráveis, de imensa coerência e força, amor e verdade.

Agradeço à Universidade de Fortaleza – UNIFOR, onde, há quase vinte anos, tenho o privilégio de aprender e ensinar como membro de seu corpo docente, por todo o apoio e incentivo, o que faço por meio da Professora Katherinne de Macêdo Maciel Mihaliuc, Diretora do Centro de Ciências Jurídicas que, com amor e verdade, vem nos guiando a um ensino jurídico de inequívoca qualidade técnica e cada vez mais humano e transformador.

Agradeço à Corregedoria da Defensoria Pública do Estado do Ceará, o que faço por meio do Corregedor Geral Carlos Alberto Mendonça de Oliveira, pela pronta disponibilidade dos dados do Núcleo do Consumidor – NUDECON/DPGE-CE que embasam parte empírica deste trabalho.

À ADPEC – Associação das Defensoras e dos Defensores Públicos do Estado do Ceará, especialmente por seu ex-vice-presidente Eliton Meneses, cuja simplicidade, desapego e sabedoria tanto me ensinam.

Agradeço ao Ministério Público do Estado do Ceará, por meio da promotora de Justiça Juliana Cronemberger de Negreiros Moura que, enquanto na direção do PROCON-CE, possibilitou-me acesso e explicações sobre os dados do Consumidor.gov.br trabalhados no quarto capítulo.

Agradeço às professoras Cristina Tereza Gaulia, Roberta Densa e Élida Lauris e ao Professor Marcos Catalan pelas observações sempre seguras e pertinentes sobre direito do consumidor e acesso à Justiça, todas as vezes que "os aperreie" ao longo deste trabalho. Às amigas Sofia Frota, Patrícia Leitão e Núbia Garcia e aos amigos Leandro Bessa, José Bastos, João Alves Silva, Glaymerson Moisés e Márcio Azevedo, por todo o apoio dispensado.

Agradeço à Bianca Fellipsen e Grazzi Albuquerque, inspiradoras jornalistas, por me ensinarem que a comunicação é ferramenta forte às positivas mudanças que precisamos.

Agradeço todos os amigos e amigas que conheci como alunos e alunas, em especial Thaís Veras e Davi Tavares que me ajudaram na sistematização dos dados do NUDECON-DPGE/CE e do Superior Tribunal de Justiça. Agradeço também ao amigo Marcelo Vasconcellos que me apresentou ao programa *Power Bi Microsoft*, essencial ao quarto capítulo e tão importante para sua conclusão.

Às amigas defensoras públicas Sheila Florêncio, Deborah Braga, Luciana Alencar e Paloma Machado e aos amigos defensores públicos José Valente e Régis Jereissati pelo apoio quando as aulas do doutorado coincidiam com audiências da 14ª Defensoria Cível.

Agradeço aos colegas e amigos defensoras e defensores públicos com atuação na defesa do consumidor no Brasil, especialmente os que compõem a Comissão de Defesa do Consumidor do CONDEGE – Colégio Nacional de Defensores Públicos Gerais, o que faço por meio de Rebecca Moreira (agora colega no NUDECON-CE, pois recentemente realizei o sonho institucional de passar a ser titular da 2ª Defensoria do NUDECON-CE) e de João Paulo Dias, com atuação no NUDECON-MT e que conheci ainda no antigo Fórum de Defensores Públicos do Consumidor, embrião da nossa corajosa, articulada e combativa Comissão, atualmente sob a coordenação de Luís Fernando do NUDECON/SP.

Agradeço, também, aos amigos e às amigas do BRASILCON, o que faço por meio de seu Presidente Fernando Martins e de minha amiga-irmã, Defensora Pública Adriana Fagundes Burger que me apresentou a tão importante e valioso espaço.

Agradeço à EDITORA FOCO, por meio de sua diretora ROBERTA DENSA, mulher incrível, pelo profissionalismo, competência e por estar cada vez mais contribuindo a um Direito mais real, justo e verdadeiro.

E por último, mas não menos importante, agradeço a Coletiva de Mulheres Defensoras Públicas do Brasil, fonte de inspiração e força, exemplo de sororidade e esperança de um amanhã mais feliz e justo.

*"Precisamos nos esforçar para 'erguer-nos enquanto subimos'.
Em outras palavras, devemos subir de modo a garantir que nossas irmãs, irmãos, subam conosco."*

Ângela Davis

*"Você tem que agir como se fosse possível transformar radicalmente o mundo.
E você tem que fazer isso o tempo todo."*

Ângela Davis

LISTA DE ABREVIATURAS E SIGLAS

2aGGM	Segunda Grande Guerra Mundial
ADCT	Ato das Disposições Constitucionais Transitórias
AED	Análise Econômica do Direito
AIDEF	Associação Interamericana de Defensores Públicos
ANADEF	Associação Nacional dos Defensores Públicos Federais
ANADEP	Associação Nacional dos Defensores Públicos
Art.	Artigo
BID	Banco Interamericano para o Desenvolvimento
BRASILCON	Instituto Brasileiro de Política e Defesa do Consumidor
CADH	Convenção Americana sobre Direitos Humanos
CDC	Código Brasileiro de Proteção e Defesa do Consumidor
CF	Constituição Federal
CF/88	Constituição Federal de 1988
CIDH	Comissão Interamericana de Direitos Humanos
CNJ	Conselho Nacional de Justiça
CONAMP	Associação Nacional dos Membros do Ministério Público
CONDEGE	Conselho Nacional de Defensores Públicos Gerais
CORGER-CE	Corregedoria Geral da Defensoria Pública do Estado do Ceará
DPGE-CE	Defensoria Pública do Estado do Ceará
DPGE-SP	Defensoria Pública do Estado de São Paulo
DPU	Defensoria Pública da União
DUDH	Declaração Universal dos Direitos Humanos
EC	Emenda Constitucional
EMERJ	Escola de Magistratura do Estado do Rio de Janeiro
ESAJ	Escola de Administração Judiciária
ESDP-DPCE	Escola Superior da Defensoria Pública do Estado do Ceará
EUA	Estados Unidos da América
IBGE	Instituto Brasileiro de Geografia e Estatística
LACP	Lei da Ação Civil Pública
LC	Lei Complementar
LONDP	Lei Orgânica da Defensoria Pública
MJ	Ministério da Justiça do Brasil
NDHAC	Núcleo de Direitos Humanos e Ações Coletivas
NUAPP	Núcleo de Apoio ao Preso Provisório e às vítimas de violência
NUDECON/CE	Núcleo de Defesa do Consumidor da Defensoria Pública do Ceará

NUDECON/MT	Núcleo de Defesa do Consumidor da Defensoria Pública do Mato Grosso
NUDECON/SP	Núcleo de Defesa do Consumidor da Defensoria Pública de São Paulo
NUESP/DP	Núcleo de Estudos e Pesquisas (Nuesp) da Escola Superior da Defensoria Pública
OMS	Organização Mundial da Saúde
ONU	Organização das Nações Unidas
PNRC	Política Nacional das Relações de Consumo
RE	Recurso Extraordinário
SENACON	Secretária Nacional do Consumidor
SIDH	Sistema Interamericano de Direitos Humanos
SNDC	Sistema Nacional de Defesa do Consumidor
STF	Supremo Tribunal Federal
STJ	Superior Tribunal de Justiça
TAC	Termos de Ajustamento de Conduta
TIC	Tecnologias da informação e da comunicação
TSE	Tribunal Superior Eleitoral
UNESCO	Organização das Nações Unidas para a Educação, a Ciência e a Cultura
USP	Universidade de São Paulo

APRESENTAÇÃO

"Informação é poder". Esse aforismo de origem desconhecida não poderia refletir mais os valores e as relações na economia atual.

Na verdade, há algum tempo, aqueles que estudam as interações humanas sabem que a qualidade da informação disponível no mercado é capaz de definir precisamente o nível de desenvolvimento e atratividade de determinado país.

A assimetria de informação é reconhecida como um dos principais fatores na elevação dos custos de transação, e, portanto, na criação de comportamentos oportunistas por parte dos agentes econômicos. Isso eleva preços, cria entraves para empreendedores, tira bons agentes do mercado.

Todavia, sabe-se que não existe mercado perfeito. Sempre haverá assimetria de informação: cada um sabe mais de si mesmo e de suas intenções que aquele com quem contrata. Os legisladores e reguladores tentam criar incentivos para que essas informações sejam prestadas da maneira mais acurada e no momento correto para que as pessoas tomem suas decisões de maneira esclarecida.

Ocorre que nesse ímpeto de informar, às vezes acaba-se "errando a mão". O excesso de informação pode ser tão prejudicial quanto a falta, pois pode-se facilmente perder o que de fato é relevante quando se está cercado por inutilidades.

O Direito do Consumidor é uma área em que isso pode ser observado de maneira clara: quantos de nós realmente lê todos os termos e condições, contratos, informações de segurança, manuais, bulas, rótulos e embalagens que nos são apresentados todos os dias? Quem realmente consegue ler ou entender as ameaças proferidas depois de cada publicidade de remédios?

Por outro lado, apesar de não necessariamente se prestar ao objetivo de esclarecer o consumidor sobre o que importa, a produção e divulgação de toda essa informação gera custos ao fornecedor, que, certamente, o repassa ao consumidor: ou seja, paga-se por algo sem serventia.

Eis a grande utilidade do trabalho da Amélia, que tive o prazer de orientar durante o percurso até o seu doutoramento. Cabe ressaltar que além da alegria, foi um desafio, sabendo que temos, eu e ela, linhas de pensamento e ideologias diversas. Esse desafio foi, todavia, facilmente transposto, tendo em vista o respeito e admiração – espero que mútuos, e o amadurecimento da Amélia como pesquisadora.

Em sua tese, que ora se publica, Amélia se propôs a analisar alguns fundamentos do Direito do Consumidor – especialmente a prestação de informações nesses contratos – sob a ótica da Análise Econômica do Direito, o que traz ao seu trabalho proficuidade e modernidade ímpares.

Tem como objetivo identificar o valor da informação na construção da vontade do consumidor, e a importância da qualidade dessa informação. Apesar de sua trajetória já consolidada como professora de Direito do Consumidor, não se furta a criticar deficiências e excessos impostos pela legislação consumerista, e ser propositiva quanto à melhoria do sistema como um todo, e ainda a reconhecer que o mero paternalismo sem atribuição de responsabilidade por suas escolhas não traz ao consumidor os benefícios que o senso comum eventualmente pode entender daí originados.

Portanto, fico muito contente com a publicação deste trabalho, por sua relevante contribuição, não apenas à esfera acadêmica, mas, como se espera de uma pesquisa realmente útil, ao mundo real.

A se observarem as reflexões e constatações trazidas neste trabalho para a evolução de todo o microssistema brasileiro de Direito do Consumidor, pode-se acreditar que, em breve, não haverá mais a obrigatoriedade de se declarar que "contém ovo" nas embalagens de ovo.

Fortaleza, Advento de 2020.

Uinie Caminha

Possui graduação em Direito pela Universidade Federal do Ceará (1997); doutorado em Direito Comercial pela Universidade de São Paulo (2004) e Pós-doutorado pela Universidade de São Paulo. Professora titular do Programa de Pós-Graduação Stricto Sensu da Universidade de Fortaleza e professora adjunta da Universidade Federal do Ceará. Áreas de atuação: Direito Comercial, atuando principalmente nos seguintes temas: Direito Societário, Contratos, Direito Concursal, Mercado Financeiro, Mercado de Capitais. Advogada.

PREFÁCIO

Todos os institutos jurídicos têm dois momentos importantes de vida: o do nascimento, em que se formatam e exsurgem no cenário nacional das Cortes de Justiça e que remetem, com o uso constante que deles fazem os juristas, a um tempo passado.

Mas há também um segundo momento, quando com o seu desenvolvimento, evolução e transformação, implantam-se seus novos sentidos e, ao mesmo tempo em que a partir de então se questiona o passado, esse novo instante temporal passa a obrigar o futuro a partir de novos compromissos normativos.

O direito do consumidor, que nasce na década de 90 com a entrada em vigor da Lei Federal nº 8078 de 11 de setembro, é um direito de berço constitucional, de principiologia cidadã, portanto, pautado pelos norteadores da dignidade da pessoa humana (art. 1º III), da solidariedade (art. 3º I) e da erradicação da marginalidade e das desigualdades sociais (art. 3º III), que buscou transformar o consumidor brasileiro de um mero expectador de contratos e de relações jurídicas construídas à sua revelia, em protagonista da sociedade de consumo contemporânea.

O Código de Defesa do Consumidor, portanto é instrumento de luta permanente e ferramenta, hoje já de eficiência comprovada, de exercício de cidadania forte e consciente.

Mas vivemos as constantes, ininterruptas, e cada dia mais surpreendentes complexidades da pós-modernidade, e para que as perplexidades e estranhezas venham a ser bem conduzidas nos vastos territórios do Judiciário brasileiro, precisamos todos de arautos de um requestionamento diuturno.

Amélia Soares da Rocha é essa bússola, esse GPS da contemporaneidade do direito do consumidor brasileiro, o direito do consumidor do século XXI.

Preparada, de corpo e alma, para indicar as necessárias rupturas com o velho pensar jurídico, possibilitando o salto para o novo, para o inesperado, o improvável, deixando de lado a estupefação e ousando impor o estranhamento acadêmico ao direito do consumidor, este que transita nos corredores dos fóruns e já agora nas decisões judiciais parametrizadas dos arquivos virtuais, Amélia reidentifica a vulnerabilidade informacional dos consumidores, em vários quadrantes consumeristas.

A partir da leitura do trabalho da Dra. Amélia Rocha identificam-se as assimetrias informacionais, produto da desigual sociedade em que vivemos.

Professora de direito do consumidor desde o momento do nascimento do CDC, Amélia consegue apontar, com a propriedade e segurança de quem conduziu extensa e minuciosa pesquisa, que "no Brasil, onde ainda se convive com alta taxa de desigualdade [...] a questão da informação assume desafios ainda maiores diante das múltiplas vulnerabilidades dos consumidores".

Grassam no País a massificação informacional, sempre perigosa e enganosa, as iniquidades informacionais inerentes aos não nativos digitais e aos pobres de todo gênero, e as incertezas fabricadas próprias à vida em uma sociedade de risco.

O princípio da transparência máxima recebe, pelas letras de Amélia Rocha, essa releitura: um verdadeiro guia afetivo para a melhor compreensão da injustiça que advém de um modelo único de informação a consumidores inteiramente diversos, desiguais e de multifacetadas fragilidades (de gênero, de faixa etária, de locais de moradia, de classes socioeconômicas).

A obra nos apresenta essa especial hipervulnerabilidade dos idosos, analfabetos funcionais e de todos os demais brasileiros incluídos na categoria de assimétricos informacionais, os facilmente enganados e enganáveis, aqueles que não alcançam as nuanças e as singularidades dos contratos impostos pelos grandes players do fornecimento.

A partir de uma análise econômica altamente interessante, com base em dados originários de várias relações de consumo considerando variados problemas exsurgidos a partir de levantamento cuidadoso, nos tornamos expectadores-participantes (afinal somos todos consumidores e de alguma forma, aqui ou mais adiante, há informações que nos faltam ou que não logramos bem compreender) dessa pesquisa instigante feita pela Dra. Amélia, e que aponta para um marco decisivo: o princípio da transparência máxima (art. 4º *caput* CDC) é o direito básico do consumidor por excelência.

Há uma crise no direito do consumidor, revelando-se atualmente uma onda perversa de desqualificação dos consumidores que insistem em apostar que a Lei 8078/90 é uma das mais alvissareiras propostas de garantia de direitos fundamentais do ordenamento legislativo brasileiro, e que, com base no CDC, multiplicam os acessos ao Judiciário.

Amélia Rocha está entre as grandes mulheres juristas do Brasil, com uma sólida carreira construída em defesa dos vulneráveis, coerente, inteligente, politicamente bem posicionada e já agora deixando marca positiva e indelével no capítulo jurídico-acadêmico do direito do consumidor, sua obra é uma resposta adequada e segura a quantos queiram amesquinhar o direito à informação clara, completa e objetiva que o CDC preconiza para todos os consumidores.

Agradeço sensibilizada o carinho do convite para prefaciar uma obra de envergadura como a presente e, sem medo de errar, sublinho ser o presente trabalho um marco no aperfeiçoamento dos estudos das relações entre consumidores e fornecedores, essencial contribuição para uma Justiça de efetividade.

Cristina Tereza Gaulia

Desembargadora do Tribunal de Justiça do Estado do Rio de Janeiro

Doutora em Direito na área de Acesso à Justiça, pela Universidade Veiga de Almeida – RJ

Mestre em Direito pela Universidade Estácio de Sá – RJ

Coordenadora da Revista Científica Direito em Movimento da EMERJ – Escola da Magistratura do Estado do Rio de Janeiro

Presidente do Fórum Permanente de Direito Constitucional, Administrativo e de Políticas Públicas da EMERJ

SUMÁRIO

AGRADECIMENTOS V

LISTA DE ABREVIATURAS E SIGLAS XI

APRESENTAÇÃO XIII

PREFÁCIO XV

INTRODUÇÃO XXI

1. A SOCIEDADE CONTEMPORÂNEA E SEUS IMPACTOS NA TRANSMISSÃO DA INFORMAÇÃO AO CONSUMIDOR: SOBRE QUAL REALIDADE FORMAM-SE OS CONTRATOS DE CONSUMO? 1

   1.1 A sociedade contemporânea, a informação e a pessoa consumidora 2

      1.1.1 A sociedade em rede, Manuel Castells 5

         1.1.1.1 A virtualidade como dimensão essencial da atual realidade e os "excluídos" 6

      1.1.2 O "informacionalismo", as novas fontes de riquezas e o poder da comunicação 10

      1.1.3 A sociedade de risco, Ulrich Beck 15

         1.1.3.1 A coletividade dos riscos e o "(des)controle" da informação 16

         1.1.3.2 A insuficiência dos sistemas jurídicos para lidar com os riscos ... 18

      1.1.4 A interseccionalidade na sociedade contemporânea: um olhar para a realidade a partir das questões de raça, classe e gênero, Ângela Davis 20

         1.1.4.1 A classe, o gênero e a raça interligados nas manifestações de poder social 22

         1.1.4.2 A informação diante das questões de classe, raça e gênero 24

   1.2 A sociedade pós-pandemia COVID-19 26

2. A DEFESA DO CONSUMIDOR NO BRASIL: FUNDAMENTOS, ORGANIZAÇÃO E FUNCIONAMENTO 31

   2.1 Reconhecer a vulnerabilidade para viabilizar a igualdade: "os danos da pobreza transcendem o pobre" 32

2.1.1 A igualdade, um processo: a proteção da igualdade no constitucionalismo brasileiro.. 34

2.1.2 A igualdade, um fim: a constituição vigente e a igualdade material da pessoa consumidora.. 37

2.2 As variadas vulnerabilidades (ou os vários exemplos de pessoas vulnerabilizadas)... 39

    2.2.1 Vulnerabilidade fática ou econômica.. 42

        2.2.1.1 Vulnerabilidade técnica ou científica................................... 44

        2.2.1.2 Vulnerabilidade informacional... 45

        2.2.1.3 Vulnerabilidade jurídica.. 48

        2.2.1.4 Vulnerabilidade digital... 50

        2.2.1.5 A hipervulnerabilidade ou vulnerabilidade agravada: quando a vulnerabilidade do consumo se soma a outra, no mesmo sujeito 52

2.3 A pessoa consumidora: linhas gerais da proteção consumerista no Brasil 54

    2.3.1 Os limites de aplicação do direito do consumidor: a relação de consumo.. 57

        2.3.1.1 O consumidor.. 58

            2.3.1.1.1 Consumidor *stricto sensu*.................................... 58

            2.3.1.1.2 Consumidor *lato sensu* (ou equiparado)............ 60

        2.3.1.2 O fornecedor.. 66

            2.3.1.2.1 Fornecedor *stricto sensu*..................................... 66

            2.3.1.2.2 Fornecedor equiparado.. 67

    2.3.2 A (des) informação e a responsabilidade do fornecedor 67

2.4 O processo decisório do consumidor como uma atividade interpretativa: a questão das barreiras de linguagem, de poder, dos distintos lugares de fala, dos (pré)conceitos e pré-compreensões... 73

    2.4.1 A formação da vontade do consumidor e seu lugar de fala, suas experiências, seu construído de presenças e ausências: o lugar da arte como meio de comunicação.. 76

    2.4.2 O mito da segurança jurídica e a subjetividade do julgador para perceber o processo de transmissão da informação ao consumidor: para a verdadeira Justiça é preciso enxergar as variadas vulnerabilidades......... 78

2.5 Sistema Nacional de Defesa do Consumidor – SNDC.. 81

2.6 A defensoria pública e a defesa do consumidor.. 83

    2.6.1 Um pouco da história da Defensoria Pública 84

    2.6.2 A Defensoria Pública e o direito do consumidor................................... 87

2.7 A Política Nacional das Relações de Consumo – PNRC e a Experiência de Especialização Estrutural Matéria Consumerista do TJRJ – Tribunal de Justiça do Rio de Janeiro 89

3. CONTRATO DE CONSUMO, ANÁLISE ECONÔMICA DO DIREITO E O DISTINTO LUGAR DA INFORMAÇÃO NA FORMAÇÃO DAS OBRIGAÇÕES PARA O CONSUMIDOR 93

   3.1 Código Civil e Código de Defesa do Consumidor Brasileiros: convergências e divergências 94

      3.1.1 Alguns aspectos preliminares: do ajuste mútuo de vontades à adesão por confiança 95

      3.1.2 O diálogo das fontes e a relação de *não submissão* entre Código de Defesa do Consumidor e Código Civil 103

      3.1.3 Contrato de consumo 106

         3.1.3.1 As normas gerais do contrato de consumo 107

         3.1.3.2 Contratos específicos de consumo 114

   3.2 Análise econômica do direito, mercado eficiente, informação obrigatória ao consumidor no Brasil e os custos de transação: quais os incentivos para o cumprimento voluntário dos contratos de consumo no Brasil? 116

      3.2.1 A análise econômica do direito e os seus principais conceitos afetos à presente pesquisa 117

         3.2.1.1 Aspectos gerais 117

         3.2.1.2 Principais conceitos 120

      3.2.2 A economia comportamental e a informação ao consumidor: o reflexo na tomada de decisões pelo consumidor 124

4. A INFORMAÇÃO E O ADIMPLEMENTO DOS CONTRATOS DE CONSUMO: EM BUSCA DA TÉCNICA EFICIENTE PARA A COMPREENSÃO EFICAZ DA INFORMAÇÃO PELO CONSUMIDOR 125

   4.1 Jurimetria e pesquisa jurídica 127

      4.1.1 Noções gerais 127

      4.1.2 A Aplicação do método 129

         4.1.2.1 Consumidor.gov.br 130

         4.1.2.2 A construção dos marcadores para a pesquisa 133

            4.1.2.2.1 Os resultados 140

            4.1.2.2.2 Superior Tribunal de Justiça 148

            4.1.2.2.3 Núcleo do Consumidor da Defensoria Pública do Estado do Ceará 151

                4.1.2.2.3.1 Definição da amostra e construção dos marcadores 151

                4.1.2.2.3.2 Resultados 152

CONCLUSÃO 159

REFERÊNCIAS 165

INTRODUÇÃO

A Constituição Federal do Brasil de 1988 inaugura uma nova fase no direito brasileiro criando direitos e instituições. Tudo com a finalidade de construir uma sociedade livre, justa e solidária com desenvolvimento regional e redução das desigualdades, erradicação da pobreza e da marginalização, com promoção do bem de todos, sem preconceitos de origem, raça, sexo, cor, idade e quaisquer outras formas de discriminação[1].

A defesa do consumidor enquanto direito (e fim) e o Superior Tribunal de Justiça e a Defensoria Pública, enquanto instituições (e meios), são filhos dessa nova conjuntura jurídica-política brasileira. A defesa do consumidor (que até então estava "subentendida" no direito civil) passa a ter lugar tanto na vida concreta de cada pessoa como direito fundamental[2], como também na vida abstrata coletiva enquanto princípio da nova ordem econômica[3]. Integra, pois, a proteção da pessoa, mas também abrange a proteção da atividade produtiva que, sem consumidor, não alcança o seu necessário desenvolvimento.

Mas, após mais de 3 (três) décadas da promulgação da CF/88 (e mais três décadas da promulgação do Código Brasileiro de Proteção e Defesa do Consumidor – CDC), ainda não se compreendeu que a defesa do consumidor interessa ao desenvolvimento econômico, sendo útil às pessoas consumidoras, mas também aos fornecedores, numa prejudicial subutilização de seus potenciais de aprimoramento da própria economia e consequente combate à desigualdade[4]. Explicar essa relação e o quanto o direito do consumidor bem compreendido e aplicado pode ser importante ao crescimento econômico no Brasil motivou a construção da tese deste livro: é preciso buscar entender o porquê de instrumentos tão fortes não dialogarem entre si e crescerem conjuntamente, bem como (re)conhecer mecanismos de incentivo a essa aproximação.

Mas não adiantaria uma explicação meramente teórica e retórica, fazendo-se necessária uma análise fundamentada em experiências concretas, testadas empiricamente e que tivesse, na sua própria construção, esse diálogo muito bem delineado. Nesse cenário, assume estratégica importância o reconhecimento da transversalidade da informação, que norteia todo o processo de construção da confiança da pessoa consumidora; está intrincada na essência do direito do consumidor; apresenta-se como um insumo importante na economia hodierna e tem na sua assimetria um dos principais conceitos da AED – Análise Econômica do Direito, que aponta a assimetria informacional como falha de mercado.

A informação tem, portanto, implicação macro e micro, no mercado de consumo. De um lado, é essencial na formação da confiança da pessoa consumidora, definindo

---

1. Artigo 3º da CF/88.
2. Artigo 5º, XXXII da CF/88.
3. Artigo 170, V da CF/88.
4. Artigo 3º, III da CF/88.

uma contratação[5]. Por outro, abastece o "comércio de dados" que vem impactando nos mais diversos setores da vida contemporânea. De outro, se apreendida simetricamente pelos contratantes, é apontada pela AED como meio de melhoramento do mercado[6]. Entender as dificuldades na estratégia de produzir informações que sejam efetivamente compreendidas pelo consumidor, pode, portanto, ser o "elo de ligação" entre esses dois campos – direito e economia – que são interdependentes[7] mas comportam-se como se antagônicos fossem[8], porquanto o direito do consumidor detenha ferramentas para corrigir as assimetrias informacionais tão necessárias a um "mercado perfeito".

No Brasil, onde ainda se convive com alta taxa de desigualdade[9] e índices preocupantes – principalmente na educação fundamental e média –, especialmente nas classes mais pobres, a questão da informação assume desafios ainda maiores diante das múltiplas vulnerabilidades dos consumidores[10]. Ocorre que o fornecedor tem um custo para gerar a informação a ser apresentada ao consumidor que, se não for eficaz, pode levar à judicialização e ao aumento dos custos de transação que, em última instância, são pagos pelo próprio consumidor que se tenta proteger: se dispusesse de parâmetros a apontar caminhos para a elaboração de informação a ser eficazmente compreendida pelo consumidor, poderia se reduzir custos, diminuir judicialização e aumentar o elo direto entre consumidores e fornecedores, em proveito da maior harmonia do mercado de consumo e do desenvolvimento econômico.

Revela-se, portanto, importante identificar, clara e expressamente, o papel concreto da informação no contrato de consumo, em um Estado fundado na dignidade humana, com objetivo expresso de combate às desigualdades e que coloca a defesa do consumidor como direito fundamental e como princípio da ordem econômica. Nesse contexto, é preciso, primeiro, verificar se a (def) eficiência da informação, de fato tem impacto nas reclamações dos consumidores, bem como nas demandas judicializadas sobre direito do consumidor. É preciso, também, identificar a responsabilidade pela produção da informação útil e eficiente. Se é exclusiva do fornecedor ao prestá-la, ou também do

---

5. Se ao adquirir um automóvel mais barato, o consumidor tivesse sido avisado de que o consumo de combustível – e a consequente manutenção do automóvel – seria mais cara, ele teria optado por aquele modelo/marca? Se soubesse que o computador portátil era mais barato porque a bateria não tinha autonomia – de modo que não poderia ser utilizado no avião, mas tão somente quando ligado a uma fonte de energia – teria adquirido? Será que se soubesse que a "gratuidade" do acesso a uma rede social se deve à "venda implícita" de seus dados pessoais, teria a ela aderido?
6. Quanto menor a assimetria informacional, mais perfeito será o mercado.
7. Sem atividade econômica, não há consumidor; sem consumidor, não há atividade econômica.
8. No cotidiano acadêmico é muito comum os "consumeristas" considerarem os "comercialistas" insensíveis, que colocam o lucro acima da pessoa, e os "comercialistas", que os "consumeristas" tratam o consumidor como incapaz, num supostamente indevido "paternalismo".
9. Pesquisa da Síntese de Indicadores Sociais do IBGE, 54,8 milhões de brasileiros – ou seja, cerca de 25% de sua população de aproximadamente 211 milhões – vivem abaixo da linha da pobreza (assim entendida como com renda domiciliar por pessoa inferior a R$ 406,00 por mês) (NEVES, 2019).
10. Sim, mesmo as pessoas pobres precisam consumir para viverem com o mínimo vital, elas também são consumidoras. Fato recente que comprova tal afirmação é a repercussão, no mercado, do pagamento do auxílio emergencial de R$ 600,00 pelo Governo Federal. Existem vários exemplos de fornecedores – principalmente supermercados – adaptando seus meios de pagamento para receberem diretamente do auxílio emergencial. informação a ser eficazmente compreendida pelo consumidor, poderia se reduzir custos, diminuir judicialização e aumentar o elo direto entre consumidores e fornecedores, em proveito da maior harmonia do mercado de consumo e do desenvolvimento econômico.

consumidor ao exigi-la ou mesmo se do Sistema Nacional de Defesa do Consumidor (SNDC) – e de todos os órgãos e instituições que o integram – em melhor capacitar o mercado de consumo.

Assim, aqui explora-se as dimensões da informação no contrato de consumo – e na compreensão de que este contrato não se resume ao instrumento contratual, materializando-se em todo o processo de formação da confiança do consumidor[11], com o específico desiderato de produzir uma técnica de construção do processo decisório do consumidor que lhe incentive ao cumprimento voluntário da parte que lhe cabe contribuindo para a redução da assimetria informacional e para um "mercado perfeito". Busca-se extrair, assim, dos já sedimentados comandos normativos e doutrinários, formas de atuação inovadoras que aproximem os ideais da Política Nacional das Relações de Consumo – PNRC – no que se inclui a compatibilização entre a defesa do consumidor e o necessário desenvolvimento econômico e tecnológico[12] — às práticas reais do mercado.

Desse modo, para o desenvolvimento da pesquisa, foi realizada coleta de dados por meio de uma pesquisa bibliográfica, baseada, na consulta a livros, revistas científicas, jornais, *websites*, dentre outros, como também documental, na medida em que foram revisados documentos oficiais relacionados à matéria e empírica, por meio de estudo, exploração e sistematização de bancos de dados públicos. Após leitura, análise, fichamento e organização, esses indicadores foram criticamente estudados. Para tal, utilizou-se o método dedutivo, ao se começar apresentando as principais características da sociedade contemporânea – campo social onde se desenvolvem as relações de consumo, em seguida afunilou-se no direito do consumidor no Brasil (no que se incluem as vulnerabilidades da pessoa consumidora), para depois se construir a relação entre contrato de consumo, contrato cível e AED até que se possa chegar aos dados concretos de atuação de órgãos de defesa do consumidor no Brasil.

O objetivo geral, portanto, é identificar o valor real da informação no contrato de consumo e parâmetros seguros para a sua melhor prestação. Para tanto, tem-se como hipótese geral que a deficiência da informação é a principal causa da judicialização dos contratos de consumo e que o direito do consumidor dispõe de ferramentas adequadas – e subutilizadas – para a correção da assimetria informacional e consequente incentivo ao adimplemento voluntário dos contratos.

Atento a esse objetivo geral, o livro está estruturado em quatro capítulos. No primeiro capítulo, tem-se como objetivo analisar o impacto da sociedade em rede contemporânea na prestação da informação ao consumidor e na formação de sua confiança e decisão. Parte-se da hipótese de que o mundo mudou e as formas contratuais também. Tudo ficou mais complexo e os dados e as informações das pessoas, dos Estados e das corporações constituem-se disputado ativo econômico.

Assim, apresentam-se, inicialmente, diversas concepções sobre a organização da sociedade contemporânea, preferindo-se, ante as múltiplas possibilidades, os marcos

---

11. Tanto que se a informação contida na oferta – e que influenciou na escolha pela contratação – não for cumprida, o consumidor tem o expresso direito de rescindir o contrato com direito a restituição plena do que tenha antecipado e perdas e danos.
12. Art. 4o, III do CDC.

pautados na comunicação e nas redes, nos limites, possibilidades e desafios de sociedade em que a informação é um insumo cada vez mais valioso. Examina-se o conceito de "sociedade em rede" desenvolvido por Manuel Castels (2010), depois o de "sociedade de risco" de Ulrich Beck (1996), com seus desdobramentos no mercado de consumo. Também são apontados impactos da interseccionalidade entre raça, gênero e classe na estrutura social subjacente ao mercado de consumo[13]. No momento final, diante do inédito cenário trazido pela pandemia do COVID-19[14], revelou-se necessária uma análise dos possíveis impactos sociais deste momento histórico mundial. Tudo isso para examinar o lugar do consumo – e da pessoa consumidora – neste cenário social contemporâneo[15]. Conclui-se que a confirmação da virtualidade como dimensão da vida contemporânea, torna os instrumentos contratuais mais fluidos e menos formais, o processo de formação da confiança da pessoa consumidora mais sutil e, em consequência, sua vulnerabilidade ainda mais acentuada.

O capítulo segundo tem por objetivo analisar os fundamentos, a organização e o funcionamento da defesa do consumidor no Brasil e examinar-se de quem é a responsabilidade pela eficiência da informação. Parte-se da hipótese de que o direito do consumidor ainda tem sua autonomia mitigada e sua força subutilizada. Os mecanismos de equalização da relação de consumo – e catalisadores de uma maior vitalidade econômica – ainda não são devidamente compreendidos e utilizados. Assim, demonstra-se inicialmente o direito do consumidor como corolário do princípio constitucional da igualdade. Para tanto, primeiro examina-se a relação entre o reconhecimento da vulnerabilidade do consumidor e a efetivação da igualdade material (que pressupõe liberdade). Em seguida, são delineadas as espécies de vulnerabilidade, verificando-se suas principais formas de manifestação. Posteriormente, vem a análise da identificação da pessoa consumidora no direito brasileiro, delineando o espaço de aplicação do direito do consumidor, por meio do conceito relacional definidor do contrato de consumo. Em seguida, detalha-se a responsabilidade do fornecedor pela prestação da informação à pessoa consumidora e examina-se o processo de formação da vontade do consumidor e seus contornos, que, embora sutis, não podem mais ser ignorados pelo Direito. No final, apresenta-se o Sistema Nacional de Defesa do Consumidor – SNDC, com ênfase no papel da Defensoria Pública diante da preocupação manifestada no CDC – especialmente nos artigos 5º, I e 6º, VII do CDC – com o consumidor carente. Conclui-se pela posição fundamental da informação para a validade e eficácia do contrato de consumo, bem como na responsabilidade não apenas do fornecedor ao prestá-la, mas também do SNDC ao exigi-la e incentivá-la, bem como na maior capacitação do consumidor para reivindicá-la.

O capítulo terceiro tem por objetivo avaliar a peculiaridade do regime contratual do direito do consumidor diante do regime contratual do direito civil e a urgência de

---

13. Importante destacar que se trata de questões inerentes à estrutura da sociedade, de um comportamento estrutural que naturaliza diferenças de classe, gênero e raça. Não se está tratando da vulnerabilidade da pessoa consumidora, mas ainda buscando apresentar as principais características da sociedade contemporânea, campo social em que se desenvolvem as relações de consumo.
14. Que segundo a chanceler alemã Angela Merkel só tem similar no pós Segunda Grande Guerra Mundial (2aGGM).
15. Registre-se que não se examina, neste capítulo, o campo de aplicação do direito do consumidor em si – o que se fará no segundo capítulo – mas a sociedade na qual tal direito é aplicado atualmente.

que tais campos de aplicação sejam adequadamente compreendidos e delimitados, especialmente no que concerne às diferenças entre autonomia da vontade (contrato cível) e adesão por confiança (contrato de consumo). Verifica-se a hipótese de que a eficácia das ferramentas do direito do consumidor está prejudicada pela ausência de reconhecimento da autonomia do direito do consumidor a se refletir na sua aplicação ao contrato de consumo. Inicia-se por um escorço histórico que resulta em um comparativo entre o contrato cível ontem e hoje e na demonstração do papel do direito do consumidor como acelerador de fortes mudanças no direito privado brasileiro. O último tópico tem o condão de analisar a importância dos estudos da Análise Econômica do Direito (AED) para uma melhor e mais eficiente prática do direito do consumidor, inovando na abordagem em busca da utilização da AED em consonância com a peculiaridade do contrato de consumo (relação entre desiguais). Conclui-se que a não observância da autonomia do microssistema consumerista na análise do contrato de consumo aumenta a judicialização da demanda e não incentiva o fornecedor à necessária mudança de atitude na prestação da informação ao consumidor, deixando o mercado cada vez mais imperfeito, com informações assimétricas, alto custo de transação e uma série de externalidades, em prejuízo de consumidores e fornecedores.

O quarto capítulo tem por objetivo, a partir da Jurimetria, identificar o impacto da informação nas reclamações da pessoa consumidora no Brasil. Parte da hipótese de que, mais que novas soluções normativas, é preciso efetivar as já existentes, entre as quais o próprio CDC, que tem instrumentos e ferramentas ainda não utilizados – porque sequer são devidamente conhecidos e compreendidos – adequadamente. Para tanto, valeu-se da produção de evidências a partir dos dados da ferramenta "consumidor.gov.br" desenvolvida pelo Ministério da Justiça no Brasil (MJ) por meio da Secretaria Nacional do Consumidor – SENACON e dos dados do Superior Tribunal de Justiça, ambos referentes a 2019. Construiu-se uma métrica de análise das atuações judiciais do Núcleo de Defesa do Consumidor da Defensoria Pública do Estado do Ceará (NUDECON/DPGE), igualmente de 2019. Conclui-se, em suma, que a (def) eficiência da informação é a maior motivação das reclamações dos consumidores no Brasil, que o contato com o fornecedor no pós--venda pode reduzir significativamente as reclamações e que as ferramentas contidas no próprio CDC constituem um caminho ainda não efetivado para melhor compreensão do direito do consumidor como meio de redução da assimetria informacional (bem como os custos de transação).

Em suma, é preciso que se reconheça o lugar essencial da informação no contrato de consumo – que não se resume ao instrumento contratual e nem se confunde com o contrato cível nem com o comercial – reforçando a prestação da informação na fase pré-contratual, que é vinculante (com informações mais claras e simples, sem rodeios) e na fase pós-contratual de aprimoramento do contato com o fornecedor, a partir do SNDC como instrumento de cobrança do fornecedor para disponibilizar a informação e de capacitação do consumidor para exigi-la, o que se refletirá na redução da assimetria informacional e nos custos de transação, contribuindo para o melhoramento do mercado.

1
A SOCIEDADE CONTEMPORÂNEA E SEUS IMPACTOS NA TRANSMISSÃO DA INFORMAÇÃO AO CONSUMIDOR: SOBRE QUAL REALIDADE FORMAM-SE OS CONTRATOS DE CONSUMO?

O mundo mudou e com ele as formas contratuais (e as obrigações delas decorrentes), afetadas que são com a mistura de dados e informações das pessoas, Estados e corporações. Assim, afigura-se importante, neste primeiro momento, examinar-se o quão afetada pode ser a formação da vontade da pessoa consumidora[1] nesta nova dinâmica social, articulada em "rede" na qual a informação parece ser o "novo petróleo" (TEPEDINO; FRAZÃO; OLIVA, 2019, p. 5) em uma sociedade estruturada em barreiras "interseccionais"[2] (DAVIS, 2016) composta por pessoas que talvez não tenham consciência de que "sua" vontade pode estar sendo construída de fora para dentro.

Se tal exame sobre o campo social não ocorrer, corre-se o risco de uma conclusão ineficaz, por afastada da realidade, desprovida de efetividade, quanto mais ao se lembrar, como o faz Rizzato Nunes (2013), que a proteção do consumidor pressupõe entender a sociedade a que pertencemos e atuamos como consumidores. Essa sociedade tem uma origem bastante remota, que precisa ser pontuada para que se entenda a chamada "sociedade de massa", com sua produção em série, a dar causa à necessidade da garantia constitucional contida no art. 5º, XXXII[3] da CF/88 (NUNES, 2013, p. 347), pois, como ensina Manuel Castells (2010, p.35), teoria e pesquisa só servem se têm a capacidade de dar sentido à observação de seu objeto de estudo.

Aqui, o objeto de estudo é a compreensão da informação pela pessoa consumidora e sua repercussão no cumprimento voluntário dos contratos e na redução das assimetrias informacionais, diminuição dos custos de transação e melhoramento do mercado.

---

1. Por opção metodológica, prioriza-se a referência à pessoa consumidora em vez de se referir a consumidor, consumidora ou consumidor e consumidora. Tal decisão decorre do entendimento de que a desigualdade de gênero precisa ser desconstruída em todos os espaços, sobretudo no científico e todo "detalhe" é importante.
2. Fruto da análise de Ângela Davis sobre raça, classe e gênero.
3. "Art. 5º Todos são iguais perante a lei, sem distinção de qualquer natureza, garantindo-se aos brasileiros e aos estrangeiros residentes no País a inviolabilidade do direito à vida, à liberdade, à igualdade, à segurança e à propriedade, nos termos seguintes: [...] XXXII – o Estado promoverá, na forma da lei, a defesa do consumidor".

Imprescindível, portanto, antes de se tratar especificamente do direito do consumidor, examinar como se comporta a sociedade contemporânea, se tem estruturas similares ou não à de quando o direito do consumidor surgiu e se isto afeta – ou não – sua aplicação.

Ou seja, no propósito de uma pesquisa efetiva e baseada nos "conflitos reais que batem à porta dos tribunais" (GUEDES, 2020, p. 26), neste primeiro capítulo, com suporte na visão de cientistas sociais sobre a nova sociedade que se apresenta, no mínimo, tanto em rede[4], quanto de risco[5] e interseccional[6], busca-se (re) conhecer aspectos dessa nova conjuntura que impactam e dialogam com o objeto deste estudo. Tal análise é necessária para que, na sequência, examine-se, com mais segurança, o impacto do direito do consumidor neste novo campo fático de circulação de dados e informação no Brasil. Analisa-se, portanto, o campo social contemporâneo, para, no próximo capítulo, examinar-se a aplicação, nele, do direito do consumidor.

Com base nessa premissa, este capítulo objetiva sistematizar um panorama conceitual, a partir da sociologia – e não do Direito, do qual cuidará o próximo capítulo – que identifique o campo social real de aplicação prática e concreta do direito do consumidor contemporâneo. Examina-se sobre qual(is) estrutura(s) social(is) ergue-se – e ou se submete – a norma jurídica atual, a fim de empreender o objeto geral da pesquisa de estudar a identificação do peso da informação no contrato de consumo e de uma técnica eficaz de compreensão da informação pelo consumidor e a consequente formação consciente da sua vontade a se refletir no cumprimento espontâneo dos contratos, com reflexos econômicos e humanitários.

1.1 A SOCIEDADE CONTEMPORÂNEA, A INFORMAÇÃO E A PESSOA CONSUMIDORA

As mais variadas fontes – da ciência às religiões – apontam o tempo presente como um período de mudanças nas relações sociais: das interações nos grupos de *whatsapp*[7], aos meios de produção e transmissão de riquezas, passando pelo processo decisório político-eleitoral. Há em curso uma transformação da vida social, não apenas no Brasil, mas em todo o mundo. Esse processo ocorre de modo transversal e amplo, de modo que a humanidade está a se sustentar em inéditas e líquidas (BAUMAN, 2001) estruturas, antes mesmo da pandemia COVID-19, que vem acelerar muitas mudanças (sobre as quais ainda não se pode falar com mínima segurança, mas também não se pode ignorar).

No "pós-Revolução Industrial" uma produção "standartizada", "em série, possibilitou uma diminuição profunda dos custos e um aumento enorme da oferta, indo

---

4. Conceito desenvolvido por Manuel Castells (2015).
5. Conceito desenvolvido por Ulrich Beck (2010).
6. Conceito desenvolvido por Ângela Davis (2016). A publicação, nos EUA, deu-se em 1981. No Brasil, apenas em 2016.
7. Aplicativo de comunicação interpessoal que tem cerca de 120 milhões de usuários ativos no Brasil (https://exame.abril.com.br/tecnologia/este-e-o-habito-mais-comum-dos-brasileiros-no-whatsapp/) e, no mundo, mais de 1 bilhão de usuários em cerca de 180 países (https://www.whatsapp.com/join/?lang=pt_br).

atingir, então, uma mais larga camada de pessoas" (NUNES, 2013, p. 347), que depois foram categorizadas e reconhecidas como consumidoras. Superou-se a era industrial e se alcançou a era informacional, que embora sejam formas de desenvolvimento do mesmo modo de produção capitalista, são bem diferentes no tempo, no espaço e na forma, mormente pela internet "enquanto meio de comunicação que permite, pela primeira vez, a comunicação de muitos com muitos, num momento escolhido em escala global" (CASTELLS, 2003).

A mais conhecida característica da era industrial é a substituição do trabalho humano manual pelo trabalho por meio de máquinas na fabricação dos mais diversos produtos – e prestação de serviços. Já a era informacional se destaca pela fluidez (CASTELLS, 2010) e rapidez de formas, pela abrangência global de seus impactos e por ter a informação – e a comunicação – como seu principal insumo e consequente combustível das mais variadas fontes de poder vigentes. Nela, há um hiperconsumo e uma hiperinovação (SCHWARTZ, 2016). Por outro lado, Manuel Castells (2003) e Koffi Annan acreditam que a internet é um instrumento fundamental para o desenvolvimento do "terceiro mundo" (CASTELLS, 2003, p. 10).

Mas o que não se pode esquecer na "sociedade industrial de massa" – que coexiste com a sociedade informacional – é que nela "a produção é planejada unilateralmente pelo fabricante no seu gabinete, isto é, o produtor pensa e decide fazer uma larga oferta de produtos e serviços para serem adquiridos pelo maior número possível de pessoas" de modo a se ter "um custo inicial para fabricar um único produto, e depois reproduzi-lo em série" (NUNES, 2013, p. 347).

Assim, o caminho percorrido pela era industrial abre estrada para a era informacional, como se a experiência humana se desse em espiral, a passar pelas mesmas situações em intensidades e perspectivas diferentes, calcada em estruturas construídas a partir das experiências anteriores. Como ensina Pierre Lévy (1996, p.74) "por uma espécie de espiral dialética, a exterioridade técnica muitas vezes só ganha eficácia se for internalizada de novo". É uma repetição sobre outro patamar, pois a vida se faz por ciclos, mas ciclos em espirais, pois, sendo apenas círculos, há repetição e reprodução, porém não há evolução, criação e amadurecimento. Uma vez superadas algumas necessidades, as carências se sofisticam e passam a dar lugar a outras demandas antes impensáveis ou desnecessárias. São dimensões. Dimensões que se sucedem e coexistem, sucessivamente. Assim é que no campo dos direitos se têm as gerações (ou dimensões) de direitos fundamentais: primeiro cuidou-se de garantir a liberdade, que era pressuposto para a igualdade e para os direitos civis e políticos. Depois, com tais direitos minimamente reconhecidos e protegidos é que se teve energia para o andamento do ciclo, em espiral, e se pôde vislumbrar outras paragens, tais quais o consumo e o trabalho. E daí por diante, até chegar aos tempos atuais, nos quais a "rede mundial de computadores" chega aproximando pessoas em um espaço que a geografia física não permitia conexão. Como explica Guilherme Martins (2014, p.13),

> a Internet conseguiu tornar-nos novamente habitantes de uma pequena vila. Ninguém mais é um estranho, mesmo na vila da Internet, onde os cidadãos instruídos sabem como processar a informação, participando, de maneira democrática e colaborativa, das suas mais variadas ferramentas de comunicação.

Tal mudança se faz sentir com mais intensidade no mundo inteiro com as repercussões da pandemia da COVID-19, que acelerou a "virtualização da vida". O grande "detalhe" é conseguir não esquecer que sem pessoa não há sociedade, não há consumo, não há desenvolvimento, não há contrato, não há economia. Além disso, como adverte Gilles Paisant (2020, p. 17):

> no se puede olvidar, por una parte, que los ciudadanos son también y necesariamente consumidores y, por otra parte, que el consumo constituye una actividad económica indispensable en cualquier país. En cualquier situación, los ciudadanos no dejan de ser consumidores.

Neste sentido, explica o geógrafo brasileiro Milton Santos (1993, s.p.), "o espaço se globaliza, mas não é mundial como um todo senão como metáfora. Todos os lugares são mundiais, mas não há um espaço mundial. Quem se globaliza mesmo são as pessoas". Este, portanto, é o ponto: a pessoa. É a pessoa que se globaliza, a pessoa que consome e a internet, por sua vez, é "expressão de nós mesmos através de um código de comunicação específico, que precisamos compreender se quisermos mudar nossa realidade" (CASTELLS, 1993, p. 11).

Para além dos códigos[8] – que algumas vezes são tão invisíveis como um vírus – têm-se as redes, que "são estruturas abertas capazes de expandir de forma ilimitada, integrando novos nós desde que consigam comunicar-se dentro da rede, ou seja, desde que compartilhem os mesmos códigos de comunicação (por exemplo, valores ou objetivos de desempenho)" (CASTELLS, 2010, p. 554). Nesta teia, é preciso lembrar, como o faz Danah Zohar (2012) que, durante a maior parte dos últimos dois mil anos, a grande maioria das pessoas do Ocidente abraçou a cosmovisão judaico-cristã – que fossem membros de um grupo religioso ou não – funcionando como uma espécie de código universal: vivia-se a vida por uma ordem ditada por Deus que se relacionava a todos os detalhes da vida social e pessoal. Tal cosmovisão só começou a perder poder quando a ciência passou a minar muitos de seus pressupostos por meio de outros códigos, da chamada cosmovisão mecânica, decorrente principalmente da concepção dualista de Isaac Newton e de René Descartes. Atualmente, se começa a estudar a cosmovisão quântica – um outro código – a buscar uma visão unificadora para cada pessoa e para o universo comum, segundo a qual as pessoas são o que são, sempre dentro de um contexto, de um campo, de um contrato. O ser quântico seria um mediador entre o extremo isolamento do individualismo ocidental e o extremo coletivismo do marxismo ou do misticismo oriental (ZOHAR, 2012, p. 288-293).

---

8. Se existisse um código de tradução de sensações após a Segunda grande Guerra Mundial – 2aGGM, certamente ter-se-ia verificado que a dor do francês e do alemão, embora em lados opostos na guerra, eram iguais em intensidade em função da mesma humanidade – que quisessem ou não, carregavam: os afetos, os sentimentos, os lutos, as dores, os amores, eram essencialmente iguais. Foi justamente a Europa, espaço que mais sofreu com 2aGGM "que as pessoas aceitaram lançar um olhar crítico sobre suas próprias tradições comunitárias, tomando um distanciamento em relação às particularidades de origem" (DEFOURNY, 2006, p. 13). A invisibilidade dos direitos humanos, nascida com a Declaração Universal de Direitos Humanos – DUDH (1948) não parecer ser uma coincidência, mas uma exigência de tal percepção. Tanto que foi após a 2aGGM, o nascimento da ONU – Organização das Nações Unidas (1945) e da DUDH, que impactou o direito interno da maioria dos países do mundo, principalmente após os pactos de 1966, buscando um consenso mínimo universal sobre o que é inegociável e universal na humanidade.

Tudo isso para dizer que não obstante se esteja diante da complexidade e amplitude da sociedade "pós-moderna"[9], optou-se pela concentração em alguns de seus aspectos, a começar pelo conceito de sociedade em rede, cunhado pelo sociólogo espanhol Manuel Castells (2017), na última década do século passado. Castells é reconhecido na comunidade científica como referência sobre as novas estruturas sociais globais em rede e sobre o poder da comunicação.

Depois, segue-se a examinar o conceito de sociedade de risco, de Ulrich Beck (2010). Em seguida, os impactos interseccionais do gênero, classe e raça apresentados por Ângela Davis. Ao fim, pela atual realidade, apresenta-se a análise de Boaventura de Sousa Santos (2020) e Judith Butler (2020) sobre as prováveis mudanças sociais pós-pandemia COVID-19[10], na busca dos entrelaçamentos de tais conceitos com informação, comunicação e a pessoa consumidora.

1.1.1 A sociedade em rede, Manuel Castells

Inicia-se a análise do campo social contemporâneo com Manuel Castells (2017)[11] diante de sua habilidade de encontrar conceitos hábeis à compreensão da maneira pela qual os diversos níveis de experiência humana, processos econômicos, tecnológicos, culturais e políticos interagem para conformar, em um determinado momento histórico, uma estrutura social específica (CARDOSO, 2017, p. 57). É dele o conceito de sociedade em rede, introduzido pela revolução da tecnologia e pela reestruturação do capitalismo.

Como afirma Manuel Castells (2017, p. 11; 124), por volta do final do segundo milênio da Era Cristã, várias transformações sociais, tecnológicas, econômicas e culturais importantes se uniram para dar origem a uma nova forma de sociedade, a sociedade em rede. Isso decorre de um processo de mudança multidimensional e estrutural que se dá em meio à agonia e à incerteza, numa transformação cultural fundamental, à medida que a virtualidade se torna uma dimensão essencial da realidade, e a informação passa a ser parte integral de toda atividade humana. A sociedade em rede é caracterizada:

> [...] pela globalização das atividades econômicas decisivas do ponto de vista estratégico; por sua forma de organização em redes; pela flexibilidade e instabilidade do emprego e a individualização da mão de obra; por uma cultura de virtualidade real construída a partir de um sistema de mídia onipresente, interligado e altamente diversificado. E pela transformação das bases materiais da vida — o tempo e o espaço — mediante a criação de um espaço de fluxos e de um tempo intertemporal como expressões

---

9. "A pós-modernidade vive de antinomias, de pares contrapostos: ela se define justamente através da modernidade, que ela não quer ser. [...] A pós-modernidade vive de outros pensamentos. O comum, o igual não serão negados, mas aparece como subsidiário, como menor. A identidade cultural do indivíduo, como a dos povos, é que necessita de atenção. A pluralidade reaparece como um valor jurídico (*Rechtswert*); as diferenças entre ordens jurídicas passam a ser interessantes". (JAYME, 1999, p. 25).
10. Em ato de 11/03/2019, a OMS – Organização Mundial de Saúde declarou que a contaminação pelo novo coronavírus (COVID-19) é pandemia. Em ato contínuo, a Lei Federal 13.979/2020 foi promulgada sobre o tema e em 20/03/2020 foi reconhecido estado de calamidade pública no Brasil. Segundo Angela Merkel, chanceler alemã, a pandemia é o maior desafio pós 2ª GGM.
11. "Nasceu em Hellín, Espanha, em 1942. É professor emérito na California University, em Berkeley, Estados Unidos, onde lecionou por 24 anos. Publicou mais de 20 livros, entre os quais a trilogia A Era da Informação: Economia, Sociedade e Cultura (Paz e Terra). Atualmente é professor de Comunicação na *University of Southern California*, em Los Angeles, Estados Unidos." (CASTELLS, 2017, orelha).

das atividades e elites dominantes. Essa nova forma de organização social, dentro de sua globalidade que penetra em todos os níveis da sociedade, está sendo difundida em todo o mundo, do mesmo modo que o capitalismo industrial e seu inimigo univitelino, o estatismo industrial, foram disseminados no século XX, abalando instituições, transformando culturas, criando riqueza e induzindo a pobreza, incitando a ganância, a inovação e a esperança, e ao mesmo tempo impondo o rigor e instilando o desespero. Admirável ou não, trata-se na verdade de um mundo novo. (CASTELLS, 2018, p. 49).

Elaborada no final da década de 90 do século passado, a trilogia[12] de Manuel Castells é difundida na primeira década deste século e formula teoria sobre os efeitos fundamentais da tecnologia da informação no mundo contemporâneo, vez que os indivíduos estão sendo controlados por quem detém o poder desses novos modos de fluxo informacional e que controlam o consumo e a produção (CASTELLS, 2017, orelha). O pensamento de Manuel Castell aqui analisa decorre, principalmente da prefalada trilogia.

1.1.1.1 A virtualidade como dimensão essencial da atual realidade e os "excluídos"

Há 2700 anos, no ano 700 a.C, a humanidade, por meio dos fenícios, criava o alfabeto, que se tornou uma tecnologia fundada da informação, mas não a criou, pois ela o precede: o alfabeto é instrumento a difundir a informação. Como lembra James Gleick (2013), a informação sempre existiu e permeou o mundo de nossos ancestrais, assumindo fórmulas sólidas ou etéreas, gravadas no granito e registradas nos sussurros dos cortesãos. São muitas as tecnologias da informação, algumas reconhecidas em sua própria época, outras, como os "tambores falantes da África"[13], continuam difusão precária e subcompreendidas[14] (GLEICK, 2013, p. 20).

Pouco mais de um milênio depois, no oriente (especialmente China e Japão), a imprensa é criada ainda que de forma rudimentar[15], o que foi radicalmente aperfeiçoado com a criação da prensa em metal por Johannes Gutemberg, em 1455[16]. Veio o telefone, com Graham Bell, em 1876 e o rádio, com Marconi em 1898. O *bit*, em 1948, por Claude Shanon, enquanto uma "unidade de medida da informação", como se ela fosse mensurável e quantificável (GLEICK, 2013, p. 12).

A maior mudança em comunicação, entretanto, aconteceu no século XX, por meio do computador e da Internet: e se o primeiro computador pesou cerca de 30 toneladas e era acessível a uma minoria, hoje, os *smartphones*, que são verdadeiros "computadores de mão"[17] estão popularizados por quase todo o mundo. Tais tecnologias propiciam a alteração das bases materiais da vida e deixam marcas locais não visíveis (porque virtuais), mas que mudam as formas de ação e as orientações básicas

---

12. Trata-se de sua obra "A era da informação: economia, sociedade e cultura", que é dividida em três volumes, quais sejam, sociedade em rede (v. I), o poder da identidade (v. II) e o fim do milênio (v. III).
13. "Por todo o continente negro soam os tambores que nunca se calam: a base de toda a música, o foco de cada dança; os tambores falantes, a comunicação sem fios da selva desconhecida". (WASSAL, 1943 apud GLEICK, 2013, p. 21).
14. Talvez justamente pelas barreiras da classe, raça e gênero.
15. Por meio de gravação em madeira.
16. Mas é o telégrafo, em 1835, com Morse, que é considerado a origem do espaço virtual (ROHRMANN, 2005, p. 1).
17. Os quais, com maior ou menor sofisticação, estão presentes em quase todos os lugares ditos "civilizados".

das culturas (CARDOSO, 2018, p. 32), de modo que como adverte Pierre Lévy (1996, p. 11), a virtualização afeta hoje não apenas a informação e a comunicação, mas também os corpos, o funcionamento econômico, os quadros coletivos da sensibilidade e o exercício da inteligência. Uma vez que as disputas de poder sempre foram decididas pelas batalhas no imaginário das pessoas, pelo controle dos processos de informação e de comunicação que moldam a mente humana (CASTELLS, 2018, p. 25), a pessoa está cada vez mais exposta e vulnerável. Não por caso que as chamadas *fake news*[18] vêm crescendo no mundo contemporâneo e chegam a ser consideradas uma nova forma de "corrupção eleitoral"[19].

Como o contrato de consumo é, de certa forma, manifestação de poder (e não apenas do poder econômico), também é afetado por tais processos de informação e de comunicação. Não há fronteira física no mundo virtual e as suas "cercas" são frágeis; o território, intangível; a vigilância, diferenciada e pulverizada, de modo que:

> [...] embora tudo e todos no planeta sentissem os efeitos daquela nova estrutura social, as redes globais incluíam algumas pessoas e territórios e excluíam outros, induzindo assim uma geografia da desigualdade social, econômica e tecnológica. Em uma transformação paralela, movimentos sociais e estratégias geopolíticas se tornaram em grande parte globais a fim de agir sobre as fontes globais de poder, ao passo que as instituições do Estado-Nação, herdadas da Era Moderna e da sociedade industrial, foram gradualmente perdendo sua capacidade de controlar e regular os fluxos globais de riqueza e informação (CASTELLS, 2017, p. 12).

A própria economia se reorganiza nos moldes de uma ciência da informação, em que o próprio dinheiro está concluindo um arco de desenvolvimento da matéria para os *bits*, armazenado na memória de computadores em fitas magnéticas, circulando pelo sistema nervoso global informacional (GLEICK, 2013, p. 17).[20] Mas muitos dos alicerces jurídicos contemporâneos foram formulados por quem nasceu antes da Internet e são aplicados em uma realidade social em que ela é estruturante, num paradoxo nem sempre lembrado, mas que pode gerar muitos equívocos e decisões injustas se não reconhecido, enfrentado e superado. Daí porque não se pode falar de informação compreendida pelo consumidor sem antes refletir-se sobre as bases da sociedade em que ele vive atualmente: não adianta a lente antiga para uma realidade nova.

---

18. "O termo vem do inglês fake (falsa/falso) e news (notícias). Dessa forma, em português, a palavra significa notícias falsas. Apesar de ter se destacado recentemente, a expressão é bem mais antiga e data do final do século XIX. Fake News são as informações falsas que viralizam entre a população como se fosse verdade. Atualmente, elas estão, principalmente, relacionadas às redes sociais." (SILVA, 2019, s.p.).
19. Inclusive, ao analisar as respostas autoritárias (especialmente da China) e democráticas para a pandemia COVID-19, Boaventura de Sousa Santos (2020, p. 7-8) destaca que "como as democracias estão cada vez mais vulneráveis às *fake News*, teremos de imaginar soluções democráticas assentes na democracia participativa ao nível dos bairros e das comunidades e na educação cívica orientada para a solidariedade e cooperação, e não para o empreendedorismo e competitividade a todo custo.".
20. Nesta análise, é preciso lembrar que há um hiato geracional entre aqueles que nasceram antes da Era da Internet (1969) e aqueles que cresceram em um mundo digital (CASTELLS, 2017, p. 11). Lembrar, também, que "o virtual, rigorosamente definido, tem somente uma pequena afinidade com o falso, o ilusório ou o imaginário" (LÉVY, 1996, p. 12), pois reflete um mundo que existe "de verdade", apenas, por ele; as pessoas, por terem condições de se esconderem mais facilmente, têm mais coragem de se mostrarem.

O fato é que a interligação em redes[21] gerou uma ampliação da oferta de produtos e serviços, a tornar o mercado cada vez mais complexo e interligado, de forma a virtualizar o capital e comprometer a transparência nos mercados (CASTELLS, 2017, p. 13). Embora esta obra não trate do mercado financeiro, não se pode ignorar que o contrato financeiro passou a ter uma repercussão transversal, vez que, se há 50 anos a maioria dos negócios era feita à vista, sem financiamentos, hoje – com a oferta ampla de crédito e o aumento do endividamento[22], os contratos financeiros estão conectados à maioria dos contratos de consumo, pois grande parte de tais contratações ocorrem por financiamentos, principalmente mediante parcelamento em cartão de crédito. Por isso relevante registrar que uma das características desta "nova sociedade" é o afastamento do mercado financeiro do processo produtivo – do qual era próximo na era industrial – e a ampliação das suas fronteiras de atuação. Tantas mudanças fizeram com que o mercado financeiro se tornasse um "autômato global", a impor sua lógica à economia, à sociedade e até mesmo aos seus próprios criadores (CASTELLS, 2017, p. 15). Neste contexto é que se antes o "rico" era o dono da fábrica, hoje o "rico" é o dono da marca e de certa forma, assim, até o "dinheiro" se virtualiza.

Ou seja, como adverte Lévy (1996, p.71), ocorre uma "retomada da autocriação da humanidade" a partir da virtualização, pois poucos percebem que a Internet não é a primeira virtualização da humanidade. A primeira ocorreu com a linguagem, depois com a técnica e até mesmo com o contrato (fruto da "complexificação das instituições").

É a linguagem que nos permite vislumbrar o que ocorreu no passado, ter acesso às lembranças e narrativas de nossos ancestrais (LEVY, 1996, p. 72). A linguagem – que não se resume às línguas, pois abrange a comunicação pelas artes – consegue ser uma máquina do tempo e do espaço, a permitir uma ampliação da consciência do humano a crescer "com a complexidade das linguagens" (LEVY, 1996, p. 73). Tal qual uma raiz que, para crescer, precisa de um vaso maior para se ampliar na proporção da exigência de sua natureza, a humanidade precisa do virtual para se expandir. É a espiral de novo, pois não há desaparecimento, mas aperfeiçoamento.

A técnica, ao propiciar ferramentas de ampliação do próprio corpo (um martelo, por exemplo), é também uma forma de "virtualização da ação" (LÉVY, 1996, p. 75-76). O mesmo ocorre com o contrato, pois a obrigação que dele decorre "envolve uma quantidade indefinida de detalhes virtuais dos quais somente um pequeno número é explicitamente previsto em seu texto" (LÉVY, 1996, p. 77). Ao se observar a imensidão de contratos aos quais, todos os dias, as pessoas se submetem – consciente ou inconscientemente – percebe-se que o contrato, "ao mesmo tempo que estabiliza os compor-

---

21. "Embora as redes sejam uma antiga forma de organização na experiência humana, as tecnologias digitais de formação de redes, características da Era da Informação, alimentaram as redes sociais e organizacionais, possibilitando sua infinita expansão e reconfiguração, superando as limitações tradicionais dos modelos organizacionais de formação de redes quanto à gestão da complexidade de redes acima de uma certa dimensão". (CASTELLS, 2017, p. 12).
22. "[...] na economia do endividamento, tudo se articula com o crédito. O crescimento econômico é condicionado por ele. O endividamento dos lares funciona como 'meio de financiar a atividade econômica'. Segundo a cultura do endividamento, viver a crédito é um bom hábito de vida. Maneira de ascensão ao nível de vida e conforto do mundo contemporâneo, o crédito não é um favor, mas um direito fácil." (COSTA, 2006, p. 18).

tamentos e as identidades, também fixa procedimentos precisos para transformar os relacionamentos e os estatutos pessoais" (LÉVY, 1996, p. 77). Há, portanto, uma grande soma e integração (tal qual ocorre nos fenômenos da natureza, desde a sincronia das estações de ano, aos fluxos dos rios), pois,

> através da linguagem, a emoção virtualizada pela narrativa voa de boca em boca; graças à técnica, a ação virtualizada pela ferramenta passa de mão em mão; do mesmo modo, na esfera das relações sociais, pode-se organizar o movimento ou a desterritorialização de relacionamentos virtualizados (LÉVY, 1996, p. 77).

A virtualização, portanto, é, antes de tudo, uma forma de ampliação, de expansão, de crescimento, de sopor-se o concreto com identificação do abstrato. Mas todo crescimento exige ampliação proporcional de cuidados: quando uma plantação aumenta, é preciso mais adubo e mais poda, mais atenção, de modo que talvez a modificação mais profunda gerada pela sociedade em rede seja a consciência do poder da comunicação e da informação[23], o que inclui sua inserção como insumo econômico, sua entrada como ativo importantes no mercado.

E aqui entra outro aspecto que não pode ser ignorado: a distribuição da informação deixou de ocorrer de forma verticalizada, distribuída pelos grandes meios de comunicação, e passa a se dar por meio de uma distribuição horizontalizada, numa maior interação viabilizada, em grande medida, pelas redes sociais. Os patrocínios e incentivos à difusão continuam a ocorrer mas, atualmente, pulverizados por *blogueiros e blogueiras*, por *youtubers*, pelos chamados influenciadores digitais.

A questão fica mais complexa, quando se lembra da distância entre comunicação, informação e compreensão[24]. Nessa realidade, como lembra Stefano Rodotá (2008), há, inclusive, um risco de isolamento, que limita ou exclui outras formas de relação interpessoal ou social, fechando a pessoa em seu mundo virtual, o que contraria a ampliação de seu espaço consciencial, pois encolhe o seu mundo concreto. Por outro lado, a dimensão virtual pode constituir também um ponto de partida para formação vínculos sociais que de outra forma seriam impossíveis. A virtualidade passa a ser um aspecto da realidade (RODOTÁ, 2008, p. 121). Esse processo está sendo fortemente acelerado com a pandemia COVID-19, em uma virtualização que certamente integrará o "novo normal pós-covid", embora não se trate de um processo novo. Em entrevista à Editora Fronteiras do Pensamento, Castells (2017, *online*) afirma que 97% da informação do planeta está digitalizada e 80% está disponível na Internet e em outras redes[25]. São os hábitos no cotidiano, muitas vezes realizados de forma automática, que alimentam tais redes:

---

23. E, como se verá na análise de Byung-Chul Han (2017, contracapa) sobre a realidade contemporânea, mais informações e mais comunicação não clarificam o mundo e quanto mais se liberam informações tanto mais intransigente se torna o mundo, pois a hiperinformação e hipercomunicação não trazem luz à escuridão.
24. E aqui está a essência desta obra de buscar uma forma eficaz de compreensão da informação ao consumidor e a importância de, antes de se tratar do direito do consumidor – o que se fará no segundo capítulo – examinar-se o campo social contemporâneo.
25. Ao se pesquisar a fonte do dado, localizou-se outra entrevista de Castells, na qual ele faz referência à tese de doutorado do seu orientando Martin Hilbert, "sobre o cálculo que ele fez de toda a informação digitalizada disponível no planeta e como está organizada. Ele calculou que, há dez anos, era de 52% de toda a informação da Terra. Em 2008, era 97%." (CASTELLS, 2013). Na investigação sobre a tese de Martin Hilbert (2011), localizou-se o artigo

[...] e a maior parte dessas informações é produzida por cada um de nós que, ao nos comunicarmos, transformamos boa parte de nossas vidas em registro digital: com uma identificação individual que se conecta com nossos cartões de crédito, nosso cartão de saúde, nossa conta bancária, nosso histórico pessoal e profissional (incluindo domicílio), nossos computadores (cada um com seu número de código), nosso correio eletrônico (requerido por bancos e empresas de Internet), nossa carteira de motorista, o número do registro do carro, as viagens que fazemos, nossos hábitos de consumo (detectados pelas compras com cartão ou pela Internet), nossos hábitos de música e leitura, nossa presença nas redes sociais (tais como Facebook, Instagram, YouTube, Flickr ou Twitter e tantos outros), nossas buscas no Google ou Yahoo e um amplo etcétera digital (CASTELLS, 2015/2019, s.p.).

Assim, importante o reconhecimento da virtualidade como espaço real da atual sociedade, em suas mais variadas dimensões, tão mais explícitas e concretas com a pandemia COVID-19.

1.1.2 O "informacionalismo", as novas fontes de riquezas e o poder da comunicação

A "novidade" do informacionalismo não é o tipo de atividades em que a humanidade está envolvida, mas sua capacidade tecnológica de utilizar, como força produtiva direta, aquilo que caracteriza a espécie humana como uma singularidade biológica: a capacidade superior de processar símbolos (CASTELLS, 2010, p. 155). A questão ultrapassa mercado, direito e economia e reside no próprio desenvolvimento da organização social em rede[26]. Como modo de desenvolvimento, foi o informacionalismo[27] que afastou o mercado financeiro dos processos produtivos e instaurou uma nova realidade: se antes o "rico" era o dono da fábrica e dos meios de produção, hoje, é o "dono" da informação, é quem tem o poder de articular, de unir, de influenciar. Tal transformação repercute nos contratos[28].

"*The World's Technological Capacity to Store, Communicate, and Compute Information*" dele e de Priscila López, no qual relatam que os seus dados proveem do rastreio de "60 tecnologias analógicas e digitais durante o período de 1986 a 2007. Em 2007, a humanidade foi capaz de armazenar $2,9 \times 10^{20}$ bytes idealmente compactados, comunicar quase 2×10^{21} bytes e execute $6,4 \times 10^{18}$ instruções por segundo em computadores de uso geral. A capacidade de computação de uso geral cresceu a uma taxa anual de 58%. A capacidade mundial de telecomunicações bidirecionais cresceu 28% ao ano, seguida de perto pelo aumento das informações armazenadas globalmente (23%). A capacidade da humanidade de difundir informação unidirecional através de canais de transmissão experimentou um crescimento anual relativamente modesto (6%). As telecomunicações são dominadas pelas tecnologias digitais desde 1990 (99,9% no formato digital em 2007), e a maior parte de nossa memória tecnológica está no formato digital desde o início dos anos 2000 (94% digital em 2007)." (HILBERT; LÓPEZ, 2011, s.p.).

26. Inclusive, de logo oportuno destacar que, ao analisar a repercussão dessa transição para o Direito, Cláudia Lima Marques (2019) lembra que este fenômeno – denominado pelos sociólogos, tal qual Castells, de informacionalismo – decorre da modificação dos bens economicamente relevantes, que na Idade Média eram os bens imóveis, na Idade Moderna, o bem móvel material e que na Idade Atual seria o bem móvel imaterial ou o desmaterializado "fazer" dos serviços, do *software*, da comunicação, do lazer, da segurança, da educação, da saúde, do crédito.

27. Desde a década de 70 do século passado, George Akerlof (1970) estuda a relação entre informação e aperfeiçoamento do mercado, como se verá no capítulo terceiro deste livro. Entretanto, o informacionalismo trabalhado por Casttels (2010), não se confunde com tais estudos, pois o foco, aqui é modo de desenvolvimento social – industrialismo é modo de desenvolvimento da sociedade industrial e o informacionalismo, da sociedade em rede – e aqueles refiram-se aos contratos e ao mercado. São análises que embora se complementem, não se confundem nem se excluem.

28. A concepção de contrato, a ideia de relação contratual, sofreu, porém, nos últimos tempos uma evolução sensível, em face da criação de um novo tipo de sociedade, sociedade industrializada, de consumo, massificada, sociedade de informação, e em face, também, da evolução natural do pensamento teórico – jurídico (MARQUES, 2019, p. 35).

Ou seja, a atual realidade é tão complexa que a emergência de um novo paradigma tecnológico organizado em torno de novas tecnologias da informação, mais flexíveis e poderosas, possibilita que a própria informação se torne produto do processo produtivo[29] (CASTELLS, 2017, p. 135). Como exemplo, tem-se o UBER[30] e o AIRBNB[31] que se destacam, respectivamente, no ramo de transportes e no de aluguéis, sem terem nem carros e nem imóveis, ao viabilizar redes e interações, de modo a gerar o que se chama de "economia compartilhada" ou "economia colaborativa".

O informacionalismo é extremamente atingido "pelo renovado apelo ao consumismo", mas sua unidade básica é original, "pois, pela primeira vez na história, a unidade básica da organização econômica não é um sujeito individual (como o empresário ou a família empresarial) nem coletivo (como a classe capitalista, a empresa ou o Estado)", e é, sim, a própria rede "formada de vários sujeitos e organizações que se modificam continuamente conforme as redes se adaptam aos ambientes de apoio e às estruturas do mercado" (CASTELLS, 2017, p. 260).[32] Trata-se de um cenário no qual é difícil encontrar padrões de regularidade, pois "o novo paradigma informacional de trabalho e mão de obra não é um modelo simples, mas uma colcha confusa, tecida pela interação histórica entre transformação tecnológica, política das relações industriais e ação social conflituosa" (CASTELLS, 2017, p. 303 e 319). O padrão passa a ser a incerteza, não há clareza com quem se está a contratar e tampouco sobre o próprio processo de formação da confiança do consumidor.

E o mais grave, altera-se os meios de comunicação. O filme, o rádio e a televisão deram à cultura audiovisual a oportunidade de superar a comunicação escrita, mas, apenas agora, com a integração de vários modos de comunicação em uma rede interativa, é que "o espírito humano reúne suas dimensões em uma nova interação comunicativa entre os dois lados do seu cérebro, as máquinas e os contextos sociais" (CASTELLS, 2017, p. 413-414), em uma gama de possibilidades que talvez ainda não se saiba adequadamente lidar. Há um princípio da complementaridade que, como esclarece Danah Zohar (2012, p.25), funciona com os hemisférios direito e esquerdo do cérebro, de modo que cada uma das descrições fornece um tipo de informação que falta à outra e a física da consciência que dá origem ao mundo da cultura – arte, ideias, valores, éticas e mesmo religiões – é a mesma física que nos dá o mundo natural (ZOHAR, 2012, p.

---

29. Tal constatação é bem antiga na Análise Econômica do Direito, como se verá, no capítulo terceiro, especialmente na análise do conceito de mercado perfeito.
30. "A Uber é uma plataforma que conecta usuários a motoristas parceiros, uma opção de mobilidade a preços acessíveis que funciona em uma plataforma prática. O aplicativo foi idealizado em 2009, quando Garrett Camp e Travis Kalanick, criadores da Uber, enfrentaram dificuldades para encontrar um carro para transportá-los ao fim de uma conferência na França. Com a ideia em mente, os dois retornaram ao seu país natal, os Estados Unidos, e a Uber começou a funcionar na cidade de São Francisco em 2010." (DESCUBRA [...], 2020).
31. "O *Airbnb* começou em 2008, quando dois designers que tinham um espaço sobrando hospedaram três viajantes que procuravam um lugar para ficar. Agora, milhões de anfitriões e viajantes optam por criar uma conta gratuita no *Airbnb* para que possam anunciar seu espaço e reservar acomodações únicas em qualquer lugar do mundo. Além disso, os anfitriões de experiências do Airbnb compartilham suas paixões e interesses com viajantes e moradores locais." (O QUE É [...], 2020).
32. Para Cláudia Lima Marques (2019, p.160), a comunicação seria um valor máximo da pós-modernidade. A nova legitimação do Direito e da Justiça estaria na comunicação (e no revival da autonomia da vontade), associada à valorização extrema do tempo e do direito como instrumento de comunicação, de informação.

293). Trazendo para a realidade jurídica, Erik Jayme (1999), com sua aguda perspicácia e profundidade de análise, adverte que uma das características da pós-modernidade[33] é abertamente confessar-se ao sentimento[34].

Apenas no terceiro capítulo, é que se analisará concretamente as relações entre sociedade, direito e economia e conceitos como o de mercado perfeito e o de assimetria da informação e a própria realidade contratual atual. Mas de logo, revela-se importante destacar que a sociedade em rede provoca um processo de reestruturação jurídica, não só a abarcar as instituições e comportamentos, mas também as lógicas mentais em que se deve operar o pensamento jurídico (CAPRI; MARCOS, 2017). Neste sentido, esclarece Cláudia Lima Marques (2019), inspirando-se em Kloepfer, que a informação é um poder, e o que se almeja hoje na sociedade é a "equidade informacional" (*Informationsgerechtigkei*). Valoriza-se a informação, a declaração e a aparência. O comunicado ou informado é uma forma de responsabilidade (MARQUES, 2019, p. 174). A comunicação repercute na cultura e na linguagem, porquanto as linguagens sejam meios de comunicação, de modo que:

> [...] a cultura é mediada e determinada pela comunicação, as próprias culturas – isto é os nossos sistemas de crenças e códigos historicamente produzidos – são transformados de maneira fundamental pelo novo sistema tecnológico e o serão ainda mais com o passar do tempo. (CASTELLS, 2017, p. 414).

Nesse processo em curso, é de notar que, por muito tempo, a comunicação foi feita em massa a partir do controle dos governos e das grandes corporações empresariais, que distribuíam o mesmo conteúdo para um mesmo público, restringindo as opções a seu comando (CASTELLS, 2017). Tal modelo está a se enfraquecer continuamente diante da consolidação da opção das pessoas por conteúdo específico, conforme suas identidades[35], a serem escolhidos por meio de *streaming*, assinaturas de TV a cabo, de podcast[36], Youtube[37], o que parece ser um indício de demonstração de hipótese desta

---

33. Há 20 anos, concluiu Erik Jayme (1999, p.31) que "estes valores são a pluralidade, a coexistência de diferentes culturas, a narração e a comunicação, assim como o significado existencial de sentimentos e sensações.". Mas ainda persiste um preconceito, como se Direito e emoção fossem incompatíveis, como se e emoção enfraquecesse o Direito, como se excluíssem, porquanto carreguem uma relação intrínseca e sejam complementares: a natureza do 'ser quântico está condensada numa das colocações mais fundamentais da teoria quântica, o princípio da complementaridade, que declara que cada modo de descrever o ser, como onda ou como partícula, complementa o outro e que o quadro completo somente do 'pacote'. Como os hemisférios direito e esquerdo, cada uma das descrições fornece um tipo de informação que falta à outra" (ZOHAR, 2012, p. 25).
34. "Como o sergipano Tobias Barreto o Direito 'não é só uma coisa que sabe; é também uma coisa se sente'. Talvez até uma coisa que se sente em primeiro lugar ou com anterioridade em relação à inteligência, pois não se pode esquecer jamais que o próprio substantivo 'sentença' vem do verbo 'sentir'" (BRITTO, 2007, p. 75).
35. Para Stefano Rodotá (2008, p. 121), a identidade é uma medida da distância do outro.
36. "Podcast é uma forma de transmissão de arquivos multimídia na Internet criados pelos próprios usuários. Nestes arquivos, as pessoas disponibilizam listas e seleções de músicas ou simplesmente falam e expõem suas opiniões sobre os mais diversos assuntos, como política ou o capítulo da novela. Pense no podcast como um blog, só que ao invés de escrever, as pessoas falam. Podendo ser ouvidos a qualquer hora, os podcasts criam uma espécie de radio virtual direcionada para assuntos específicos, ou seja, de acordo com as características de cada ouvinte. Além do mais, esses arquivos podem ser escutados perfeitamente em um player portátil." (SCHMIDT, 2008, s.p.).
37. "A palavra 'youtube' foi feita a partir de dois termos da língua inglesa: 'you', que significa "você" e 'tube', que provém de uma gíria que muito se aproxima de 'televisão'. Em outras palavras seria a 'televisão feita por você'. Essa é justamente a principal função do fenômeno da Internet: permitir que os usuários carreguem, assistam e compartilhem vídeos em formato digital. O Youtube foi criado em fevereiro de 2005, por Chad Hurley e Steve

obra[38]: um dos obstáculos à informação eficaz ao consumidor parece ser informações homogêneas para públicos heterogêneos e sem considerar as diferentes capacidades de compreensão dos interlocutores[39].

Esta capacidade de compreensão, por sua vez, parece passar pela questão da identidade ou das identidades – da consideração do lugar de fala de cada um, das pré-compreensões que carrega. De nada adianta uma informação incompreensível (seja por excesso, por falta ou por complexidade). Ou seja, não adianta uma enxurrada de informações que a pessoa não seja capaz de absorver, da mesma forma que não adianta tomar por dia 1 kg de vitamina C, se a capacidade do organismo humano de processá-la é bem menor. Ou muito menos se é efetivo falar em japonês para quem só lê em português. Neste sentido:

> [...] a carga de mensagens publicitárias recebidas via mídia parece ter efeito limitado. Segundo Draper, embora nos EUA o cidadão comum esteja exposto a 1.600 mensagens publicitárias por dia, as pessoas respondem (e não necessariamente de forma positiva) a apenas cerca de 12 delas. [...] A questão principal é que enquanto a grande mídia é um sistema de comunicação de mão única, o processo real de comunicação não o é, mas depende da interação entre o emissor e o receptor na interpretação da mensagem (CASTELLS, 2017, p. 419).

E assim, como representa o tecido simbólico da vida, a mídia tende a afetar o comportamento. Mas, com as novas ferramentas de comunicação impulsionadas pela Internet em momento de pandemia, por exemplo, destacam-se as "*lives*"[40] com interação em tempo real – a audiência deixar de ser objeto passivo e tornar-se sujeito interativo. Abriu-se, daí, caminho para sua diferenciação que, de comunicação de massa generalizada, passou à segmentação, à adequação ao público e à individualização, a partir do momento em que a tecnologia, empresas e instituições permitiram essas iniciativas (CASTELLS, 2017, p. 421-422). Em outras palavras:

> Em resumo, a nova mídia determina uma audiência segmentada, diferenciada que, embora maciça em termos de números, já não é uma audiência de massa em termos de simultaneidade e uniformidade da mensagem recebida. A nova mídia não é mais mídia de massa no sentido tradicional do envio de um número limitado de mensagens a uma audiência homogênea de massa. Devido a multiplicidade de mensagens e fontes, a própria audiência torna-se mais seletiva. A audiência visada tende a escolher suas mensagens, assim aprofundando sua segmentação, intensificando o relacionamento individual entre o emissor e o receptor. (SABBAH, 1985, p. 219).

A disseminação da informação pelas novas tecnologias exige uma pulverização para a eficácia da compreensão da informação em termos de mídia, e tal constata-

---

Chen, dois funcionários de uma empresa de tecnologia situada em São Francisco, EUA. O site surgiu em virtude do inconveniente que era compartilhar arquivos de vídeo, já que estes eram muito grandes, o que dificultava seu envio por e-mail.".

38. Que é tão importante para a compreensão da sociedade contemporânea, que tem um volume específico na já clássica pesquisa de Manuel Castells (2018) sobre a era da informação.
39. Como se demonstrará nos capítulos seguintes, contrato de consumo é aquele que "é de conhecimento do consumidor" (KRETZMANN, 2019, p. 209).
40. Live "é uma transmissão ao vivo de áudio e vídeo na Internet, geralmente feita por meio das redes sociais. O Instagram, por exemplo, possui uma ferramenta que permite ao usuário fazer uma transmissão de vídeo em tempo real para os seguidores, o que também é possível por aplicativos como YouTube, Twitter, Facebook e TikTok. Usuários podem fazer comentários e deixar curtidas, além de acompanhar as atividades dos demais espectadores" (REIS, 2020, s.p.).

ção é útil ao objeto da presente pesquisa, de modo que se constrói, a partir de tais dados, outra hipótese: do mesmo modo que as novas mídias exigem uma visão individualizada, os contratos de adesão também devem atentar a tal personalização, até mesmo porque os contratos materializam – ou devem materializar – a motivação das decisões da pessoa consumidora[41]. Outro paralelo importante são as pesquisas sobre os processos de tomada de decisão política, no qual, de certa forma, há também vulnerabilidades informacionais a se refletir no déficit ou superávit democrático de cada sociedade:

> Se o poder opera atuando sobre a mente humana por meio de mensagens comunicativas, precisamos entender como a mente humana processa essas mensagens e como esse processamento se traduz na esfera política. [...] encontrei um amplo corpo de literatura que, na última década[42], realizou pesquisas experimentais para descobrir os processos de tomadas de decisões políticas individuais que se expressam em termos da relação entre processos mentais, pensamento metafórico e a criação de imagens políticas. [...] As bases científicas de grande parte dessas pesquisas se encontram nas novas descobertas da neurociência e da ciência cognitiva, como mostram, por exemplo, as obras de Antonio Damasio, Hanna Damasio, George Lakoff e Jerry Feldman. (CASTELLS, 2017, p. 24).

Nesta análise, importante lembrar, ainda, que "o poder de criar poder político, que é o poder para definir regras e diretrizes na área política, depende da vitória na competição para acessar o cargo político, e de obter o apoio ou pelo menos a concordância por parte dos cidadãos." (CASTELLS, 2017, p. 477) e que tal apoio tem se valido do uso das tecnologias da informação e da comunicação – TIC, de que é exemplo a eleição presidencial norte- americana de 2016, muito bem apresentada no documentário "privacidade hackeada"[43]. Ou seja, as mesmas ferramentas, técnicas e caminhos utilizados para a tomada de decisão política individual podem ser úteis para identificar o processo de decisão anuência e/ou escolha sobre os contratos de consumo diante da sociedade em rede, que é global, "e globais também são as redes de comunicação" (CASTELLS, 2017, p. 26), bem como globais são muitos fornecedores e, mais ainda:

> Enquanto os processos cognitivos na mente humana compartilham caraterísticas básicas universais, ainda que com um limite de variação nas formas culturais de sua manifestação. Afinal, as relações de poder são as relações fundamentais da sociedade em toda a história, em toda a geografia e em todas as culturas. E se as relações de poder são construídas na mente humana por meio de processos de comunicação, como este livro tentará demonstrar, essas conexões ocultas bem podem ser o código de origem da condição humana. (CASTELLS, 2017, p. 26).

---

41. Como adverte Renata Pozzi Kretzmann (2019, p. 39), "o consumidor pode conhecer, mas não compreender, cabendo ao julgador a verificação da conformidade da conduta concreta do fornecedor com abstrata tutelada pelo direito".
42. Refere-se à primeira década deste século XXI.
43. "A empresa de consultoria *Cambridge Analytica* foi contratada pela campanha do então candidato à Presidência dos EUA Donald Trump e teve acesso a dados privados de usuários a partir de um pesquisador que criara um jogo de perguntas e respostas (quiz, em inglês) no Facebook. [...] 'Ainda não temos uma imagem clara do que a Cambridge Analytica fez para Trump. Ou o que fez em qualquer uma das dezenas de eleições em todo o mundo que afirmou ter trabalhado – o que Carroll chama de subversão em escala industrial. Tudo o que sabemos é que tanto a Cambridge Analytica quanto o Facebook se esforçaram para evitar que os fatos saíssem', afirma a jornalista no *The Guardian*" (O GLOBO, 2019).

A natureza do poder na sociedade em rede, assim, passa pelo poder da comunicação, que se entrelaça com os sentimentos – e as fragilidades – de cada um (e aí, talvez, esteja o "fio da meada"[44]):

> O poder é primordialmente exercido pela construção de significado na mente humana por meio de processos de comunicação postos em prática nas redes multimídia de comunicação de massa locais e globais, inclusive a autocomunicação de massa. [...] O que as pessoas pensam sobre as instituições sobre as quais vivem e como elas se relacionam com a cultura de sua economia e de sua sociedade definem de quem é o poder que pode ser exercido e como ele pode ser exercido. Nas guerras terríveis que proliferam pelo mundo, embora interesses econômicos e ambições pessoais sejam postos em prática na carnificina, as pessoas matam outras pessoas motivadas por aquilo que sentem: hostilidade étnica, fanatismo religioso, ódio classista, xenofobia nacionalista e raiva individual. [...] Além disso, a violência política é uma forma de comunicação ao atuar na mente das pessoas por meio das imagens da morte para estimular o medo e a intimidação. [...] Portanto, se as relações de poder são construídas em grande medida na mente humana, e se a construção de significado na mente humana é primordialmente dependente dos fluxos de informação e imagens processadas nas redes de comunicação, seria lógico concluir que o poder reside nas redes de comunicação e seus proprietários corporativos.
>
> Essa conclusão pode ser lógica, mas empiricamente está errada. E isso porque, embora as redes de comunicação sejam certamente os mensageiros, elas não são a mensagem. O meio de comunicação não é a mensagem, embora ele condicione o formato e a distribuição da mensagem. A mensagem é a mensagem, e o emissor da mensagem está na fonte da construção do significado (CASTELLS, 2017, p. 471–472).

A "autocomunicação em massa" vem alterar a mensagem e, em consequência, o poder da comunicação e as suas variadas influências nos múltiplos processos decisórios. Assim, "o poder **em** rede (*networked power*), que é diferente de poder **da** rede (*network power*) e de poder **sobre** as redes (*networking power*), é a forma de poder exercida por certos nodos sobre outros nodos no interior da rede." (CASTELLS, 2017, p. 473). Nesta reorganização dos espaços de poder, a rede – cujos conectores são os detentores de poder – tem papel central na sociedade da era da informação, o que parece requerer também uma reorganização dos contratos de consumo a partir do reconhecimento dessa nova estrutura. Como os vértices da rede são tecidos por quem detém o poder – que não é o consumidor nem individual nem coletivamente considerado –, há necessidade ainda maior de instrumentos eficazes de checagem da efetiva compreensão da informação, sem a qual não se pode construir validamente a confiança.

No traçado da rede, em que, ainda que díspares, um ponto se sustenta pelo outro, o descuido com tal assimetria pode, a longo prazo, corroer a própria rede, daí mais uma evidência da intrínseca ligação entre a proteção do consumidor e sadio desenvolvimento econômico.

1.1.3   A sociedade de risco, Ulrich Beck

O risco tem várias vertentes de estudo e análise. Aqui, na esteira das pesquisas de Ulrich Beck (2010)[45], trata-se do risco inerente à sociedade de consumo e que não é

---

44. Há um filme que, em sala de aula, é útil ao entendimento da responsabilidade do fornecedor pelo produto perigoso ou nocivo. É o filme "O Júri", dirigido por Gary Fleder e inspirado pelo livro de John Grisham, lançado em 2003. Outro aspecto do filme é a manipulação feita pelos fornecedores réus no filme sob os jurados, valendo-se de suas fragilidades pessoais. A virtude, ou a falta dele, tem, pois, repercussão coletiva.
45. O livro "sociedade de risco" (BECK, 2010) – que mais tarde influencia a parceria de Ulrich Beck com Anthony Giddens e Scoth Lash no desenvolvimento do conceito de "modernidade reflexiva" – foi escrito em 1986, meses

informado ao consumidor, seja por ser desconhecido pelo próprio fornecedor, seja por ser imprevisto ou por variadas outras razões. Tal análise revela-se importante justamente para que possa melhor compreender a diferença que se faz, no quarto capítulo, entre acidentes de consumo e contrato de consumo, na categorização dos marcadores da análise empírica lá contida[46]. Aqui, entretanto, apenas dois aspectos dos estudos de Ulrich Beck sobre sociedade de risco serão trabalhados: a) a impossibilidade de individualização dos riscos e do controle da informação sobre eles; e b) a insuficiência dos sistemas jurídicos para resolvê-los, reduzir seus danos ou apresentar soluções.

1.1.3.1 A coletividade dos riscos e o "(des)controle" da informação

A pesquisa de Ulrich Beck é anterior à de Manuel Castells, mas com ela não disputa: são complementares, são olhares diferentes para as mudanças sociais contemporâneas e, ambas, importantes à identificação do campo social de aplicação do direito do consumidor na atualidade (o que é o objetivo deste capítulo). Enquanto Manuel Castells (2017) foca na passagem do "industrialismo" para o "informacionalismo", Ulrich Beck (2010, p. 12-13) analisa os riscos inerentes à "modernidade", vez que:

> Assim como no século XIX a modernização dissolveu a esclerosada sociedade agrária estamental e, ao depurá-la, extraiu a imagem estrutural da sociedade estrutural, hoje a modernização dissolve os contornos da sociedade industrial e, na continuidade da modernidade, surge uma outra configuração social.

A sociedade de risco, em suma, representa a acumulação de riscos – ecológicos, financeiros, militares, terroristas, bioquímicos, informacionais, entre outros – fortemente presentes na atualidade numa realidade histórica mundial consistente no fato de que dela nenhuma nação pode dar conta sozinha (BECK, 2010, p. 361; 375) e sobre ela é preciso esclarecer que:

> Risco não significa catástrofe; significa antecipação da catástrofe. Os riscos consistem em encenar o futuro no presente, ao passo que o futuro das futuras catástrofes é em princípio desconhecido. Sem técnicas de visualização, sem formas simbólicas, sem meios de comunicação de massa, os riscos não são absolutamente nada. A questão sociológica é esta: se a destruição e o desastre forem antecipados, isso pode gerar uma pressão para agir (BECK, 2010, p. 362).

Interessante notar que o que se chama aqui de risco é bem diferente dos perigos que a humanidade enfrenta há muito tempo – oriundos exclusivamente da natureza, como terremotos e furacões, pois o risco que aqui se fala provém de decisões humanas, de futuro humanamente produzido (BECK, 2010, p. 362), não de fatores completamente naturais. Registre-se, também, que, embora decorra de ação humana, não se trata de risco e de incerteza como tratado na ciência econômica, que pode ser atuarialmente

---

antes do acidente atômico de Chernobyl. Com o acidente, o livro tomou ares proféticos, pois o acidente acabou por constituir-se exemplo concreto dos receios, anseios e reflexões de Ulrich Beck. Por mais trágico que seja – como foi – serviu para mostrar que a preocupação de Beck não estava apenas no mundo das ideias, mas concretamente no mundo dos fatos.

46. Há, sem dúvida, uma relação importante entre sociedade de risco e as informações nos contratos de consumo, no que se pode citar, de logo, como exemplo, as questões inerente a segurança alimentar e alimentos transgênicos: a aquisição sabendo ou não dos riscos, faz diferença na formação da vontade do consumidor.

calculado, estatisticamente antecipado, contabilmente provisionado, mas se trata do risco incerto, de uma incerteza, repita-se, fabricada por decisões humanas:

> No centro das sociedades de risco, estão as 'incertezas fabricadas'. Elas se distinguem pelo fato de dependerem de decisões humanas, de serem criadas pela própria sociedade, de serem imanentes à sociedade e, portanto, não externalizáveis, impostas coletivamente e, portanto inevitáveis individualmente (BECK, 2010, p. 363).

Difere, portanto, da realidade do contrato aleatório, porquanto, neste, o contratante sabe da existência de risco e assume as consequências de ele vir ou não. A informação pode ajudar a lidar com tal incerteza, nem que seja apenas para informar da possibilidade de sua existência[47]. No contrato aleatório, ninguém poderá dizer que não sabia da existência do risco. Aqui, há uma "incerteza fabricada" a romper fronteiras físicas e políticas, como se vê adiante:

> A consciência do risco global cria espaço para futuros alternativos, modernidades alternativas! A sociedade mundial de risco nos obriga a reconhecer a pluralidade do mundo que a visão nacionalista podia ignorar. Os riscos globais abrem um espaço moral e político que pode fazer surgir uma cultura civil de responsabilidade que transcenda as fronteiras e os conflitos nacionais. A experiência traumática de que todos são vulneráveis e a decorrente responsabilidade pelos outros até para sua própria sobrevivência são os dois lados da crença no risco mundial (BECK, 2010, p. 364).[48]

Ao valer-se de um verdadeiro oximoro[49], a concepção de uma sociedade de risco traz uma reflexão sobre a "igualação" de todos no enfrentamento do risco "democrático" do perigo já que "a miséria pode ser segregada, mas não os perigos da guerra nuclear", e dele "nenhum esforço permite escapar", vez que os "perigos vêm a reboque do consumo cotidiano" (BECK, 2017, p. 7-9), pois:

> Eles viajam com o vento e água, escondem-se por toda a parte e, junto com o que há de mais indispensável à vida – o ar, a comida, a roupa, os objetos domésticos, atravessam todas as barreiras altamente controladas de proteção da modernidade. Quando, depois do acidente, ações de defesa e prevenção já não cabem, resta (aparentemente) uma única atividade: *desmentir*, um apaziguamento que gera medo e que, associado ao grau de suscetibilidade generalizada condenada à passividade, alimenta sua agressividade (BECK, 2017, p. 10, grifou-se).

Neste contexto, é preciso reconhecer que "a desigualdade social equivale a uma desigualdade a exposição ao risco" (BECK, 2010, p. 365-367)[50]. Ou seja, quanto menor

---

47. Atualmente, previamente, avisa-se aos consumidores dos riscos causadas pelo cigarro. Todavia, ainda não se viu aviso sobre o fato da dificuldade de parar de fumar cigarro. Será que se soubesse que dificilmente poderia parar, aquele mesmo consumidor assumiria tal risco?
48. Talvez esta afirmação de Ulrich Beck (2010) nada mais seja que uma releitura, a partir da realidade da disputa entre mercados, da indivisibilidade dos direitos humanos – conceito formulado a partir da realidade da disputa entre Estados –, pois ambos os conceitos chamam a atenção para a repercussão coletiva de atitudes individuais, para as eventuais consequências para todas as nações da atitude de uma só, para o fato de que, que se queira ou não admitir, em última análise, como ensina Cançado Trindade (2006, p. 9), todos dependem de todos, e a sorte de cada um está inexoravelmente ligada à sorte dos demais.
49. Oximoro é uma figura da retórica por meio da qual há a combinação de palavras de sentido oposto que parecem excluir-se mutuamente, mas que, em verdade, reforçam a mensagem, exemplo de "silêncio eloquente".
50. A pandemia COVID-19, que mudou drasticamente a rotina de praticamente todos os países do mundo, é cercada de dúvidas e incertezas. Incertezas sobre suas causas, suas consequências, sua cura. E basta um olhar atento

a vulnerabilidade – e consequente maior acesso à compreensão da informação – maior compreensão dos riscos, de modo que enquanto algumas pessoas ao menos estarão sabendo da iminente possibilidade de morte, a outros nem este direito é concedido.

1.1.3.2 A insuficiência dos sistemas jurídicos para lidar com os riscos

As pessoas mais duramente afetadas pelas decisões políticas, que são economicamente vulneráveis, normalmente não participam do processo decisório. Tais decisões, por sua vez, alimentam o ordenamento jurídico respectivo. Tal processo de construção das decisões de impactos coletivos é denominado por Beck (2010, p. 368-369) como "relações de definição", nas quais:

> As normas, as instituições e as capacidades que especificam como os riscos devem ser identificados em contextos particulares; por exemplo, nos Estados-nações, mas também nas relações entre eles. Elas constituem a matriz de poder jurídico, epistemológico e cultural na qual os riscos políticos são organizados. As relações de poder de definição podem consequentemente ser exploradas em quatro conjuntos de questões: Quem determina a nocividade dos produtos, perigos e riscos? Com quem está a responsabilidade? Com os que produzem os riscos, com os que se beneficiam deles ou com aqueles que são potencial ou efetivamente afetados pelos perigos em suas vidas e relações sociais? Qual papel os diferentes tipos de público e seus atores desempenham neste contexto? E como essas questões podem ser respondidas no interior de espaços nacionais, entre os espaços nacionais e globalmente? Que tipo de conhecimento (ou falta de conhecimento) das causas, dimensões, atores, entre outros, está envolvido? Quem estabelece as normas causais (ou correlações nomológicas) que decidem quando uma relação de causa e efeito deve ser reconhecida? Quem tem o direito de exigir e de obter qual informação e de quem? O que vale como 'prova' num mundo onde o conhecimento e a falta de conhecimento dos riscos estão inextricavelmente fundidos, e onde todo conhecimento é contestável probabilístico? Quem deve decidir sobre a compensação para os atingidos (em um ou vários Estado-nações)? Como a convocação para a 'precaução' é realizada? Até que ponto os mais gravemente afetados pelos 'efeitos colaterais latentes' estão envolvidos na formulação das regulações correspondentes? (BECK, 2010, p. 368-369).

A citação acima é grande, e antes que a metodologia a condene, explica-se a razão de sua transcrição: ela toca em um dos pontos em que o pensamento de Beck mais interessa a este estudo, pois mostra o controle da produção e a disseminação da informação em um espaço que a maioria das pessoas consumidoras não tem acesso[51]. E no mesmo objetivo de visibilizar este problema, valer-se-á de mais uma citação longa:

> Tendo em mente estes conjuntos de questões, fica claro que as sociedades de risco, em virtude da lógica histórica de seus sistemas jurídicos e de suas normas científicas nacionais e internacionais, são prisioneiras de um repertório de comportamentos que *deixa escapar* completamente a globalidade das questões ambientais. Assim, essas sociedades se veem confrontadas com uma contradição institucionalizada, de acordo com a qual as ameaças e catástrofes – justamente no momento histórico em que elas estão se tornando mais perigosas, mais presentes nos meios de comunicação e, nesse sentido, mais mundanas – *escapam cada vez mais a todos os conceitos, normas causais, atribuições de ônus da prova e imputações de responsabilidade estabelecidas.* (BECK, 2010, p. 368–369) (sem destaques no original).

---

aos noticiários para verificar que seja por reflexo direto (contaminação) ou indireto (dificuldade econômica) a desigualdade social é proporcional a tais efeitos. Pode – ou não – ser um exemplo da sociedade de risco.

51. Só lhes resta a opção de confiar ou não confiar. Tal aspecto é normalmente ignorado nos estudos sobre adimplementos de contratos, porquanto tal assimetria não possa ser ignorada pela Ciência que busque realmente a justiça concreta, como se analisará no terceiro capítulo.

O mundo em metamorfose – conceito trabalhado no "livro inacabado"[52] de Beck (2018) chama a atenção para incompatibilidade entre a formalidade – tão necessária à segurança que se espera do justo – e à velocidade ou liquidez na expressão de Bauman (2001) das relações na sociedade contemporânea[53]. Sobre mudança e metamorfose, esclarece Ulrich Beck (2015, p.11):

> [...] mudança na sociedade e metamorfose do mundo. Mudança na sociedade, mudança social, rotiniza um conceito essencial da sociologia. Todos sabem o que isso significa. A mudança põe em foco um futuro característico da modernidade, a saber, a transformação permanente, enquanto os conceitos básicos e as certezas que os sustentam permanecem constantes. A metamorfose, em contraposição, desestabiliza essas certezas da sociedade moderna. Ela desloca o foco para 'estar no mundo' e 'ver o mundo', para eventos e processos não intencionais, que em geral passam despercebidos, que prevalecem além dos domínios da política e da democracia como efeitos colaterais da modernização técnica e econômica radical. Eles provocam um choque fundamental, uma alteração que rompe as constantes antropológicas de nossas existências e nossas compreensões anteriores do mundo. Metamorfose nesse sentido significa simplesmente que o que gol impensável ontem é real e possível hoje.

Beck exemplifica a metamorfose do mundo contemporâneo com a queda do muro de Berlim (político), os ataques terroristas de 11 de setembro (político e religioso), a mudança climática (resposta ambiental ou acontecimento natural?), o acidente nuclear de Fukushina (econômico), a crise financeira de 2008 (econômico) e as ameaças à liberdade pela vigilância totalitária na era da comunicação digital trazidas à luz por Edward Snowden (BECK, 2015, p. 12). Mas, bem antes, ele já advertia que a incerteza teórica corresponde à incerteza prática e, mais urgente do que nunca, precisa-se de esquemas de interpretação que façam o indivíduo – sem lançar a sociedade equivocamente à eterna e à velha novidade, repleta de saudades e bem relacionada com as discretas câmeras do tesouro da tradição – repensar a novidade que o atropela e que lhe permita viver e atuar com ela (BECK, 2015, p. 12).

Por tudo isso, na sociedade de risco os "sistemas jurídicos não dão conta das situações de fato". Tal reflexão faz-se necessária para que se possa examinar se o sistema jurídico contemporâneo tem aptidão para captação do processo peculiar de formação da confiança da pessoa consumidora, premissa para a diminuição da assimetria informacional. compatibilizando a proteção de quem consome com o desenvolvimento econômico e tecnológico[54], como determina o artigo 4, III, do CDC. Talvez o caminho esteja na ordem, ainda não implementada de especialização do sistema de justiça, contida no artigo 5º[55] do CDC, eis que a realização do direito

---

52. Ulrich Beck faleceu, por um ataque cardíaco fulminante, quando do processo de editoração do seu livro "A metamorfose do mundo: novos conceitos para uma nova realidade", em 2015. O livro foi concluído por coordenação de sua companheira de vida e de quatro livros e de vários artigos, Elisabet Beck-Gernsheim. Em uma cerimônia de homenagem, logo após a sua morte, Anthony Giddens referiu-se a "Metamorfose" como livro inacabado.
53. Neste contexto, a opção metodológica do Código de Defesa do Consumidor brasileiro de valer-se de conceitos abertos, ser uma norma principiológica, pode ser um caminho importante para superar tais lacunas.
54. Dispõe o artigo 4º, III do CDC que a proteção do consumidor precisa ser compatibilizada com o necessário desenvolvimento econômico e tecnológico.
55. "Art. 5º Para a execução da Política Nacional das Relações de Consumo, contará o poder público com os seguintes instrumentos, entre outros: I – manutenção de assistência jurídica, integral e gratuita para o consumidor carente; II – instituição de Promotorias de Justiça de Defesa do Consumidor, no âmbito do Ministério Público; III – criação

não se faz apenas com ideias, mas também com estrutura material. É preciso um sistema de justiça que conheça, que compreenda, que entenda as várias e complexas dimensões do mercado de consumo.

É preciso respostas jurídicas a partir da realidade concreta, de risco, que leve em consideração todos estes processos, a encontrar uma forma de incluir nas relações de definição – que são relações de poder (e o Direito e os direitos nascem de relações de poder) as pessoas atingidas, tais quais as pessoas consumidoras. Sem isto, se terá apenas retórica e não se terá efetividade; se terá uma realidade formal afastada da concreta, em um distanciamento cada vez maior entre o real e o ideal. Urge, portanto, que o sistema de justiça possa debruçar-se sobre estes "detalhes" da realidade contemporânea, sob pena da sua própria obsolescência, por inefetividade, por perda de confiança.

1.1.4 A interseccionalidade na sociedade contemporânea: um olhar para a realidade a partir das questões de raça, classe e gênero, Ângela Davis

A forma como gênero, raça e classe estruturam a sociedade não pode ser ignorada na análise do campo social contemporâneo. Tais questões estão tão sedimentadas que não se percebe facilmente a relação que essas questões estruturais podem ter com a formação da confiança da pessoa consumidora, porquanto uma breve observação dos espaços de poder permita enxergar que são ocupados majoritariamente por brancos e os espaços prisionais, prioritariamente por negros. É preciso, pois, examinar, se tais aspectos das estruturas sociais impactam — ou não — na formação da confiança da pessoa consumidora que vivencia barreiras de raça, classe e gênero.

Suspeita-se que, diante da naturalização de tais barreiras, dificilmente se conseguirá uma resposta objetiva, mas acredita-se que, ainda assim, seja necessário pautar tais aspectos. Até mesmo porque há indícios sobre a influência de tais fatores nas decisões das pessoas consumidoras. Um deles é a pesquisa realizada na UFRGS sob a coordenação da Professora Cláudia Lima Marques (2015), a demonstrar "que as maiores vítimas do superendividamento são mulheres divorciadas, solteiras, viúvas e separadas, arrimos de família, que ganham até 3 salários mínimos, com 40 anos ou mais e idosos, aposentados e pensionistas". Outro indício, é a pesquisa realizada pelo Núcleo de Estudos e Pesquisas (NUESP) da Escola Superior da Defensoria Pública (ESDP) a demonstrar que 89.08% dos casos atendidos pela Rede Acolhe tiveram a mulher como parente de referência[56] e 73,23% das demandas de família do projeto Defensoria em Movimento[57] foram apresen-

---

de delegacias de polícia especializadas no atendimento de consumidores vítimas de infrações penais de consumo; IV – criação de Juizados Especiais de Pequenas Causas e Varas Especializadas para a solução de litígios de consumo; V – concessão de estímulos à criação e desenvolvimento das Associações de Defesa do Consumidor.".
56. Funciona no âmbito da Defensoria Pública do Estado, juntamente com o NUAPP – Núcleo de Apoio ao Preso Provisório e às vítimas de violência e ao NDHAC – Núcleo de Direitos Humanos e Ações Coletivas, por sugestão do Comitê de Prevenção de Homicídios da Assembleia Legislativa do Ceará, com intuito de trabalhar a assistência integral a essas vítimas e seus familiares. O parente de referência é o que procura o serviço para amparo da família.
57. Projeto criado em 2017 pela Defensoria Pública Geral do Estado do Ceará que visava levar o atendimento da Defensoria aos lugares mais afastados, onde as pessoas têm mais vulnerabilidade e mais dificuldade de acesso.

tadas por mulheres[58]. Outro forte indício, está na natureza da litigiosidade de homens e mulheres, como se vê em pesquisa de Maria Tereza Aina Sadek (2010, p.3)[59]:

> Os homens envolveram-se principalmente em questões trabalhistas (21.5%), em problemas criminais (19.5%), em separações conjugais (13.1%) e cobranças de dívidas (11.9%). Já para as mulheres, o tipo mais frequente de conflito foi o de separação conjugal (26.1%), seguido, mas com certa distância, de questões criminais (12.5%), de herança (12.3%) e problemas de vizinhança (12.1%).

No curso de direito da USP, Fabiana Cristina Severi (2016) tem realizado estudos demonstrando que o direito, enquanto prática social, contribui com a naturalização de estereótipos ao tomá-los por referência na construção de decisões judiciais, numa relação complexa atravessada por outros eixos de dominação como o racismo e a desigualdade de classe. Em outras palavras, sob o pressuposto da abstração e imparcialidade, o direito tem tomado o homem e as características atribuídas ao masculino (branco e heterossexual) como referência para sua construção, ignorando as diferenças de gênero (SEVERI, 2016, p. 577–583) e esclarece:

> A diferença é relacional, ou seja, para tratar uma pessoa como diferente é preciso haver um parâmetro de normalidade. Mas, em geral, esse ponto de referência é tão poderoso que não precisa ser explicitado. No tratamento da diferença, a segunda falsa suposição, portanto, é o uso de *normas não declaradas*, dando como certo os elementos que estão em comparação: as mulheres são comparadas com a norma (não declarada) dos homens, raças minoritárias com os brancos, pessoas com deficiência com aquelas sem algum tipo de deficiência (consideradas normais), as minorias com uma maioria (branca, heterossexual, masculina, cristã). Nós incorporamos os elementos que serviram para a comparação e criamos categorias para interpretar a realidade, aparentemente neutras. Assim, a mãe que trabalha fora do ambiente doméstico modifica a categoria mãe geral, revelando que o termo geral traz alguns significados não declarados (mulher responsável pelo cuidado de filhos e filhas em tempo integral sem remuneração). Ao fazermos uma pergunta simples como 'igual em comparação com quem?' é explicitarmos tais normas e perturbar a sua fixidez presumida (SEVERI, 2016, p. 589).

Tudo isso demonstra que, em uma pesquisa que busca a identificação de técnica eficiente para compreensão da informação em contrato de consumo, não se pode ignorar tais aspectos sobre gênero, raça e classe. Muitas vezes, meios que são considerados neutros, diante de práticas históricas e arranjos sociais sem neutralidade, não produzem resultados neutros, mas que perpetuam tal invisibilidade (SEVERI, 2016, p. 590). Nesse contexto, os estudos de Élida Lauris Santos (2013) apontam, para a efetivação do acesso à Justiça, a necessidade da "educação e consciência de juízes e funcionários de justiça às especificidades de questões de gênero nos processos judiciais", bem como atenção para a "posição desigual da mulher nas relações de poder no âmbito da utilização de mecanismos alternativos de resolução de conflitos (SANTOS, 2013, p. 127). Por mais que se tenha avançado no combate à discriminação, basta um pequeno experimento – uma ida a um *shopping* e a observação em uma mesma loja da maneira como se portam e são tratadas pessoas por sua cor, seu gênero e sua classe social – para perceber que, ainda

---

58. Registre-se que se trata de direitos ligados a direito penal e direito de família, portanto ligados a primeira e segunda dimensões de direitos. Tal dado será importante quando da análise de algumas conclusões no quarto capítulo.
59. Aqui se trata do polo ativo das ações.

que sutilmente, há diferenças na abordagem. Tanto que em obra de 1992[60] – inspirada por outra de 1975[61] – a francesa Françoise Domont-Naert já elencava como fator de desigualdade no mercado de consumo a exclusão dos modos de vida dominantes e a ausência de poder na sociedade ou sua exclusão nas estruturas de poder.

Mas são poucos os dados a comprovarem tais impressões, que se não podem ser provadas, não podem ser ignoradas. Inclusive, é de se registrar que, a pedido da Coalizão Negra por Direitos e pelo Grupo de Trabalho de Saúde da População Negra da Sociedade Brasileira Medicina de Família e Comunidade (SBMFC) ao Ministério da Saúde, com base na Lei de Acesso à Informação, após 14 semanas da pandemia COVID-19, os dados passaram a ser divulgados com recorte de raça, gênero e classe (localização geográfica) (TORQUATO, 2020). Sem tal recorte, não teria sido possível detectar, por exemplo, que a letalidade em pessoas negras é maior que em pessoas brancas, e desconhecer tal dado significa privar a oportunidade de resolver problemas. Como diz Marcelo Guedes Nunes, "ninguém muda aquilo que ignora" (NUNES, 2019, p. 169).

Assim, é importante para o objetivo de apresentação da realidade social concreta contemporânea, que se analise, a partir dos reconhecidos estudos de Ângela Davis, a incidência da raça, da classe e do gênero nas estruturas de poder (de onde nascem os institutos jurídicos e de onde se sustentam as decisões judiciais).

1.1.4.1 A classe, o gênero e a raça interligados nas manifestações de poder social

No Brasil, segundo dados do IBGE[62], a população é composta por 48,3% de homens e 51,7% de mulheres. Ainda, segundo o IBGE, somos um povo multirracial, com 45,22% de pessoas brancas; 45,06% de pessoas pardas; 8,86% de pessoas pretas; 0,47% e 0,38% de pessoas indígenas e há 23,9% de famílias a receber menos de dois salários mínimos e 60% dos trabalhadores brasileiros recebem mensalmente, no máximo, 1 salário mínimo[63].

Tais dados mostram a relevante repercussão fática das questões de raça, classe e gênero na sociedade brasileira, sendo oportuno examinar-se a interseção entre tais fatores: raramente quem acumula obstáculos das três ordens – gênero, raça e classe – consegue acesso às verdadeiras instâncias de poder pelo desafio de suplantar várias nuances de assimetrias sociais, de modo que um novo modelo de sociedade exige que se considere a interseção de raça, classe e gênero (RIBEIRO, 2016, p. 12)[64]. É preciso enxergar que o mundo real não é apenas aquele construído a partir das lentes de quem está no poder (em sua maioria, homens brancos e heterossexuais).

---

60. Intitulada "*Consommateurs défavorisés: credit et endettement – Contribuition à l'étude de l'efficacité du droit de la consummation*" (MARQUES, 2015).
61. Intitulada "*The disadvantaged consumer*" (MARQUES, 2015).
62. Disponível em: https://educa.ibge.gov.br/jovens/conheca-o-brasil/populacao/18320-quantidade-de-homens-e-mulheres.html. Acesso em: 27 abr. 2020.
63. Disponível em: https://epocanegocios.globo.com/Brasil/noticia/2019/10/renda-media-de-mais-da-metade-dos-brasileiros-e-inferior-um-salario-minimo.html. Acesso em: 27 abr. 2020.
64. Diante da naturalização de tantas desigualdades, o simples fato de se admitir a investigação sobre tal realidade já traz efeitos práticos: uma vez presentes nos trabalhos acadêmicos, nos espaços políticos, nas instâncias de poder, dá-se visibilidade a injusta situação e a incentivos de alternativas para revertê-las.

Nesse contexto, oportuno lembrar do papel de Aureliano Cândido Tavares Bastos na consolidação do constitucionalismo brasileiro e de sua visão sobre a escravidão, em uma época na qual o abolicionismo ainda era uma luta minoritária e defendê-la exigia independência e altivez. Enxergava o problema da escravidão de uma forma transversal, interseccional e gradual: não adiantava a abolição sem que se importasse com os outros aspectos individuais e coletivos daí decorrentes[65]. Tal visão demonstra, ainda que de forma implícita, a existência estrutural da interseccionalidade entre raça, classe e gênero:

> [...] Daqui a um século, a fisionomia do Brasil será a mais interessante do mundo por causa dessa fusão. A raça brasileira (que então se formará) terá a imaginação do africano e a reflexão do branco. O maior espanto virá disso: será essa raça antiportuguesa principalmente
>
> [...]
>
> Se a escravidão era um mal, não desconhecia que, aboli-la subitamente, seria produzir um mal maior: a desorganização do trabalho, a desordem da vida econômica do país. [...]. Entre a emancipação imediata de todos (impossibilidade financeira) e a liberdade das gerações futuras), parece-me que está posto o dilema. Como filósofo, prefiro a primeira: as circunstâncias do Brasil obrigam-me à segunda. (PONTES, 1975, p. 144-145).

Passados quase 150 anos da abolição da escravidão no Brasil, ainda se percebe um forte teor racista[66], do qual o mercado de consumo não escapa. Um exemplo cinge-se na reação do público a da marca "O boticário" do dia dos pais de 2018 que foi protagonizada por uma família negra, reação que não teria ocorrido se fosse uma família branca[67], de modo que a reação das pessoas revelou o quanto a sociedade brasileira ainda está arraigada na manutenção de desigualdades e exclusões com base em sua estrutura potencialmente racista (LIMA; BORGES, 2019). Outro exemplo, de 2017, é o da empresa Sestini Mercantil Ltda., a qual firmou Termo de Ajustamento de Conduta (TAC) com a

---

65. Preocupou-se, então, proibição de vendas de membros de uma mesma família, proibição a estrangeiros, proibição da transferência da propriedade escrava por doação ou venda, da importância da imigração66 de mão de obra e da educação das pessoas negras, tendo inclusive idealizado projeto segundo o qual cada proprietário de 50 escravos teria de manter uma escola ao custo "de liberdade de dois escravos adultos, enquanto aproximadamente estimava a importância das despesas anuais pelo serviço escolar previsto" (PONTES, 1975, p.154). Propunha "sem quaisquer preconceitos de raça, e levado por observações a respeito da capacidade e aptidões do negro, capacidade e aptidões já comprovadas em círculos nos Estados Unidos. Tavares Bastos propunha a educação na Europa, por conta do Estado, de certo número de negros libertos, em determinadas indústrias, artes e ofícios." (PONTES, 1975, p. 154, sem destaque no original).
66. Que também se dá por um racismo reverso consistente na negativa da existência do racismo (não se pode erradicar o que não se reconhece existente).
67. Nesse sentido, importante a reflexão de Pablo Moreno Fernandes Viana e Dalila Maria Musa Belmiro (2019, s.p.): "Quando O Boticário propõe um filme publicitário no qual esse sujeito universal não está presente, ocorre uma quebra na estrutura lógica das narrativas e representações que foram construídas ao longo da história. Kilomba (2016, s.p.) afirma que "as pessoas brancas não se veem como brancas, se veem como pessoas" e, segundo a autora, essa estrutura, observada tão claramente nos comentários contrários ao filme de dia dos pais, mantém a estrutura colonial e o racismo. [...] As reações ao filme publicitário explicitam o racismo corrente no país e demonstram o quanto a ideia da democracia racial é uma das falácias que mais perduram na cultura midiática brasileira. Se um filme publicitário de 30 segundos é capaz de expor tamanhas desigualdades, uma análise de outros produtos de comunicação sob essa perspectiva pode revelar resultados escandalosos acerca dos conflitos raciais no país. Somos um país racista, que tenta esconder ou insiste em não enxergar a estrutura opressora criada ao decorrer dos anos. Preferimos tangenciar o olhar para questões de preconceito, tratando o racismo apenas como uma diferença entre os indivíduos, quando, na verdade, o que ocorre é uma desigualdade complexa e bem edificada que insiste em localizar o sujeito negro em um lugar de inferioridade."

Defensoria Pública do Estado de São Paulo (DPGE-SP), por veicular publicidade que indicava turbante – próprio da cultura africana – como algo vergonhoso.

Há, portanto, uma questão estrutural que perpassa pela classe, pelo gênero e pela raça que não pode ser ignorada quando se pesquisa o processo de formação da confiança da pessoa consumidora.

1.1.4.2 A informação diante das questões de classe, raça e gênero

A participação da mulher na construção social foi, por muito tempo, ignorada ou minimizada, com fartos exemplos nos mais diversos campos do conhecimento. Dentre eles, destaque-se o de Ada Byron (1815–1852), filha do poeta Lord Byron, que apenas atualmente tem sido reconhecida como a primeira programadora matemática da História, cuja pesquisa desenvolvida deu origem ao primeiro programa de computador. Marie Curie (1867–1934), que apenas conseguiu emplacar suas descobertas científicas no ramo da radioatividade, que lhe renderam dois Prêmios Nobel, porque teve o apoio de seu marido, Pierre Curie, que, vale destacar, assinou as primeiras descobertas e pesquisas da esposa (SIMON, 2019, p. 11).

É uma questão transversal, estrutural, e precisa ser examinada quando se investiga a (in)eficácia da transmissão da informação no mercado de consumo brasileiro em que mais de 50% da população é mulher. Segundo dados proporcionados pela Plataforma Lattes, do Conselho Nacional de Pesquisa (CNPq), a pesquisa na perspectiva da mulher no Brasil só ganha maior visibilidade na segunda década do século XXI (CAMPOS; SEVERI; CASTILHO, 2019, p. 33). Daí a importância de, antemão, destacar este aspecto, a fim de que dele não se descuide na parte empírica deste trabalho.[68]

No âmbito do direito do consumidor, são muitos os exemplos – embora pouco estudados – da questão de gênero no acesso à informação e ao próprio consumo. Entre eles, pode-se citar o exemplo da publicidade da marca *Hope*, na qual uma modelo famosa ensina às mulheres um suposto jeito certo de dar notícia ruim ao marido. Acionado a examinar o ato, o CONAR "se justificou com base na própria cultura brasileira, nesse caso, claramente machista e propulsora da degradação do papel da mulher na sociedade, que, por sua vez, é a maior consumidora dos produtos da marca" (FERIATO, 2017, s.p.).

Outro aspecto é a questão do preço diferenciado em eventos de lazer, sob a perspectiva de atrair público masculino, em evidente objetificação da mulher. Nessa questão, a SENACON – Secretaria Nacional do Consumidor emitiu a Nota Técnica n. 02/2017, na qual enfatiza que o tratamento diferenciado só se justifica quando for para melhorar – e não para piorar – a sua condição perante o homem. A demonstrar que a questão é estrutural e deve ser levada em conta nos estudos sobre consumo e contratos, a mesma SENACON, desta feita composta por um governo de raiz eminentemente conservadora nos costumes, cujo ministério é formado principalmente por homens brancos, emitiu

---

68. Importante destacar que os primeiros trabalhos na literatura de pesquisa do consumidor a se basear perspectivas feministas foram de Stern (1992), Bristor e Fischer (1993), Hirschman (1993), Fischer e Bristor (1994), Joy e Venkatesh (1994) e Peñaloza (1994). (CATTERAL; MACLARAN; STEVENS, 2017).

a Nota Técnica n. 11/2019[69], a defender que a prática seria lícita por ser baseada em um costume da sociedade[70].

O fato de a Nota Técnica 19/2019 advir de um governo em que a maior parte do alto escalão – assim entendido como o capaz de emitir relações de definição[71] – é branco e masculino, constitui dado importante para esta pesquisa e principalmente para o objetivo deste capítulo de identificar o campo social concreto de aplicação do direito do consumidor. O Estado – e aqui leia-se também a composição dos governos que representam o Poder Executivo Federal – tem um papel fundamental na representação dessa divisão de gêneros, pois a luta das mulheres é uma luta que não pode ignorar os campos da justiça e do direito, a exigir que a igualdade de gênero seja incorporada, a um só tempo, às dimensões culturais, econômicas e políticas (DUPRAT, 2015, p. 165).

Destaque-se, outrossim, que a diferenciação de preços entre homens e mulheres para participar de eventos é um costume, contudo, a tradição não deve servir como um meio para justificar condutas que estão em desacordo com o ordenamento jurídico. Essa, na verdade, deve ser revista sempre que superada (VERAS, 2019, p. 55), até mesmo porque a luta das mulheres vem sendo não só uma luta por identidade, mas de reconstrução e transformação das identidades históricas que herdaram (DUPRAT, 2015, p. 166).

Tal ato exemplifica bem o quão estrutural e interseccional é a questão da raça, do gênero e da classe a influenciar as decisões nas relações de consumo. Decisões que devem ser precedidas de informações hábeis a serem bem compreendidas em seus variados aspectos, porquanto nem sempre sejam mencionados os elementos necessários para assegurar o direito à informação, principalmente no que tange à forma e à identificação de quais são as informações essenciais a serem transmitidas (KRETZMANN, 2019, p. 210). Além da informação em si, é preciso que se olhe a capacidade da pessoa de decidir ou não naquele momento. Não é à toa que não cabe mediação em violência doméstica e que lá ação penal é pública incondicionada: muitas vezes não há espaço para absorver, processar e compreender a informação.

Tais fatos que não podem ser ignorados quando se estuda a eficácia da informação em contrato de consumo, pois são barreiras que interferem na compreensão da informação, de modo que o olhar para a realidade, como mostra Ângela Davis, deve se dar a partir da interseccionalidade, a observar as questões de raça, classe e gênero, caso se queira um diagnóstico real, concreto e efetivo[72]. E este tópico se faz necessário para melhor compreensão de marcadores do quarto capítulo.

---

69. Observe-se que, porquanto a Nota Técnica 02/2017 tenha sido elaborada por uma mulher – Ana Carolina Pinto Caram Guimarães – e um homem – Arthur Luís Mendonça Rollo; a Nota Técnica 11/2019 foi assinada por três homens, quais sejam Paulo Nei da Silva Junior, Andrey Vilas Boas de Freitas e Fernando Meneguin.
70. Como lembra Deborah Duprat (2015, p. 165) "é preciso não esquecer, todavia, que as disputas ainda estão em curso. Não há mudanças paradigmáticas absolutas. Volta e meia, conquistas normativas são surpreendidas por interpretações judiciais que apelam ao passado, e mesmo o novo direito se vê, em algum momento, atravessado por categorias aparentemente com ele incompatíveis".
71. Conceito de Beck apresentado em tópico anterior.
72. Ignorar tal fato, quando se analisa realidade concreta atual de aplicação do direito do consumidor, pode comprometer a eficácia prática deste estudo, como aconteceu, na década de 1970, nos Estados Unidos, em pesquisas que tiveram seu resultado considerado "falho" por ignorar, nos marcadores, a complexidade da relação entre gênero e comportamento do consumidor (CATTERAL; MACLARAN; STEVENS, 2017).

1.2 A SOCIEDADE PÓS-PANDEMIA COVID-19

Foi reconhecia pela OMS, em 11 de março de 2020, que a contaminação com o novo coronavírus (COVID-19 ou SARS-Cov-2) caracteriza-se como pandemia. Daí, seguiram-se o estado de calamidade pública e a brusca alteração do ritmo de vida, não apenas no Brasil, mas em todo o mundo, com determinações de isolamento social, altíssima demanda em estado de saúde, potencialização exponencial do trabalho remoto via Internet e vários impactos econômicos. As análises do tópico anterior demonstraram a "união" do mundo por meio das redes, os riscos inerentes aos atuais sistemas de poder (político e econômico, principalmente), bem como a universalidade dos desafios de quem tem obstáculos de classe, raça e gênero a superar, o que seria suficiente para o desenvolvimento dos próximos capítulos. Mas como a pandemia COVID-19 repercute na rotina de praticamente todos os países do mundo[73], de uma forma inédita, apenas a assemelhar-se aos desafios do pós Segunda grande Guerra Mundial – como afirmou a Chanceler alemã Ângela Merkel – e impõe uma breve análise das suas possíveis repercussões sociais, mormente porque repercute, sem dúvida, nas variadas formas de contratação.

Sobre o tema Gilles Pasiant (2020, p.22), aponta consequências sanitárias, econômicas e jurídicas. Sobre as jurídicas, aponta:

> [...] existe un riesgo que nuestras libertades no salgan intactas de esta prueba. En nombre de la preservación de nuestra salud o seguridad, es decir oficialmente para nuestro Bien, se puede temer que los poderes públicos, habida cuenta de su apetito para dirigir los distintos aspectos de nuestra vida cotidiana, sigan imponiéndonos limitaciones adicionales a nuestras libertades fundamentales. En cambio, tratándose más especialmente de la protección concedida a los consumidores, se puede pensar que, después del estado de emergencia, volveremos a la situación jurídica anterior.

De imediato, existiu uma maior virtualização de quase todos os aspectos da vida, que é um elemento absolutamente novo na dinâmica de uma reação global a um evento pandêmico que, se comparados a exemplos históricos similares, como "gripe espanhola de 1918", tem o potencial de mudar por completo o desfecho situacional projetado (FALEIROS JUNIOR, 2020), a concluir que:

> (i) O entrelaçamento do 'real' e do 'virtual' já representam uma realidade para mais da metade da população adulta do planeta, em fenômeno denominado por Luciano Floridi como 'Onlife', razão pela qual a Internet não pode ser desconsiderada em qualquer análise relativa à pandemia da Covid-19; (ii) a desinformação e a disseminação de *fake news* em períodos de pós-verdade preocupam, uma vez que 'curas milagrosas' e possíveis novas vacinas são anunciadas sem qualquer controle, podendo levar a mortes totalmente evitáveis; (iii) em alguma medida, os controles exercidos pelos provedores de aplicações na Internet serão ainda mais necessários para evitar a disseminação de conteúdos inverídicos e potencialmente danosos; (iv) abusos ou omissões certamente acarretarão responsabilidade civil, e caberá, ao fim e ao cabo, ao Judiciário o controle casuístico de ações que tenham extrapolado os limites de previsibilidade e razoabilidade; (v) a prevenção pela responsabilidade civil, visualizada

---

73. "[...] representa um momento singular na história da humanidade e que mudou drasticamente o modo de vermos o mundo e as relações interpessoais nele inseridas, na medida em que apresentou desafios nas mais diversas dimensões: jurídica, política, legislativa, sanitária, médica, econômica, tecnológica, industrial, de engenharia, etecetera." (BONNA, 2020, s.p.).

sob a lente de suas funções reparatória (quanto aos danos) e precaucional (quanto aos riscos) poderá ser atingida pelo bom uso da Internet, com a propagação de alertas e orientações e para a conscientização geral da população quanto aos méritos que certas medidas – como as quarentenas e *lockdowns* – podem representar para a mitigação difusa do número de óbitos nesse período de pandemia (FALEIROS JUNIOR, 2020, posição 17932).

Como diz Felipe Braga Netto (2020), existe algo bem nítido: está-se a assistir – talvez a começar a assistir – a um momento singular da história humana. Ainda não se tem a exata clareza sobre os próximos passos, mas tudo indica que serão espantosos. É natural, talvez seja inevitável, que o nível de espanto se altere dia a dia na cadência dos acontecimentos. Os seres humanos têm esta característica: habituam-se com tudo, com as melhores e piores coisas. E prossegue, ao vaticinar que o direito não poderá estar preso a fórmulas rígidas e busca reflexões contextualizadas, razoáveis, proporcionais. As transformações trazidas pela pandemia exigem que o direito incorpore a ética e não se mostre tão fechado como costumava ser no passado (BRAGA NETTO, 2020).

Mas, por outro lado, não se pode esquecer que Ulrich Beck (2015) advertiu que mudança implica que algumas coisas mudam enquanto outras permanecem iguais – o capitalismo muda, mas alguns aspectos do capitalismo continuam como sempre foram – e que "metamorfose implica uma transformação muito mais radical, em que as velhas certezas da sociedade moderna estão desaparecendo e algo inteiramente novo emerge" (BECK, 2015, p. 15). Talvez aí esteja a esperança de Gilles Passiant (2020, p.22) de que se poderia transformar nossos hábitos de consumo, vez que com a pandemia se

> están descubriendo las virtudes del consumo de proximidad con dos ventajas: por una parte, hacer trabajar los productores locales en estos tiempos difíciles preferentemente a productores extranjeros dado que, por otra parte, esta forma de comercio de proximidad resulta bueno para la preservación del medio ambiente por efecto de limitar los transportes.

Como identificar o campo social real de aplicação do direito do consumidor é imprescindível para que se possa examinar o processo de formação da confiança do consumidor e como se conseguir a eficiência da informação contratual, não se poderia deixar de examinar, ainda que brevemente, os possíveis impactos sociais da pandemia COVID-19.

O sociólogo português Boaventura Sousa Santos foi um dos primeiros pensadores a organizar reflexões em forma de livro nesta pandemia, ao lançar, em ebook, pela Editora Boitempo, o livro "A Cruel Pedagogia do Vírus". Foca na perspectiva crítica de que as alternativas que a humanidade vê-se obrigada a tomar – com o reforço de políticas públicas de saúde, garantia do fornecimento de internet e serviços de luz e água – se tomadas espontaneamente, poderiam dar causa a uma maior harmonia social. E vai além, ao destacar a importância basilar do direito à informação:

> Quer isto dizer que a democracia carece de capacidade política para responder a emergências? Pelo contrário, *The Economist* mostrava no início deste ano que as epidemias tendem a ser menos letais em países democráticos devido à livre circulação de informação. Mas como as democracias estão cada vez mais vulneráveis às *fake news*, teremos de imaginar soluções democráticas assentes na democracia participativa ao nível dos bairros e das comunidades e na educação cívica orientada para a solidariedade e cooperação, e não para o empreendedorismo e competitividade a todo o custo (SANTOS, 2020, p. 7-8).

Destaca, por outro lado, a disputa comercial subjacente à crise do coronavírus, pelo menos em quatro áreas: fabricação de automóveis elétricos e de aparelhos celulares, inteligência artificial e energia renovável (SANTOS, 2020, p. 8):

> [...] emergiu um outro ser invisível todo-poderoso, nem grande nem pequeno porque disforme: os mercados. Tal como o vírus, é insidioso e imprevisível nas suas mutações, e, tal como Deus (Santíssima Trindade, encarnações), é uno e múltiplo. Exprime-se no plural, mas é singular. Ao contrário de Deus, o mercado é omnipresente neste mundo e não no mundo do além, e, ao contrário do vírus, é uma bendição para os poderosos e uma maldição para todos os outros (a esmagadora maioria dos humanos e a totalidade da vida não humana). Apesar de omnipresentes, todos estes seres invisíveis têm espaços específicos de acolhimento: o vírus, nos corpos; Deus, nos templos; os mercados, nas bolsas de valores. Fora desses espaços, o ser humano é um ente sem abrigo transcendental [...]. (SANTOS, 2020, p. 11).

Ressalta a possibilidade de permanência posterior deste atual estado de coisas, caso não se altere o modo de viver e consumir – convergindo com a preocupação de Gilles Passiant (2020, p.29) –, sob o risco de surgir um vírus ainda mais sagaz e letal:

> Na ausência de tais alternativas, não será possível evitar a irrupção de novas pandemias, as quais, aliás, como tudo leva a crer, podem ser ainda mais letais do que a atual. Ideias sobre alternativas certamente não faltarão, mas poderão elas conduzir a uma ação política no sentido de as concretizar? No curto prazo, o mais provável é que, finda a quarentena, as pessoas se queiram assegurar de que o mundo que conheceram afinal não desapareceu. Regressarão sofregamente às ruas, ansiosos por voltar a circular livremente. Irão aos jardins, aos restaurantes, aos centros comerciais, visitarão parentes e amigos, regressarão às rotinas que, por mais pesadas e monótonas que tenham sido, parecerão agora leves e sedutoras. No entanto, o regresso à 'normalidade' não será igualmente fácil para todos. Quando se reconstituirão os rendimentos anteriores? Estarão os empregos e os salários à espera e à disposição? Quando se recuperarão os atrasos na educação e nas carreiras? Desaparecerá o Estado de exceção que foi criado para responder à pandemia tão rapidamente quanto a pandemia? (SANTOS, 2020, p. 29).

A análise de Boaventura Santos (2020), assim, sobretudo ressalta que, em quarentena maior, a humanidade já vivia ao se isolar em "bolhas" e ao não enxergar a indivisibilidade dos direitos humanos ou a consequência coletiva dos riscos, como adverte Beck (1996), que acima de tudo há uma questão de repensar os limites e a possibilidade da vida em sociedade. No mesmo sentido, ao tratar do isolamento vindo com a virtualização, Rodotá (2010).

Vivem-se tempos de transição. Não se sabe para onde, mas se sabe que é preciso, no mundo pós-pandemia, analisar-se, sobretudo, se saberá da necessidade de o Estado ter condições de responder a emergências e se a pessoa consumidora será capaz de perceber a força contida no seu ato de consumir.

A realidade em que se vive hoje, de isolamento compulsório, *home office*, aumento de demanda de políticas públicas de sustentação econômica, parece ter sido tirada das melhores ficções científicas: se há algum tempo alguém dissesse que isso aconteceria, ninguém – ou quase ninguém – acreditaria, pareceria cena de filme. Neste cenário, responde Judith Butler (2020, s.p.):

> Quais são as consequências dessa pandemia no que diz respeito à reflexão sobre igualdade, interdependência global e nossas obrigações uns com os outros? O vírus não discrimina. Poderíamos dizer que ele nos trata com igualdade, nos colocando igualmente diante do risco de adoecer, perder alguém próximo

e de viver em um mundo marcado por uma ameaça iminente. Por conta da forma pela qual ele se move e ataca, o vírus demonstra que a comunidade humana é igualmente precária. Ao mesmo tempo, contudo, o fracasso por parte de certos Estados ou regiões em se prepararem adequadamente de antemão (os EUA talvez sejam agora o membro mais notório desse clube), o fortalecimento de políticas nacionais e o fechamento de fronteiras (atitude muitas vezes acompanhada de xenofobia panicada), e a chegada de empreendedores ávidos para capitalizar em cima do sofrimento global, tudo isso atesta a velocidade com a qual a desigualdade radical – o que inclui nacionalismo, supremacia branca, violência contra as mulheres e contra as populações *queer* e trans – e a exploração capitalista encontram formas de reproduzir e fortalecer seus poderes no interior das zonas de pandemia. Isso não deve ser surpresa nenhuma.

Seria a pandemia um limite para o capitalismo? E isso teria importância ao direito? A questão é que "a desigualdade social e econômica garantirá a discriminação do vírus. O vírus por si só não discrimina, mas nós humanos certamente o fazemos, moldados e movidos como somos pelos poderes casados do nacionalismo, do racismo, da xenofobia e do capitalismo" (BUTLER, 2020, s.p.).

Para Butler (2020, s.p.), talvez a mais importante consequência da pandemia seja a percepção da necessidade de uma saúde pública universal, mormente por expor uma vulnerabilidade global e evidenciar o caráter poroso e interdependente das vidas corporais e sociais, e complementa:

Por outro lado, a resposta do público à pandemia foi identificar 'grupos vulneráveis'

– aqueles com maior probabilidade de sofrer o vírus como uma doença devastadora e como uma ameaça à vida – e contrastá-los com aqueles que têm menor risco de perder suas vidas a partir do patógeno. Os vulneráveis incluem comunidades negras e pardas privadas de cuidados de saúde adequados ao longo da vida e ao longo da história desta nação. Os vulneráveis também incluem pessoas pobres, migrantes, encarcerados, pessoas com deficiência, pessoas trans e *queer* que lutam para obter direitos à assistência médica e todos aqueles com doenças anteriores e problemas médicos duradouros. A pandemia expõe a vulnerabilidade ampliada à doença de todos aqueles que não têm acesso ou não podem pagar pelos cuidados de saúde. Talvez haja pelo menos duas lições sobre a vulnerabilidade a seguir: ela descreve uma condição compartilhada da vida social, de interdependência, exposição e porosidade; ela nomeia a maior probabilidade de morrer, entendida como a consequência fatal de uma desigualdade social disseminada (BUTLER, 2020, s.p.).

Analisa, ainda, Butler (2020), sob duas perspectivas. Uma utópica, em que nesta "pausa global" pode refazer positivamente o mundo. Outra, distópica, em que se intensificam a desigualdade e o controle e a vigilância do Estado. Nesse caminho, já se encontram algumas "esperanças", como a postura da empresa alemã *CureVac* de pressionar a demissão do CEO que cogitou acordo com os EUA sobre exclusividade da vacina contra a COVID-19.

Destaca, também, a necessidade de se deixar de ser "intelectuais públicos" para se ser "humanidades públicas", a superar "a divisão entre as culturas acadêmica e pública e mostrar o quão importantes são as humanidades para entender o mundo em que vivemos e fazer um novo caminho em direção a uma sociedade mais justa reflexiva." (BUTLER, 2020, s.p.).

Em suma, percebe-se na reflexão de Butler (2020, s.p.) que a pandemia vem colocar à mostra as fragilidades das estruturas sociais e econômicas, a lembrar que vidas precárias não podem ser tidas como vidas dispensáveis.

2
A DEFESA DO CONSUMIDOR NO BRASIL: FUNDAMENTOS, ORGANIZAÇÃO E FUNCIONAMENTO

No primeiro capítulo, foram apresentados e analisados alguns aspectos da "pós-modernidade" e das bases atuais da sociedade contemporânea necessárias à compreensão dos fatores que animam a realidade complexa, numerosa e descentralizada do mundo jurídico atual (GUEDES, 2020, p. 7). Para tanto, valeu-se da perspectiva do fluxo informacional (Castells), da questão ambiental (Beck), da importância de se enxergar a interseccionalidade entre raça, classe e gênero como obstáculos estruturais a impactarem na formação da confiança (Davis) e as principais perspectivas de mudanças sociais – e, em consequência, jurídicas – pós-pandemia Covid-19. Analisou-se, também, a posição da pessoa neste processo de virtualização da vida na contemporaneidade.

Tudo no objetivo de (re) conhecimento da estrutura fática real de formação e cumprimento dos contratos de consumo na atualidade. Não há como imaginar a eficácia de um direito dissociado de sua realidade e nem faz mais sentido pesquisas jurídicas incapazes de impactar, de alguma forma, a prática real e concreta do Direito. Sem olhar para a vida social como ela é, ter-se-á uma previsão meramente formal e distante da realidade concreta, que é o que realmente deve interessar ao Direito e aos direitos.

Cumprida a primeira etapa de análise do panorama social atual, neste segundo capítulo, atém-se à apresentação e compreensão das razões e dos objetivos da tutela diferenciada da pessoa consumidora no fim de superar sua vulnerabilidade, equilibrando a relação de consumo ao diminuir a assimetria informacional e contribuir para o ideal de mercado perfeito. É preciso compreender, portanto, desde logo, a importância da proteção da informação – que é estruturante (KRETZMANN, 2019, p. 10) no direito do consumidor, para uma pungente atividade econômica. Para tal compreensão, revela-se imprescindível debruçar-se sobre o processo de formação da confiança da pessoa consumidora (a repercutir no cumprimento voluntário dos contratos).

Para tanto, apresenta-se, primeiro, a coerência entre o reconhecimento da vulnerabilidade do consumidor com a ordem constitucional brasileira vigente, através da relação entre princípio da igualdade e a defesa do consumidor. Depois, apresentam-se as principais vulnerabilidades da pessoa consumidora conforme a categorização consolidada na prática jurídica brasileira atual. Segue-se apresentando os limites de atuação do CDC – Código Brasileiro de Proteção e Defesa do Consumidor e em ato contínuo problematiza-se algumas externalidades a afetarem o processo decisório da pessoa consumidora e a consequente necessidade de estratégias, a partir do direito do consumidor, para neutralizar possibilidades de manipulação e preservar a autonomia da pessoa consumidora. Examina-se, também, o papel da Defensoria Pública nesse processo, especialmente no que concerne ao seu papel de pautar a realidade de consumidores – principalmente dos mais carentes – nas instâncias de poder que determinam as relações de definição.[1]

Feito isso, espera-se que, no terceiro capítulo, se tenham condições de analisar a realidade contratual no direito do consumidor e que, no quarto, estejam claros os marcadores necessários à análise empírica, a partir da jurimetria[2], sobre as atuais deficiências da informação que motivam judicialização.

2.1 RECONHECER A VULNERABILIDADE PARA VIABILIZAR A IGUALDADE: "OS DANOS DA POBREZA TRANSCENDEM O POBRE"[3]

Os danos da pobreza, da vulnerabilidade, da desigualdade não atingem apenas os pobres e vulneráveis, mas toda a coletividade. Compreender tal fato é compreender que cuidar da pessoa em condição de vulnerabilidade é também cuidar de quem não é, diante da repercussão coletiva dos atos individuais (ROCHA, 2013, p. 11; 15). Entre tantos exemplos, basta lembrar-se da própria pandemia da COVID-19, a demonstrar que, em última instância a sorte de cada um está inexoravelmente ligada à sorte dos demais (TRINDADE, 2006). Ou, de outro lado, perceber que, apesar de parecer distante da esfera de negócios de cada um, cada catástrofe, em realidade, repercute na vida privada de todos (JAYME, 2003, p. 134).

Se há desigualdade, há vulnerabilidade: é da essência da desigualdade a existência de uma vulnerabilidade. Se não há vulnerabilidade, não há desigualdade: é ela, a vulnerabilidade, o sintoma principal de uma relação desigual, e o primeiro passo para a cura é o estudo dos seus sintomas, causas e consequências[4].

Sobre igualdade, é de se lembrar que na marcha civilizatória, já há tantos passos percorridos que a própria escravidão – hoje universalmente repudiada em qualquer

---

1. Conceito de Ulrich Beck tratado no capítulo anterior.
2. Jurimetria é "a *disciplina do conhecimento que utiliza a metodologia estatística para investigar o funcionamento de uma ordem jurídica*. A partir dela, fica claro que a Jurimetria se distingue das demais disciplinas jurídicas tanto pelo *objeto* como pela *metodologia* empregada na sua análise. De uma *perspectiva objetiva*, o objeto da Jurimetria não é a norma jurídica isoladamente considerada, mas, sim, a norma jurídica articulada, de um lado, como resultado (efeito) do comportamento dos reguladores e, de outro, como estímulo (causa) no comportamento de seus destinatários. A norma jurídica é estudada na condição de fator capaz de influenciar os processos de tomada de decisão de julgadores e cidadãos. De uma *perspectiva metodológica*, a Jurimetria usa a estatística para restabelecer um elemento de causalidade e investigar os múltiplos fatores (sociais, econômicos, geográficos, éticos etc.) que influencia, o comportamento dos agentes jurídicos." (NUNES, 2019, p. 112–112, grifou-se).
3. Expressão usada por Amélia Soares da Rocha (2013, p.11), no livro "Defensoria Pública: fundamentos, organização e funcionamento".
4. Adverte, entretanto, Cláudia Lima Marques (2020, p. 312), que novos estudos europeus, apontam distinções entre igualdade, desigualdade e vulnerabilidade, pois a desigualdade se aprecia sempre da comparação entre de situações e pessoas, porquanto a vulnerabilidade, embora filha da igualdade, é uma noção flexível e ainda não devidamente consolidada e nem sempre precisa de uma comparação entre sujeitos e situações, sendo às vezes inerente e verificável unilateralmente. Ainda que fosse consenso tal diferença – que ao contrário da igualdade, a vulnerabilidade pode ser detectada a partir da observância de um único sujeito – não há como falar de vulnerabilidades, sem antes, falar-se de igualdade.

dos seus aspectos – já foi considerada um avanço humanitário em guerras[5]. Ou seja, se ainda se está há muitos passos de uma igualdade real e concreta, muito já se caminhou e não se pode menosprezar a conquista da igualdade formal[6]. Mas por que a igualdade é tão desejada, importante e necessária, se todos são diferentes em suas singularidades? Não há, por exemplo, um DNA igual a outro? Como lidar com a diferença, com as identidades, na busca pela igualdade? Para Boaventura de Sousa Santos, "temos o direito a ser iguais quando a nossa diferença nos inferioriza; e temos o direito a ser diferentes quando a nossa igualdade nos descaracteriza. Daí a necessidade de uma igualdade que reconheça as diferenças e de uma diferença que não produza, alimente ou reproduza as desigualdades." (SANTOS, 2003, p. 56).

Igualdade não é padronização ou ideologia, mas uma mínima paridade de oportunidades no início de uma caminhada (o final, depende de cada um, de cada uma). Mas, repita-se, como ensina Tobias Barreto "direito não é só uma coisa que se sabe; é também uma coisa que se sente" (BRITTO, 2007, p. 75) e talvez por isso, pelas diferentes experiências e vivências de cada um é que seja tão difícil compreender que igualdade não é paternalismo ou socialismo, mas simplesmente um caminho para que "cada um seja o melhor que possa ser" (BARROSO, 2016, p. 22).

Enquanto humanidade, no plano formal, principalmente no pós 2ªGGM avançou-se muito: brancos e negros, homens e mulheres, heterossexuais e homossexuais, judeus e católicos e daí por diante. Mas, no plano material? Na vida real, concreta, vivida, há igualdade ou é um fim que ainda se persegue? Aristóteles dizia justamente que, para se alcançar a igualdade, é preciso tratar desigualmente os desiguais. Mas como se identificar a desigualdade a ser superada? Ensina Sadek (2019a) que o preceito da igualdade constitui a base da cidadania e das possibilidades de se almejar a construção de uma sociedade democrática e republicana, formada por cidadãos. Indivíduos se convertem em cidadãos na medida em que usufruem direitos (SADEK, 2019a, p. 15). Mas trata-se de um país no qual até 13/05/1888, pessoas negras eram "tratadas" no direito das coisas e não no direito das pessoas[7]. Talvez, o fim da igualdade, portanto, seja o propósito de igualar as oportunidades de fruição dos direitos conforme cada um se faça, a partir de uma garantia mínima de igualdade de partida, merecedor[8].

O fato é que o "desejo" de igualdade permeia toda a história constitucional brasileira, e como, nas palavras de Cármen Lúcia Antunes Rocha (1990, p.15) "a Constituição é o modo de ser jurídico de cada povo em cada época, é certo que o princípio da igualdade

---

5. Este fato foi lembrado pelo colega Professor Rafael Mota, há alguns anos, por ocasião de banca de defesa de monografia, em que ambos eram examinadores. É que inicialmente os prisioneiros de guerra eram assassinados. Em "avanço civilizatório", em vez da morte, passaram a ser escravizados, o que pode ser considerado menos grave que a retirada arbitrária da vida.
6. É a poesia de Eduardo Birri – equivocamente atribuída a Eduardo Galeano, de que não sabia para que servia a utopia, pois andava dois passos e ela se afastava mais dois; mas que então descobriu que a utopia servia para fazer caminhar.
7. Reflexão feita por Allyson Mascaro Nascimento em palestra na Universidade de Fortaleza – UNIFOR, por volta de 2011-2012.
8. Diz o poeta Vinícius de Moraes que a vida só se dá para quem se deu e assim deve ser com os direitos: luta por igualdade não é luta paternal, não é tutela.

nela versado ganha o seu conteúdo em cada passo do constitucionalismo", mas, como princípio jurídico, a igualdade é tanto mais legítima, mais verdadeira e concreta "quanto mais próxima estiver o seu conteúdo da ideia de Justiça em que a sociedade acredita na pauta da história e do tempo" (ROCHA, 1990, p. 28). Como essa crença muda com o tempo, talvez um meio de medir tal legitimidade na sociedade brasileira seja revisitar, ainda que rápida e pontualmente, as Constituições brasileiras – assim entendidas como a vontade de cada povo, a cada época – como se faz adiante.

2.1.1 A igualdade, um processo: a proteção da igualdade no constitucionalismo brasileiro

A primeira Constituição Brasileira (1824), de forte influência francesa – embora permitisse que pessoas negras fossem consideradas coisas, e que mulheres fossem consideradas pessoas incapazes e admitisse o voto por renda – determinou que "a lei será igual para todos, quer proteja, quer castigue, e recompensará em proporção dos merecimentos de cada um"[9]. Eis um exemplo claro da distância entre a forma e o conteúdo da norma.

Com a proclamação da República no Brasil, em 1889, a Constituição de 1891 garante que "todos são iguais perante a lei"[10]. Todavia, tratava-se de previsão formal, desprovida de conteúdo, de modo a permitir que, sob sua égide, em 1916, o primeiro Código Civil brasileiro relegasse à mulher a condição de relativamente incapaz. A ânsia por "leis materialmente justas" existia, nessa época, em outros países, como México (1917) e Alemanha (1919), a redefinir por tais Constituições o próprio papel atribuído ao Estado (MENEZES, 2012, *kindle*).

Já a Constituição de 1934, de curtíssima duração, determina que "todos são iguais perante a lei. Não haverá privilégios, nem distinções, por motivo de nascimento, sexo, raça, profissões próprias ou dos pais, classe social, riqueza, crenças religiosas ou ideias políticas"[11]. A Constituição de 1937[12] apenas retomou a literalidade de que "todos são

---

9. Artigo 179, inciso XIII da Constituição de 1824, sobre qual comenta Cármen Lúcia Antunes Rocha (1990, p. 62-63) que é "bem elaborada tecnicamente e com ideias avançadas e bem postas para a época em que se formulou, colhe o princípio da igualdade com operatividade e eficácia definida, especialmente quanto à isonomia no acesso aos cargos públicos, aos encargos perante o Poder Público, à jurisdição. Há que se notar, como peculiaridade desta Constituição Imperial, que o desempenho do regime monárquico encarecia desigualdades fundadas nos títulos e posições sociais. Por outro lado, a escravidão fez-se pano de fundo das relações sociais reguladas fundamentalmente pela Carta mencionada e pedra de toque do sistema econômico vigente à época, em perfeito contraste com a igualdade apregoada no texto normativo básico". Hoje é considerada injusta, inadequada e ineficiente; mas, à época, foi um avanço, principalmente porque o Brasil, embora "independente" ainda era uma monarquia escravocrata.
10. Artigo 72, §2º da Constituição de 1891, sobre a qual lembra Cármen Lúcia Antunes Rocha (1990, p. 63) que encontrou um Brasil com "sede de privilégios não escritos, mas fortes, que se faziam valer pela imposição da força embasadora de inúmeras fases históricas de autoritarismo, a primeira das quais se seguiu, logo, à recente proclamação republicana. De outra parte, é de se por em relevo a circunstância que caiu a Corte, mas não os cortesãos, como bem anotava CARLOS DRUMMOND".
11. Artigo 113, 1 da Constituição de 1934.
12. Se é que Constituição realmente foi, já que fruto de uma ditadura, a qual não se preocupa com os outros, pois se se preocupasse não seria ditadura (ROCHA, 1990, p. 64).

iguais perante a lei"[13], porquanto os fatos continuassem sem se submeter à determinação constitucional e à igualdade constante do texto constitucional continuasse a ser quimera aniquilada ora pelos títulos, ora pela força (ROCHA, 1990, p. 63).

Com o final da 2ª GGM e após a ditadura Vargas, é retomado o "sentimento" da Constituição de 1934, que, mesmo ao manter a literalidade da de 1937 — "todos são iguais perante a lei", teve conteúdo moldado por uma doutrina que lhe atribuiu o sentido de obrigação a ser observado tanto pelo legislador infraconstitucional, quanto pelo Executivo, como pelo Judiciário. Com essa lição, a doutrina inspirou uma maior extensão do princípio e instilou nos julgadores pátrios um conteúdo mais firme e afeto às necessidades sociais (ROCHA, 1990, p. 65). Todavia, no propósito de institucionalizar o regime militar, teve-se, no Brasil, a "Constituição de 1967", que foi emendada[14] em 1969 e, em ambas, existia a previsão de que "Todos são iguais perante a lei, sem distinção de sexo, raça, trabalho, credo religioso e convicções políticas. Será punido pela lei o preconceito de raça.". Mais um exemplo de distância entre forma e conteúdo.

Apenas em 1988, passou-se a ter, no Brasil, a igualdade como princípio e como direito insculpido como premissa da ordem constitucional que se instaurava, ao dispor, logo no seu artigo 5º que "Todos são iguais perante a lei, sem distinção de qualquer natureza, garantindo-se, aos brasileiros e aos estrangeiros residentes no País, a inviolabilidade do direito à vida, à liberdade, à igualdade, à segurança e à propriedade, nos termos seguintes". A igualdade está, também, no preâmbulo da Constituição brasileira vigente e se repete pelo menos mais 15 vezes no texto constitucional. Passa a ser "parâmetro para a aplicação da lei infraconstitucional, que não poderá fazer 'distinção de qualquer natureza'" e que pode ser entendida como um princípio que anseia pela maior concretização possível" (MARTINS, 2013, p. 222-223).

Mas, estar na lei, não significa estar na vida, pois as leis não bastam, os lírios não nascem da lei, já advertia Carlos Drummond de Andrade (1984, p. 29). Como o outro lado de uma mesma moeda, a igualdade é também um processo. Uma trilha em espiral, a passar pelos mesmos lugares e coisas, mas com uma visão que se eleva e se modifica a cada rodada, embora mantenha inalterado alguns pontos e aspectos. Numa metamorfose, como explica Beck (2015, p.251-252):

> No final dessa discussão sobre a metamorfose, evidencia-se que a problemática da metamorfose da desigualdade é a questão social do futuro. Primeiro, isso ocorre por causa da institucionalização das normas da igualdade, o que significa que a desigualdade global não pode mais ser ignorada porque a perspectiva nacional, que produzia a impossibilidade de comparação entre espaços nacionais de desigualdade, não funciona mais. As desigualdades existentes são despojadas de sua legitimidade, e por isso se tornam (abertamente ou não) um escândalo político. Segundo, porque a desigualdade aumenta também dentro do contexto nacional. Terceiro, os recursos públicos que poderiam compensar

---

13. Artigo 122, 1, da "Constituição" de 1937, na qual "não chega a causar espanto a simplificação articulada do princípio jurídico da igualdade naquele texto posto sob o título de Constituição. Elaborada sob a influência das Constituições autoritárias e anticomunistas que prevaleciam na Europa, aquele texto refletia, assim, a tendência do contexto político interno e internacional e não era, nem poderia ser, sedimentada base democrática. Longe deste ideal os detentores do Poder, não poderia a Constituição estar próxima da liberdade e da isonomia material" (ROCHA, 1990, p. 65).
14. Emenda, que na prática, seria uma nova Constituição.

as desigualdades crescentes são abolidos. Quarto, por causa da distribuição de males, que produz classes de risco, nações de risco e diferentes tipos e graus de desigualdade. Há uma síntese de pobreza, vulnerabilidade e ameaças implicadas na mudança climática e nos desastres naturais. Em suma, o *neandertalense* e o *Homo cosmopoliticus* estão vivendo num mundo em que a desigualdade se tornou social e socialmente explosiva. O problema da desigualdade surge hoje no contexto dos chamados desastres naturais, que são de fato produzidos pelo homem, em contraste com um horizonte em que a igualdade foi prometida para todos. (sem destaque no original).

O que não está nas normas, não existe para o mundo formal, o mundo jurídico, despercebido ao Estado, oculto ao poder. A luta por modificações legislativas é apenas o primeiro passo para a efetivação de direitos (BASTOS, 2004). A igualdade perante a lei de homens e mulheres, de negros e brancos, homossexuais e heterossexuais não a faz efetiva apenas por existir na norma. Mas não se pode negar que é muito pior quando nem na norma ainda está[15]: é justamente por estar ficando nas normas que, como adverte Ulrich Beck (2015) que é a "questão social do futuro" e corre o risco de, em algum momento, virar realidade, pois estar na lei é um passo importante neste processo.

Entre tantos exemplos a demonstrar que a realidade ignorada pelas instâncias de poder traz prejuízos reais a tantas vidas reais, pode-se citar todo o processo de reconhecimento do "direito de laje" que, não obstante, desde muito exista na realidade concreta das periferias das grandes cidades – os "puxadinhos" – só veio a "existir na lei" em 2017 (Lei n. 13.465/2017 – Lei da Organização Fundiária rural e urbana que alterou o Código Civil neste ponto)[16]. É que não só adianta vencer os obstáculos econômicos ao acesso à Justiça, mas também, os sociais e culturais, mediante estratégia que abranja criação de novas correntes jurisprudenciais e transformação ou reforma do direito substantivo sobre problemas recorrentes das classes populares (SANTOS, 2013, p. 211). Acesso verdadeiramente igualitário e libertário à Justiça significa não apenas reproduzir a força do Estado, mas direcioná-la a enxergar e superar vulnerabilidades. Essa reflexão lembra o raciocínio de Douzinas (2007, p. 260) sobre a necessidade de tratar os direitos como estratégias simbólicas da comunicação linguística e legal com importantes efeitos políticos. Explica Douzinas (2007, p. 265):

> Lutas por direitos humanos são simbólicas e políticas: seu campo de batalha imediato é o significado de palavras, tais como diferença, igualdade ou semelhança e liberdade, mas, se bem-sucedidas, elas acarretam consequências ontológicas, transformam radicalmente a constituição do sujeito jurídico e afetam a vida das pessoas. [...] A metáfora funciona quando um novo grupo estabeleceu na lei e na realidade suas reivindicações de igualdade e diferença e se apropriou do valor simbólico do 'significante flutuante'. Ele, assim, torna-se o grupo 'de base' para proliferação posterior de reivindicações de direitos e para afirmações inovadoras de semelhança e diferença. Após o reconhecimento de um direito geral à igualdade para *gays* e lésbicas, por exemplo, mais direitos concretos serão reivindicados: idade igual para consentimento a relações sexuais, o direito de casais de *gays* e lésbicas à união civil, à adoção de crianças e aos mesmos benefícios tributários e sociais concedidos a heterossexuais etc.

---

15. Fala-se em normas, pois o processo de construção da igualdade não pode se resumir à lei, mas a todo instrumento de poder capaz de gerar autoridade e reflexão, cogência, efetividade; as demais fontes do direito, tais quais doutrina, jurisprudência, princípios gerais do direito e costumes.
16. Processo do qual a Defensoria Pública participou ativamente (instituição cuja atuação "impede que a igualdade de todos perante a lei seja contaminada pelas desigualdades econômica e social" (SADEK, 2004).

É a igualdade, também, um processo, pois depende de etapas e não se constrói de uma vez e nem se faz sozinha. É coletiva, é mãe a parir outros direitos. Há uma mediação contínua entre conceitos abstratos e indeterminados de humanidade e direito e as pessoas concretas que reivindicam sua proteção (DOUZINAS, 2007, p. 266). Realidade muda, necessidades se alteram e as lutas, também.

O direito do consumidor à compreensão da informação[17] (e em consequência da redução da assimetria informacional que prejudica o mercado) insere-se neste processo de materialização da igualdade. Ou seja, "o consumidor foi identificado constitucionalmente (art. 48 ADCT, da CF/88) como agente a ser necessariamente protegido de forma especial" (MARQUES, 2001, p. 16) justamente pelo princípio da igualdade (art. 5º, caput e inciso XXXII, da CF/88).

O esforço de aperfeiçoamento do exercício desse direito, por sua vez, significa a igualdade como processo em constante burilar: só se pode lutar na arena dos direitos quando nela se ingressou e, após tal chegada, é preciso um cuidadoso e vigilante "aperfeiçoar" para se tê-lo efetivo e vivo. Igualdade não chega pronta, é um processo.

2.1.2 A igualdade, um fim: a constituição vigente e a igualdade material da pessoa consumidora[18]

Conforme lembra Leonardo Martins, a liberdade social é também a liberdade concorrencial do mais forte porquanto a igualdade social exija justamente a existência da igualdade de chances e condições a serem concedidas ao mais fraco (MARTINS, 2013, p. 223). Entretanto, não se trata, como lembra Costa Douzinas (2009, p. 376), de seres humanos terem direitos, *mas de que os direitos constroem os humanos*, de modo que o reconhecimento de humanidade jamais é totalmente garantido a todos, pois:

> A humanidade apresenta muitas tonalidades e tipos. Os pobres, cuja expectativa de vida na África subsaariana é cerca de trinta anos mais baixa que a média britânica, são seres humanos inferiores. Os cinco mil bebês iraquianos, que morrem a cada mês em consequência do embargo ocidental, e os bebês africanos, que compõem uma taxa de mortalidade infantil dezessete vezes maior que a das crianças europeias, representa uma parcela ainda mais inferior da humanidade, mal no seu limiar. Aqueles que são perseguidos em virtude de sua opção sexual ou de sua raça são seres humanos defeituosos, pois uma grande parte de sua identidade autoestima é apagada ou se transforma em causa de vitimização. A subjetividade, de acordo com a lei, é uma conquista frágil; ela pode ser facilmente minada e destruída sob agressão física e simbólica. A humanidade é, portanto, uma condição avaliada e classificada com muitas sombras e camadas entre o Ocidente 'super-humano', branco, heterossexual masculino em uma extremidade, e o não-humano, os prisioneiros dos campos de concentração ou os refugiados em fuga, na outra. *Tornar-se mais ou menos humano por meio da distribuição vigiada dos direitos é o jeito moderno de criar o sujeito como animal social.* (DOUZINAS, 2009, p. 376, sem destaque no original).

---

17. A transmissão da informação pode ser comprometida pelo excesso e não apenas pela falta de informação. Assim é que Bruno Miragem (2019, p. 13), indaga "até onde se deve informar, de modo que se mantenha a função de esclarecer e não de confundir? Será devido informar o óbvio ou o notório? Ou mais, como fazer para bem informar e esclarecer? De que modo o fornecedor desincumbe-se deste que por vezes é ônus de informar? São perguntas cuja resposta toma os fatos pela mão, debruçando-se sobre o caso concreto".

18. Como dito no capítulo anterior, na perspectiva de máxima igualdade possível, optou-se por referir-se a consumidor e consumidora como pessoa consumidora, haja vista que a expressão contempla tanto o consumidor homem, como a consumidora mulher, como as pessoas físicas e jurídicas.

Tal afirmação, dura e direta, foi escrita há mais de dez anos, numa preocupação sobre o fim dos direitos, sobre a complexa caminhada da efetivação da igualdade que mesmo tendo avançado tanto, muito ainda se tem por fazer diante de uma realidade tão desigual. Com o capitalismo como "pano de fundo" na maior parte do mundo, a preocupação com a proteção do sujeito consumidor passou a adotar contornos cada vez mais nítidos.

Nesta energia, em 1985, a ONU – Organização das Nações Unidas, por meio da Resolução 248/85, recomendou aos seus países membros inserir no seu direito interno normas de proteção ao consumidor. Tal recomendação, aliada, no Brasil, à chegada da Lei da Ação Civil Pública[19], ao processo de fortalecimento do Ministério Público e de criação constitucionalizada da Defensoria Pública, bem como à conjuntura de organização político- social oriunda do movimento "Diretas Já", pavimentou um caminho bem sucedido da constitucionalização da proteção da pessoa consumidora no Brasil.

Ou seja, para a proteção do consumidor enquanto sujeito vulnerável na sociedade brasileira, talvez bastasse o mandamento genérico da igualdade – pois para efetiva-lo é necessário tratar desigualmente consumidores e fornecedores –, mas a nossa vontade constitucional foi ainda mais precisa e expressa, o que se deve, certamente, ao contexto supra apresentado. Assim, a Constituição vigente, deixou claro, logo no inciso XXXII do artigo 5º que o Estado brasileiro promoverá, na forma da lei, a defesa do consumidor. Cuidou para que tal determinação tivesse efetividade ao preocupar-se em delimitar o prazo de 120 dias para que o Congresso Nacional elaborasse o Código de Defesa do Consumidor[20]. O CDC é Código, portanto, por expressa e cuidadosa determinação do Constituinte originário[21].

Em outras palavras, o sistema do CDC foi construído para o fim especial de proteção dos vulneráveis, dos diferentes, dos mais fracos, e sua origem constitucional deve ser a *guia* de sua interpretação: um direito do consumidor efetivo, que concretize direitos humanos, direitos fundamentais, direitos subjetivos para o mais fraco que mereceu receber essa tutela constitucional, o consumidor pessoa física (MARQUES, 2001, p. 20). Fala-se de um sujeito atualmente inserido nos mais variados processos de virtualização da vida como demonstrado no primeiro capítulo. Um sujeito identificado que se relaciona com uma força fornecedora nem sempre de contornos e identidades factíveis e totalmente identificáveis.

Dando efetividade ao princípio da igualdade, portanto, a CF/88 dotou a defesa do consumidor do *status* de cláusula pétrea[22] e lhe garantiu uma norma infraconstitucional

---

19. Lei 7347, de 24 de julho de 1985.
20. Artigo 48 do ADCT – Ato das Disposições Constitucionais Transitórias, a dispor que "O Congresso Nacional, dentro de cento e vinte dias da promulgação da Constituição, elaborará código de defesa do consumidor.".
21. Este registro é importante em face de questionamentos dele ser código sem ter obedecido o rito de lei complementar. A questão foi superada ao se verificar que não há nada que obrigue que um Código tenha rito de lei complementar, até mesmo porque, quando quer que a regulamentação se dê por lei complementar, a Constituição o faça diretamente, o que não ocorreu na defesa do consumidor. Ao contrário, a própria Constituição denominou Código e nada disse sobre o rito.
22. "[...] é de suma importância, no sistema constitucional brasileiro (art. 60, §4º, IV – cláusula pétrea, um direito estar incluído no rol dos direitos fundamentais e expresso em norma (não apenas implícito) na Constituição,

constituída sistematicamente como Código para que pudesse ser realmente sentida e vivida pelos brasileiros e pelas brasileiras nas suas cotidianas relações de consumo: quer se queira, ou não, todos nós, todos os dias, estamos submetidos a contratos de consumo para garantirmos o nosso mínimo vital, mas o Constituinte foi além. Ocupou-se, ainda, de determinar a competência para legislar sobre consumo e responsabilidade sobre dano ao consumidor[23] e de reconhecer ser direito do consumidor o de ser esclarecido acerca dos impostos que incidam sobre mercadorias e serviços[24]. E o mais simbólico: deixou claro que a defesa do consumidor é princípio da ordem econômica (art. 170, V da CF[25]).

É de se registrar, como o faz Cláudia Lima Marques (2017, p. 53), a importância da palavra *promover* no artigo 5º, XXXIII da CF/88. De um lado, assegura que o Estado-Juiz, o Estado-executivo e o Estado-Legislativo realizem positivamente a defesa, a tutela dos interesses desses consumidores. De outro lado, é um direito fundamental a uma prestação protetiva do Estado, por todos os seus poderes. Mas também é um direito subjetivo geral, não só de proteção contra as atuações do Estado, mas de atuação positiva (protetiva, tutelar, afirmativa, de promoção) do Estado em favor dos consumidores.

Entrou, portanto, a defesa do consumidor no ordenamento jurídico brasileiro pela porta da frente e com tapete vermelho. Há, portanto, uma "vontade de Constituição" (BRITTO, 2007, p.74) de igualdade material entre consumidor e fornecedor a viabilizar não apenas um maior desenvolvimento econômico e tecnológico[26], mas também – e sobretudo – como instrumento de realização de vários potenciais e necessidades humanas na realidade capitalista de consumo.

2.2 AS VARIADAS VULNERABILIDADES (OU OS VÁRIOS EXEMPLOS DE PESSOAS VULNERABILIZADAS)

A realização da igualdade material exige a identificação da vulnerabilidade a ser superada. Na lesão à saúde, diagnóstico errado implica tratamento errado e cura não alcançada. O mesmo ocorre nas lesões a direitos: não adianta suprir uma questão técnica quando a vulnerabilidade é jurídica ou ajuizar uma ação de reintegração de posse quando se era necessária uma ação de obrigação de não fazer. Se o objetivo do microssistema de proteção do consumidor é – como de fato é – equilibrar a relação de consumo, tendo

---

como um direito e garantia individual. A defesa do consumidor é um direito e garantia individual no Brasil (art. 5º, XXXII, da CF/88), é um direito fundamental (direito humano de nova geração ou dimensão positivado na Constituição)" (MARQUES, 2017, p. 44).

23. "Art. 24. Compete à União, aos Estados e ao Distrito Federal legislar concorrentemente sobre: [...] V – produção e consumo; [...] VIII – responsabilidade por dano ao meio ambiente, ao consumidor, a bens e direitos de valor artístico, estético, histórico, turístico e paisagístico;".

24. "Art. 150, §5º da Constituição Federal, que foi regulamentado apenas 24 anos depois com a Lei 12.741, de 8 de dezembro de 2012".

25. "Art. 170. A ordem econômica, fundada na valorização do trabalho humano e na livre iniciativa, tem por fim assegurar a todos existência digna, conforme os ditames da justiça social, observados os seguintes princípios: [...] V – defesa do consumidor;".

26. "Artigo 4º [...] III – harmonização dos interesses dos participantes das relações de consumo e compatibilização da proteção do consumidor com a necessidade de desenvolvimento econômico e tecnológico, de modo a viabilizar os princípios nos quais se funda a ordem econômica (art. 170, da Constituição Federal), sempre com base na boa-fé e equilíbrio nas relações entre consumidores e fornecedores;".

como princípio o reconhecimento da vulnerabilidade do consumidor, é preciso que se se busque a identificação da vulnerabilidade do consumidor na perspectiva de construção de um contrato juridicamente válido, por justo e equilibrado. É o tratamento da ferida – vulnerabilidade vem de *vulnus*, ferida – que trará o equilíbrio almejado.

Importante registrar que reconhecer a vulnerabilidade da pessoa consumidora não se trata, por nenhuma hipótese, de considerá-la incapaz ou se ter comportamento paternalista, o que seria uma "infantilização do indivíduo" (CHAZAL, 2000, p. 243 apud CANTO, 2015, p. 56). *Vulnerabilidade é absolutamente diverso de incapacidade.* Como esclarece Rodrigo Canto (2015, p. 56), a pessoa consumidora não é um ser vulnerável quando analisado isoladamente. Sua fraqueza surge quando ela é confrontada com o fornecedor, sendo sua vulnerabilidade decorrente da relação estabelecida com um profissional.

A vulnerabilidade está na essência da pessoa consumidora e o seu tipo só pode ser aferido – em intensidade, não em existência, pois todos os consumidores são vulneráveis – no caso concreto. Para Maria Tereza Aina Sadek (2019a, p. 17), superar vulnerabilidades é ingressar na cidadania. Ser cidadão implica ser sujeito de direitos, os quais envolvem igualdade, rejeição de desigualdades ou exclusões, da conversão da lei em realidade a fim de que os preceitos da igualdade não sejam meras retóricas.

A vulnerabilidade da pessoa consumidora (seja ela física ou jurídica ou mesmo o ente despersonalizado) é, no direito brasileiro, expressamente prevista (art. 4º, I do CDC). O que se pode medir é o grau dessa vulnerabilidade, jamais duvidar da sua existência que é sempre presumida: se é consumidor, é vulnerável. Tanto que o próprio CDC, no inciso I do seu artigo 51[27], tem o cuidado de reconhecer que a pessoa jurídica enquanto consumidora é presumivelmente menos vulnerável que a pessoa física consumidora, mas não lhe negou a condição de vulnerável. Se sou piauiense, sou brasileira; se sou consumidora, sou vulnerável.

Registre-se que há, mais recentemente, uma discussão sobre a inadequação do termo "vulnerabilidade" e a melhor adequação do termo "vulnerabilizados". Para Boaventura de Sousa Santos, ninguém seria inatamente vulnerável: é vulnerabilizado pelas relações desiguais de poder que caracterizam a sociedade. Esses grupos vulnerabilizados são os que mais precisam ver os seus direitos efetivamente realizados uma vez que carecem dos privilégios de que gozam os "invulneráveis", os que têm acesso direto (por vezes à margem da lei) à ordem e à segurança sociais, enfim, à proteção social que é negada às grandes maiorias (SANTOS, 2019, p. 20). A condição de vulnerável não seria inerente à pessoa, mas à circunstância: em algumas circunstâncias se está vulnerável; em outras, não. Não se trata de uma característica pessoal como um DNA, que nasce com a pessoa e, destarte, deve ser carregada por toda a vida (LIMA, 2019, p. 28). De fato, ao se tratar de consumidor, tanto não se é algo inato, mas circunstancial, que a própria relação de

---

27. "Art. 51. São nulas de pleno direito, entre outras, as cláusulas contratuais relativas ao fornecimento de produtos e serviços que: I – [...]. Nas relações de consumo entre o fornecedor e o consumidor pessoa jurídica, a indenização poderá ser limitada, em situações justificáveis;".

consumo, pressupõe um conceito relacional[28]. Uma mesma pessoa em uma circunstância pode ser considerada consumidora e, em outra, fornecedora. Em outras palavras, pode até ser difícil que uma pessoa consumidora também seja fornecedora, mas é extremamente comum que a pessoa fornecedora, em outros aspectos da vida, seja pessoa consumidora.

Registre-se, ainda, que embora o fenômeno do consumo seja objeto de inúmeros campos do conhecimento, de modo que o ato de consumo seja, ontologicamente, muito mais que um ato jurídico ou um ato econômico, também tendo facetas investigáveis no campo da antropologia, da biologia, da matemática e daí por diante (OLIVEIRA; CARVALHO, 2016, p. 529), tais como na psicologia, na neurociência, na comunicação social, carrega, quase sempre, formal ou informalmente, uma repercussão jurídica. Tal efeito jurídico em muito decorre do espírito principiológico do CDC, a buscar, de forma visionária, no início da última década do século passado, propiciar um anteparo jurídico concreto e efetivo, a começar da delimitação elástica e flexível do seu próprio campo de aplicação[29].

Na realização dessa delimitação com justa e coerente flexibilidade, a todos as pessoas consumidoras, sejam eles mais ou menos vulneráveis, crianças ou adultos, ricos e pobres, analfabetos e doutores, foi imposta uma mesma qualidade e lealdade na prestação, a considerar todos os destinatários finais de produtos e serviços como consumidores (Art. 2 do CDC), a equipará-los a vulneráveis (Art. 2, parágrafo único e Art. 29 do CDC) e a todas as vítimas dos fatos do serviço e do produto (Art. 17 do CDC), também como consumidores (MARQUES, 2016, p. 393).

Registre-se que a noção de vulnerabilidade é de tal modo ligada à identificação do consumidor que, muitas vezes, ainda que de forma involuntária ou inconsciente, são usadas como sinônimos, porquanto não sejam sinônimas, mas apenas – e sobretudo – a vulnerabilidade seja uma característica fundamental para o reconhecimento do sujeito consumidor. Tal "confusão" é bem evidente quando se estuda a vulnerabilidade e a pessoa jurídica, de modo que há quem considere que a pessoa jurídica consumidora não tenha vulnerabilidade presumida, porquanto o que a pessoa jurídica possa não ter, em verdade, é a condição de consumidora presumida, pois uma vez demonstrando que o produto ou serviço não integra sua cadeia produtiva e é consumidor, é vulnerável.

A vulnerabilidade, relembre-se, é multiforme, baseada em um conceito legal indeterminado, um estado de fraqueza sem definição precisa, mas com muitos efeitos na prática, em especial, pois presumida e alçada a princípio de proteção dos consumidores (MARQUES, 2019, p. 311). Tal consciência revela-se de estratégica importância para a análise prática da (s) vulnerabilidade (s) da pessoa consumidora, vez que não obstante a classificação em tipos, no mais das vezes, eles se somam.

Oportuna, para maior compreensão, a transcrição de exemplo relatado por Rodrigo Canto (2015, s.p.):

---

28. Termo de Bruno Miragem (2016). Registre que Rodrigo Canto (2015) defende a ideia de vulnerabilidade de situação e vulnerabilidade de relação.
29. Como se verá adiante, tal elasticidade em muito provém da existência de consumidores *lato* e *stricto sensu*.

Um funcionário do Google, por exemplo, apesar de possuir conhecimento técnico acerca do funcionamento do sistema, no momento em que contrata os produtos ou serviços desse fornecedor, não será menos vulnerável que um consumidor que não detém esse conhecimento específico. Isso ocorre porque ele não poderá negociar de forma igualitária o conteúdo contratual como essa grande empresa, sendo consequentemente, vulnerável por razões jurídicas, socioeconômicas ou informacionais. É por esse motivo que o princípio da vulnerabilidade constitui presunção jurídica absoluta, não podendo ser lido sob a perspectiva da autonomia privada e do *pacta sunt servanda*.

Assim é que se apresenta, adiante, a classificação mais aceita[30] no Brasil sobre vulnerabilidade do consumidor, quais sejam: (a) fática ou econômica; (b) técnica ou científica; (c) jurídica e (d) informacional[31], detectável a partir do seu "elemento originador" (MAIA, 2020, p. 217). Tal classificação decorre da doutrina de Cláudia Lima Marques (2019) e foi aceita pelo Superior Tribunal de Justiça – STJ, a quem compete a uniformização da interpretação de lei infraconstitucional, tal qual o CDC.

Mas também se analisam, a vulnerabilidade digital (agravada em tempos de pandemia, a exigir o maior uso das tecnologias) bem como a hipervulnerabilidade ou vulnerabilidade agravada. A vulnerabilidade comportamental será tratada no terceiro capítulo, quando será abordada a Análise Econômica do Direito – AED, vez que será mais efetiva sua análise após o estudo da decisão racional admitida pela AED.

2.2.1 Vulnerabilidade fática ou econômica

A vulnerabilidade mais conhecida – e em consequência, a mais compreendida – é a fática ou econômica, é a desigualdade entre um rico e um pobre, entre um forte e um fraco, *entre quem tem o poder de estabelecer cláusulas e quem não tem força de questioná-las*. É um "imã" a atrair outras vulnerabilidades: se se trata de uma pessoa economicamente pobre, há uma grande probabilidade de ela não ter tido acesso à educação formal e, em consequência, também ter a vulnerabilidade técnica ou científica, bem como a jurídica, a informacional, a digital, a ambiental e daí por diante.

Mas a vulnerabilidade econômica ou fática, embora a mais percebida, não é mais simples e acarretam outros aspectos que normalmente passam despercebidos, tais quais os seguintes:

Consumers on low incomes are far from a minority group in society; 32.3 million people in the US are classified as officially poor (Hill 2002). It has also been long acknowledged that poor people pay more than their more prosperous counterparts to access even the most basic goods and services they need (Alwitt and Donley 1996). For example, supermarket prices are often higher in poor areas than

---

30. Considera-se mais aceita vez que é mais citada na doutrina e nas decisões judiciais, principalmente, do Superior Tribunal de Justiça.
31. Neste sentido, entendimento do Superior Tribunal de Justiça: "A doutrina tradicionalmente aponta a existência de três modalidades de vulnerabilidade: técnica (ausência de conhecimento específico acerca do produto ou serviço objeto de consumo), jurídica (falta de conhecimento jurídico, contábil ou econômico e de seus reflexos na relação de consumo) e fática (situações em que a insuficiência econômica, física ou até mesmo psicológica do consumidor o coloca em pé de desigualdade frente ao fornecedor). Mais recentemente, tem se incluído também a vulnerabilidade informacional (dados insuficientes sobre o produto ou serviço capazes de influenciar no processo decisório de compra)." (BRASIL. Superior Tribunal de Justiça. Recurso Especial n. 1.195.642-RJ. Relator: Ministra Nancy Andrigui. Brasília, julgado em 13/11/2012. DJe, 21 nov. 2012).

in more prosperous ones. Poor consumers are also less able to switch to alternative suppliers because of existing debt burdens, and they are unable to take advantage of any savings from direct debit (Curtis 2000). As Bauman (1998) pointed out, the poor, who are limited in their ability to respond to market temptations, have been marginalized from mainstream society, and described as 'unwanted', 'abnormal', non-consumers', and flawed consumers.[32] (CATTERAL; MACLARAN; STEVENS, 2017, s.p.).

A reflexão supracitada foi feita por norte-americanos sobre os EUA, mas se aplica ao Brasil, aplica-se à realidade fática das pessoas, especialmente no mundo virtualizado em que se vive atualmente. Revela, acima de tudo, uma "fraqueza estrutural dos indivíduos, dos grupos e dos papéis na sociedade contemporânea sob a luz de nossa Constituição de 1988" (MARQUES; MIRAGEM, 2014, p. 11). Basta observar pesquisas realizadas por CDL, SERASA e similares, para verificar que o menor índice de inadimplência é da população de baixa renda. É muito comum, na prática defensorial, ouvir-se "doutora, só tenho meu nome, ele não pode ficar manchado não". E diante da deficiência econômica, muitas vezes compram a longo prazo e não conseguem a oportunidade de vincular-se a outro fornecedor, bem como são presas fáceis de publicidade enganosa ou abusiva, até mesmo porque o ato de comprar, muitas vezes, é o ápice de um processo de fugaz alegria e superação, tão bem retratado nos versos de Vinícius de Moraes e Tom Jobim (1959): "a gente trabalha o ano inteiro por um momento de sonho, para fazer uma fantasia, de rei, ou de pirata ou da jardineira e tudo se acabar na quarta-feira". Diante da expertise do mercado, não se duvida de que esse padrão comportamental seja usado em práticas comerciais, em prejuízo da harmonia do mercado de consumo.

No entanto, o mais grave é que os vulneráveis (ou vulnerabilizados), econômica ou faticamente, também são os mais suscetíveis aos riscos, pois as desigualdades de recursos econômicos permitem aos que estão em vantagem econômica minimizarem a sua exposição a eles. Essas diferenças impõem aos desfavorecidos a necessidade de se confrontarem mais rápida e diretamente com os riscos criados pela sociedade do risco (CURRAN, 2013, p. 44).

Um aspecto importante para a identificação da vulnerabilidade fática ou econômica é que, não obstante os questionamentos de estudos europeus de vulnerabilidade, sobre a prescindibilidade da comparação para detectar vulnerabilidade (que seria contrário da igualdade que exige a comparação), a identificação da vulnerabilidade fática (ou econômica) exige a comparação com a força do parceiro contratual. Ela é verificada quando o fornecedor, por sua posição de monopólio, por seu grande poder econômico ou em razão da essencialidade do serviço impõe sua superioridade a todos que com ele contratam (MARQUES, 2014, p. 160). Ou seja, não depende apenas da pessoa

---

32. Em português "Os consumidores com baixos rendimentos estão longe de grupo minoritário na sociedade; 32,3 milhões de pessoas nos EUA são classificadas como oficialmente pobres (Hill 2002). Também, faz muito tempo, reconheceu que os pobres pagam mais do que os mais prósperos contrapartes para acessar até os bens e serviços mais básicos que eles precisam (Alwitt e Donley 1996). Os consumidores pobres também são menos capazes de mudar para fornecedores alternativos devido aos encargos da dívida existentes, e eles são incapazes de assumir vantagem de qualquer economia com débito direto (CURTIS, 2000). Como Bauman (1998) apontou que os pobres são limitados em capacidade de responder às tentações do mercado, foram marginalizadas da sociedade dominante e descrito como 'indesejados', 'anormais', não consumidores 'e consumidores defeituosos.'" (CATTERAL; MACLARAN; STEVENS, 2017).

consumidora individualmente considerada, mas também do fornecedor com quem ele contrata. É, como diz Bruno Miragem, um "conceito relacional"; é um conceito que só se exercita no caso concreto. O mesmo João que em determinada relação é vulnerável tecnicamente; em outra, não o é.

O fato, anunciado mundialmente, de maior contaminação pela COVID nas áreas periféricas – embora tenha se iniciado nas classes não vulneráveis economicamente em sua maioria por membros em regresso da Europa ou da Ásia – é mais um exemplo que a vulnerabilidade econômica (ou fática) acaba sendo um imã para outras desigualdades. Ou seja, na análise de casos concretos, raramente a vulnerabilidade fática ou econômica vem sozinha. Normalmente, ela se manifesta em conjunto com outras vulnerabilidades.

2.2.1.1 *Vulnerabilidade técnica ou científica*

Cláudia Lima Marques (2019) classifica a vulnerabilidade como apenas técnica e considera que a vulnerabilidade científica seria a vulnerabilidade jurídica. Ousa-se divergir, vez que restringir a vulnerabilidade científica à jurídica seria, em verdade, desconsiderar outros aspectos de carência de conhecimentos científicos no processo de aquisição de produtos e serviços, a reputar como científico apenas o conhecimento jurídico.

Por tal premissa, parece mais apropriado classificar-se a vulnerabilidade como técnica ou científica. Aliás, mais apropriado seria que a classificação fosse em fática ou econômica e técnica ou científica, a qual se subdividiria, em jurídica e informacional, pois, em essência, a vulnerabilidade jurídica e informacional, também são técnicas. Até se compreende a estratégia de conferir maior visibilidade às vulnerabilidades – e, para tanto, dividi-las –, mas, talvez, em longo prazo, tal caminho possa significar também uma maior dificuldade no seu enquadramento em caso concreto, vez que *vulnus* é ferida, espaço de dor, de fragilidade. A vulnerabilidade técnica ou científica é o ferimento consistente na ausência de conhecimento sobre suas características e funcionalidades.

É possível que a pessoa consumidora não tenha vulnerabilidade econômica (ou fática) e tenha a vulnerabilidade técnica. Neste sentido, imagine-se uma pessoa multimilionária, com um automóvel de mais de meio milhão de reais, dirigir-se de Fortaleza para a praia de Jericoacoara, no Ceará. Um pneu fura no caminho. A pessoa para em uma borracharia. Pede para consertar o pneu, mas não entende nada de remendo e pode ser facilmente enganada, tanto sobre o serviço em si, como pelo preço. Não sabe se basta encher o pneu novamente, se o preço cobrado é alto ou baixo. É um exemplo claro de vulnerabilidade técnica ou científica, que não está necessariamente vinculada à vulnerabilidade fática ou econômica (no exemplo é o fornecedor – o borracheiro – que tem vulnerabilidade econômica neste contrato de consumo, mas tal fato não lhe retira a condição de fornecedor).

É também o caso do idoso – que, como se verá adiante, é hipervulnerável – que não tem conhecimentos de informática e vai a uma loja para adquirir uma máquina com o único objetivo de conectar-se e jogar cartas *online*, mas o vendedor, ao se aproveitar do desconhecimento da pessoa consumidora idosa, vende-lhe uma máquina com uma potência – e preço – bem superior ao que a ele é necessário, justamente em face da sua vulnerabilidade técnica. Ou seja, como explica Rodrigo Canto, a vulnerabilidade técnica é a determinada pela ausência de conhecimento especializado do consumidor acerca dos produtos e serviços que está a contratar. Por não deter tais informações específicas, o consumidor fica subordinado aos caprichos daqueles que dominam determinada técnica ininteligível aos olhos de um leigo (CANTO, 2015, p. 67).

Em recente julgado[33] – de 05/05/2020 – o Superior Tribunal de Justiça – STJ, ao decidir sobre a responsabilidade em relação a consumo de medicamentos, constata a vulnerabilidade técnica do consumidor que ingere a dose medicamentosa prescrita por seu médico e o [...] o desconhecimento quanto à possibilidade de desenvolvimento do jogo patológico como reação adversa ao uso do medicamento SIFROL subtraiu da paciente a capacidade de relacionar, de imediato, o transtorno mental e comportamental de controle do impulso ao tratamento médico ao qual estava sendo submetida, sobretudo por se tratar de um efeito absolutamente anormal e imprevisível para a consumidora leiga e desinformada, especialmente para a consumidora portadora de doença de Parkinson, como na espécie [...].[34]

De logo, percebe-se a impossibilidade de se aferir a vulnerabilidade de forma abstrata, genérica e alheia ao caso concreto. É na análise do fato determinado que se pode extrair o modo como a presumível vulnerabilidade do consumidor se manifesta. *Uma prática jurídica centrada em demandas repetitivas pode corroer a necessária identificação da vulnerabilidade, e apenas por isso, comprometer a eficácia do direito consumerista.*

2.2.1.2 *Vulnerabilidade informacional*

Como dito, bastaria a classificação entre vulnerabilidade econômica (ou fática) e em técnica (científica), pois, no fundo, a ignorância jurídica ou a fragilidade informacional decorrem de deficiência científica (ou técnica). Inclusive, Cláudia Lima Marques e Bruno Miragem (2014) reconhecem que a princípio não seria necessário esse *minus* como uma espécie nova de vulnerabilidade, por já estar englobada como espécie de vulnerabilidade técnica.

Mas, enquanto a vulnerabilidade técnica decorre da falta de informações, a vulnerabilidade informacional é resultado do excesso de informações. Hoje, a informação não falta, é abundante, manipulada, controlada e, quando fornecida, no mais das vezes, desnecessária (MARQUES; MIRAGEM, 2014, p. 160). Falta eficácia à maioria das informações disponibilizadas ao consumidor. Como lembra Bruno Miragem (2019, p. 11), o dever de informar dos fornecedores e o direito dos consumidores de serem informados é um elemento comum, "rigorosamente, a todos os sistemas jurídicos que se ocupam do reconhecimento dos direitos dos consumidores no mundo". No Brasil, o direito à informação perpassa praticamente todo o CDC:

---
33. STJ. REsp 1774372/RS.
34. Tal julgado também é útil a exemplificar os ricos denunciados por Ulrich Beck e tratados no primeiro capítulo.

[...] a informação – como dever de informar, direito a ser informado, eficácia da informação ou sanção da violação do dever – tem lugar, direta ou indiretamente, na imensa maioria das disposições que disciplinam o direito material das relações de consumo no seu Código de regência. Observe-se, entre os artigos 1º e 54 do Código de Defesa do Consumidor, a informação nestas suas várias nuances, aparece nos arts. 4º, 6º, 8º, 9º, 10, 12, 14, 18, 20, 30, 31, 33, 34, 35, 36, 37, 38, 39, 40, 43, 46, 51, 52 e 54 (MIRAGEM, 2019, p. 11).

Além dos dispositivos supracitados, tem-se, ainda, no âmbito da responsabilidade criminal do fornecedor, ao menos, 4 (quatro) tipos penais relacionados à informação na relação de consumo[35]. Em outras palavras, Alain Bazo[36], citado por Rodrigo Canto (2015, p. 69), esclarece que o cliente não tem mais que uma percepção individual, isolada e segmentada do fornecedor. E, enquanto consumidor, recebe uma informação a partir da sua "bolha" delimitada pelo histórico de algoritmos de suas conexões.

A vulnerabilidade informacional, desta feita, deve ser enfatizada para compreender que para reequilibrar o contrato, não basta que a informação seja disponibilizada ao consumidor: é preciso que a pessoa consumidora realmente a compreenda previamente, entenda os seus limites ou alargamentos; que ela seja clara, efetiva, eficaz. Neste sentido é que o STJ tem exigido a clareza semântica e não apenas a clareza literal em contrato de consumo, pois o

> consumidor tem direito à informação plena do objeto do contrato, e não só uma clareza física das cláusulas limitativas, pelo simples destaque destas, mas, essencialmente, clareza semântica, com um significado homogêneo dessas cláusulas, as quais deverão estar ábdito a ambiguidade.[37] (BRASIL. STJ, 2019).

Há, também, vulnerabilidade informacional, por exemplo, quando os riscos de um investimento financeiro não são esclarecidos previamente ao consumidor-investidor pelo fornecedor, que tem o dever qualificado do fornecedor de prestar informação adequada e transparente, pois "informação deficiente" – falha, incompleta, omissa quanto a um dado relevante – equivale à "ausência de informação", na medida em que "não atenua a desigualdade técnica e informacional entre as partes integrantes do mercado de consumo", de modo que sua vulnerabilidade informacional (que também é técnica) "impõe a defesa da qualidade do seu consentimento, bem como a vedação da ofensa ao equilíbrio contratual."[38] (BRASIL. STF, 2019).

Para suprir a deficiência informacional que caracteriza a vulnerabilidade informacional, é imprescindível que se compreenda que a informação seja útil ao entendimento do consumidor sobre todo o objeto contratual em todas as etapas da formação de sua vontade (*até mesmo, porque, como se esclarecerá no próximo capítulo, em direito do consu-*

---

35. São eles: "Art. 66. Fazer afirmação falsa ou enganosa, ou omitir informação relevante sobre a natureza, característica, qualidade, quantidade, segurança, desempenho, durabilidade, preço ou garantia de produtos ou serviços; Art. 67. Fazer ou promover publicidade que sabe ou deveria saber ser enganosa ou abusiva; Art. 68. Fazer ou promover publicidade que sabe ou deveria saber ser capaz de induzir o consumidor a se comportar de forma prejudicial ou perigosa a sua saúde ou segurança e Art. 69. Deixar de organizar dados fáticos, técnicos e científicos que dão base à publicidade".
36. Não foi possível localizar a obra, sendo necessária a citação indireta.
37. STJ. REsp 1837434/SP.
38. STJ. REsp 1326592/GO.

midor, o contrato não se limita ao instrumento formal e este "detalhe" é muito importante). Não adianta, por exemplo, constar no contrato que o sorteio de um consórcio, embora mensal, atinge um número aleatório de consumidores, sem que o consumidor compreenda o significado de aleatório. E aqui, registre-se, mais uma vez, não se está a falar de incapacidade do consumidor, exagero de tutela ou paternalismo, mas de legítima formação da vontade. É obrigação do fornecedor, como condição para a exigibilidade das obrigações contratuais, que o consumidor saiba, prévia e adequadamente, de todos os aspectos do seu contrato de consumo. Só assim é que ele pode livremente manifestar sua vontade.

Muitos fornecedores ainda não perceberam que cumprir o dever de bem informar – que compreende o dever de esclarecer (DIOGENES, 2019) – é algo que não interessa apenas ao consumidor, mas também ao próprio fornecedor. Um dos motivos, é que a deficiência informacional vicia a vontade do consumidor e lhe desobriga no cumprimento do contrato. Tanto isso é verdade que o CDC, por seu artigo 46, deixa, desde sua versão original de 1990 – ou seja, há quase 30 anos – expresso que:

> Os contratos que regulam as relações de consumo não obrigarão os consumidores, se não lhes for dada a oportunidade de tomar conhecimento prévio de seu conteúdo, ou se os respectivos instrumentos forem redigidos de modo a dificultar a compreensão de seu sentido e alcance.

E o CDC vai além, ao dizer, de forma expressa (art. 47[39]) que na hipótese de dubiedade na intepretação, esta deve se dar de forma favorável ao consumidor. Observe-se, ainda, que o CDC ao considerar, nas normas contratuais de proteção do consumidor, o processo fluido da sua formação contratual, quando confere a oferta valor contratual, deixando explícito que ela passa a integrar o contrato. Qualquer informação – seja escrita ou oral – da fase pré-contratual passa a integrar o contrato admitindo execução específica da obrigação (art. 30, CDC). É certo que o art. 30 qualifica a informação vinculante como a que for "suficientemente precisa", mas é igualmente certo que o artigo 31[40] determina que toda informação no contrato de consumo tem que ser suficientemente precisa e que o artigo 46 impõe que se não for suficientemente precisa não gera obrigações e/ou deve ser interpretada da maneira mais favorável ao consumidor. Arremata com o artigo 48[41] do CDC reconhecendo a informalidade do contrato de consumo, protegendo a sua motivação mais que qualquer forma. Traça, assim, o CDC, uma estratégia bem clara de incentivo à produção de informação útil à formação da vontade do consumidor, por meio, especialmente, dos artigos 30, 31, 46, 47 e 48, em interpretação sistêmica. É um "quinteto fantástico".

A validade do contrato de consumo, portanto, depende dessa informação útil, concreta, verdadeira e anterior ao contrato, *hábil a neutralizar a vulnerabilidade – espe-*

---

39. "Art. 47. As cláusulas contratuais serão interpretadas de maneira mais favorável ao consumidor."
40. "Art. 31. A oferta e a apresentação de produtos ou serviços devem assegurar informações corretas, claras, precisas, ostensivas e em língua portuguesa sobre suas características, qualidades, quantidade, composição, preço, garantia, prazos de validade e origem, entre outros dados, bem como sobre os riscos que apresentam à saúde e à segurança dos consumidores."
41. "Art. 48. As declarações de vontade constantes de escritos particulares, recibos e pré-contratos relativos às relações de consumo vinculam o fornecedor, ensejando inclusive execução específica, nos termos do art. 84 e parágrafos."

cialmente a informacional – do consumidor. Informação tardia no contrato de consumo é informação incapaz de produzir obrigações válidas ao consumidor, em prejuízo do próprio fornecedor. Tem-se que conhecer os ônus e os bônus do que está sendo contratado antes de decidir contratar: omitir ou maquiar informação pode custar muito caro ao fornecedor.

O CDC é, pois, articulado para compensar a multidimensional vulnerabilidade do consumidor, hábil a equilibrar as forças contratuais por distribuir ferramentas, para, conforme a ocorrência das circunstâncias, equilibrar o contrato.

2.2.1.3 Vulnerabilidade jurídica

A vulnerabilidade jurídica, tal qual a informacional, é também uma forma de manifestação da vulnerabilidade técnica, mas direcionada à deficiência de conhecimento jurídico, e pode se manifestar, tal qual as demais vulnerabilidades, em todas as etapas da formação da vontade do consumidor. Seja na fase pré-contratual, na fase contratual ou na fase pós-contratual.

Como se trata de um conhecimento específico sobre as normas vigentes na aplicação daquele contrato, tal qual a vulnerabilidade técnica, nem sempre se soma à vulnerabilidade socioeconômica (fática). Pode haver caso em que uma pessoa enquadrada socioeconomicamente na Classe A (ou seja, sem vulnerabilidade econômica), mas que não saiba que o cancelamento da reserva de um hotel pela morte de um familiar pode significar fato superveniente capaz de mitigar o valor da multa rescisória (art. 6, V do CDC[42]), o que evidenciaria uma vulnerabilidade jurídica neste caso hipotético.

Mas não deixa de ser também uma vulnerabilidade técnica e informacional a exigir clareza semântica. O precedente do STJ para firmar o entendimento sobre a necessidade de clareza semântica, inclusive, decorre de uma situação concreta em que o desconhecimento jurídico levou uma pessoa a contratar um serviço de seguro que excluía a cobertura em caso de furto qualificado (REsp 814060/RJ). Havia no contrato a transcrição do artigo 155 do Código Penal, mas não havia explicação concreta sobre de que se tratava tal situação, de modo que "tal cláusula à evidência não satisfaz o comando normativo segundo o qual as cláusulas limitadoras devem ser claras, por óbvio, aos olhos dos seus destinatários, os consumidores, cuja hipossuficiência informacional é pressuposto do seu enquadramento como tal" (BRASIL, 2010). Não produz obrigações – sendo "inoperante" – a cláusula que

> a pretexto de informar o consumidor sobre as limitações da cobertura securitária, somente o remete para a letra da Lei acerca da tipicidade do *furto* qualificado, cuja interpretação, ademais, *é por vezes controvertida* até mesmo no âmbito dos Tribunais e da doutrina criminalista. (BRASIL, 2010, sem destaque no original).

---

42. "Art. 6º São direitos básicos do consumidor: [...] V – a modificação das cláusulas contratuais que estabeleçam prestações desproporcionais ou sua revisão em razão de fatos supervenientes que as tornem excessivamente onerosas;".

Ou seja, nesse julgado percebe-se, na mesma relação de consumo, vulnerabilidade jurídica e vulnerabilidade informacional. Ocorre similar situação de vulnerabilidade jurídica quando uma pessoa, leiga juridicamente, começa a pesquisar sobre aquisição de automóvel, não sabe profundamente as diferenças entre consórcio, *leasing*, financiamento, compreende apenas que são formas de pagar por seu carro. Por ignorar tais diferenças não tem conhecimento para desconfiar de que a promessa do vendedor de que se optasse por consórcio e não fosse contemplado em 3 (três) meses poderia receber seu dinheiro de volta imediatamente é proibida pela Lei n. 11.795/2008 que regula os contratos de consórcio. O consumidor, repita-se, neste exemplo, ali nem sabe a diferença entre arrendamento mercantil, alienação e consórcio, apenas tem a motivação de adquirir, da forma mais rápida e barata, um veículo. Se não fosse sua vulnerabilidade, certamente não teria contratado referido consórcio. O microssistema consumerista, em sua autonomia, no único afã de equilibrar a relação de consumo, dota o consumidor de ferramenta legal de exigir o cumprimento forçado da oferta (art. 35 do CDC). Para tanto é que, no artigo 34[43], deixa claro que o fornecedor responde solidariamente pelas ofertas feitas por seus prepostos ou representantes, ainda que autônomos. A discussão aí não seria sobre a validade ou não da Lei de Consórcio, mas sobre o ato do fornecedor de, ignorando a vulnerabilidade jurídica do consumidor, prometer o que sabe que a lei veda, de modo que deverá cumprir a oferta às suas próprias expensas.[44]

Ou seja, se o consumidor soubesse que há uma lei que veda a devolução do dinheiro pago em consórcio antes da finalização do negócio, não o teria firmado. Firmou-o, portanto, por ser vulnerável juridicamente. Para neutralizar tal vulnerabilidade e equilibrar o contrato, é que se tem os artigos 34[45] e 39, IV[46], ambos do CDC, sem esquecer a autônoma vinculação da oferta, regulada nos artigos 30[47] e 35[48], também do CDC. Ou seja, para além da vedação de devolução do dinheiro quando da saída do grupo de consórcio – só o fazendo ao final do grupo – está, repita-se, a questão do comportamento abusivo do fornecedor de garantir ao consumidor algo que a lei vedava e cuja vulnerabilidade jurídica do consumidor, o faz ignora-la e a ela submeter-se.

---

43. "Art. 34. O fornecedor do produto ou serviço é solidariamente responsável pelos atos de seus prepostos ou representantes autônomos".
44. Como professora do Escritório de Prática Jurídica desta Universidade de Fortaleza – UNIFOR atuei em caso bem similar. Atualmente tramita na 4ª Vara Cível da Comarca de Fortaleza sob o número 0209945-60.2015.8.06.0001. Como Defensora Pública titular da 14ª Defensoria Cível, acompanhei a mesma situação no processo número 0903634-17.2012.8.06.0001.
45. "Art. 34. O fornecedor do produto ou serviço é solidariamente responsável pelos atos de seus prepostos ou representantes autônomos."
46. "Art. 39. É vedado ao fornecedor de produtos ou serviços, dentre outras práticas abusivas: [...] IV – prevalecer-se da fraqueza ou ignorância do consumidor, tendo em vista sua idade, saúde, conhecimento ou condição social, para impingir-lhe seus produtos ou serviços;".
47. "Art. 30. Toda informação ou publicidade, suficientemente precisa, veiculada por qualquer forma ou meio de comunicação com relação a produtos e serviços oferecidos ou apresentados, obriga o fornecedor que a fizer veicular ou dela se utilizar e integra o contrato que vier a ser celebrado".
48. "Art. 35. Se o fornecedor de produtos ou serviços recusar cumprimento à oferta, apresentação ou publicidade, o consumidor poderá, alternativamente e à sua livre escolha: I – exigir o cumprimento forçado da obrigação, nos termos da oferta, apresentação ou publicidade; II – aceitar outro produto ou prestação de serviço equivalente; III – rescindir o contrato, com direito à restituição de quantia eventualmente antecipada, monetariamente atualizada, e a perdas e danos.".

Mas o desconhecimento das peculiaridades do contrato de consumo e sua grande diferença do contrato civil – *um contrato entre iguais não pode ser julgado com a mesma lente que julga um contrato desigual* – pode fazer com que se considere o contrato regular por tal vedação desconhecida pelo consumidor eventualmente estar em algum lugar do contrato de adesão. Mas ainda que de fato esteja, tal cláusula de adesão tem o mesmo valor contratual que aquele "áudio" do vendedor prometendo referida devolução e o confronto entre duas cláusulas em contrato de consumo dissolve-se com a intepretação que for mais benéfica ao consumidor. Tudo para incentivar a clareza e a adequação da informação ao consumidor.

Para Cláudia Lima Marques e Bruno Miragem (2014, p. 158), tal vulnerabilidade jurídica é presumida para a pessoa física, mas é invertida (presunção em contrário) para a pessoa jurídica, que deveria "possuir conhecimentos jurídicos mínimos e sobre a economia para poderem exercer a profissão, ou devem poder consultar advogados e profissionais especializados antes de obrigar-se".

Porém, tal assertiva só se revela verdadeira quando se trata de pessoas jurídicas consolidadas no mercado, sendo inaplicável para algumas empresas pequenas e com seus membros vulneráveis e/ou vulnerabilizados, mormente com as empresas unipessoais. Não há como generalizar a intensidade ou tipo da vulnerabilidade: todo consumidor é vulnerável, mas a intensidade e tipo só pode ser aferida no caso concreto.

2.2.1.4 *Vulnerabilidade digital*

Bruno Miragem (2009), ao analisar o impacto de tantas mudanças – principalmente tecnológicas – e a (in)capacidade de o direito dar-lhes amparo, mostra que essas transformações são

> uma consequência natural do desenvolvimento econômico e social própria do atual estágio histórico, que não torna dispensável ou obsoleto o direito posto, mas desafia a sua atualização pela via da interpretação, considerando a permanência de certas categorias fundamentais e a necessidade de repensar outras (MIRAGEM, 2009, p.158).

Por essa premissa é que se dispõe a defender a existência da vulnerabilidade digital a repercutir na forma de realização de contratos de consumo, a necessitar serem visibilizadas para que aqueles que a detenham possam ter acesso a ferramentas capazes de neutralizá-la, de modo a equilibrar a relação de consumo e incentivar o cumprimento espontâneo dos contratos.

A sociedade da informação, a qual, como visto no primeiro capítulo, é um dos aspectos da sociedade contemporânea, tem seu desenvolvimento acompanhado "pela desmaterialização daquele que será o típico instrumento dos negócios jurídicos pós-modernos: o contrato eletrônico de consumo" (CANTO, 2015, p. 80). Tal forma de contratação aumentou muito nos últimos meses, com o advento de isolamento social decorrente da pandemia da COVID-19 e, em consequência, a vulnerabilidade digital do consumidor fica mais evidente, a exemplo do meio de pagamento do benefício emergencial pela pandemia da COVID-19, cuja logística se baseia em aplicativos de celular, e o foco é justamente pessoas em condição de vulnerabilidade. Mas sobre isso, Erik Jayme (2003, p. 135), há quase 20 anos, já advertia que:

> [...] no que concerne às novas tecnologias, a comunicação, facilitada pelas redes globais, determina uma maior vulnerabilidade daqueles que se comunicam. Cada um de nós, ao utilizar pacificamente seu computador, já recebeu o choque de perceber que uma força desconhecida e exterior invadia o seu próprio programa, e o fato de não conhecer seu adversário preocupa ainda mais.

Nesse cenário, a vulnerabilidade digital do consumidor fica ainda mais evidenciada, seja ao se submeter mais facilmente a fraudes e congêneres, seja também ao colocar-se mais à mostra de ofertas abusivas. Adverte Ricardo Lorenzetti (2004), há quase 20 anos, sobre a dificuldade, na contratação eletrônica de identificação clara do consentimento, quando uma consulta pode significar um indevido aceite.

Na esteira da divisão de Rodrigo Canto (2015) sobre vulnerabilidade de relação – que se evidencia quando da relação concreta com o fornecedor, parceiro contratual – e vulnerabilidade de situação – na qual o meio é que propicia a maior vulnerabilidade – a vulnerabilidade digital estaria como exemplo de vulnerabilidade de situação. Nela, como lembra Cláudia Lima Marques (2004, p. 63-64), o sujeito consumidor é um sujeito identificado por uma senha (PIN), uma assinatura eletrônica, por um número de cartão de crédito, por impressão biométrica. Mas não apenas eles, pois também a coletividade que intervém na relação de consumo, a vítima do acidente de consumo.

Como diz Angélica Saphier (2020), não se pode esquecer que o ambiente virtual organiza dados de modo a obstar a maior verificação da segurança e a credibilidade da matéria transmitida – o que se reduz no ambiente físico, o que agrava a percepção de vulnerabilidade em meio digital[49]. Uma vulnerabilidade cada vez mais manifesta, diante do avanço das redes sociais e do seu compartilhamento de dados. Essa vulnerabilidade se agrava com a possibilidade de utilização indevida dos dados que são repassados pelos indivíduos (de maneira voluntária ou no momento da contratação) sem autorização (PERAZO; SOUSA, 2019). Será que se soubessem que os dados seriam repassados a outras empresas e que a partir deles passaria a receber várias ofertas coincidentemente coincidente com seus mais recentes desejos ou manifestações de consumo, a pessoa consumidora teria autorizado?

A gravidade de tal vulnerabilidade se estende ao acesso à tecnologia. Neste contexto, Fernando Rodrigues Martins e Thainá Lopes Gomes Lima (2020, s.p.), destacam que:

> [...] Outra possibilidade concreta da vulnerabilidade digital diz respeito ao acesso. Apesar de grande parte da população estar conectada, usufruindo de serviços propiciados pela rede virtual, ainda é de ver muitos 'subconsumidores' alijados desse interessante *locus*. E nessa situação sequer conseguem celebrar contratos, manifestar opiniões políticas, culturais e sociais, contribuir ou colher conhecimento ou mesmo cumprir certas obrigações tocadas pela Administração Pública.

---

49. No EPJ-UNIFOR, atendeu-se uma pessoa foi compelida a comprar "*jogos online*", induzida a acreditar que seriam créditos para pagamento de um aparelho celular. Sem vulnerabilidade digital, certamente, tal não teria ocorrido, pois foi justamente a sua fragilidade no mundo virtual que a levou àquela situação. Assim é que Bruno Miragem (2019) adverte que o desenvolvimento tecnológico que transforma o mercado de consumo confirma a importância dos fundamentos do direito do consumidor e critério de aplicação de suas normas a partir da vulnerabilidade do consumidor.

Destacam Alexander Perazo Carvalho e Raphaella Sousa (2019, s.p.), que

> a situação é agravada com a chamada psicopolitíca digital, espécie de controle social silencioso que estimula as pessoas a mostrarem na Internet os seus gostos e atividades de suas rotinas. Por meio da exposição dos indivíduos as empresas estão armazenando os dados que são disponibilizados no ambiente virtual para expandir os seus negócios por meio de técnicas de marketing.

Destacam, ainda:

> O ponto central que foi retratado neste estudo é a necessidade de interpretar e aplicar a Teoria Contratual de acordo com as peculiaridades das relações de consumo desenvolvidas na Internet, destacando que em virtude da exposição voluntária do indivíduo nas redes sociais os fornecedores estão utilizando a captação de dados pessoais para fins comerciais, com o intuito de criar necessidades que não são reais e estimular novas contratações por meio de estratégias de marketing que fazem uso desses dados. Como foi visto, além de provocar o aumento da vulnerabilidade do consumidor, os fornecedores podem utilizar os dados que são repassados pelos indivíduos (de maneira voluntária ou no momento da contratação) sem autorização, agindo de forma irresponsável, vislumbrando somente o lucro. Quando visualizada a má-fé em utilizar os dados para atingir o consumidor na fase pré-contratual ou ocorrer o repasse para outras empresas dos dados fornecidos em sigilo, se visualiza a possibilidade de responsabilizar o fornecedor por essa conduta que ofende o princípio da boa-fé. (CARVALHO; SOUSA, 2019, s.p.).

Como dito, a classificação consolidada é em vulnerabilidade socioeconômica, técnica, jurídica e informacional. Mas, diante do uso cada vez maior – crescido exponencialmente por força da pandemia da COVID-19 – do meio virtual para as mais diversas contratações, não se pode deixar de defender a existência de uma vulnerabilidade digital do consumidor, pelo mesmo propósito de visibilidade e efetividade que originou a defesa da vulnerabilidade informacional como categoria autônoma.

2.2.1.5 A hipervulnerabilidade ou vulnerabilidade agravada: quando a vulnerabilidade do consumo se soma a outra, no mesmo sujeito

O artigo 39, IV[30], estabelece a proibição de comportamento do fornecedor que se prevaleça da fraqueza ou ignorância do consumidor, em vista da sua idade[31], saúde, conhecimento ou condição social. O cumprimento de tal determinação implicou ampliar o olhar para a vulnerabilidade, a considerar como hipervulnerável[32] ou de vulnerabilidade agravada[53] aqueles a quem a condição de consumidor se soma qualquer das fragilidades indicadas no art. 39, IV, o que exige um cuidado ainda maior do fornecedor. Mais do que uma nova vulnerabilidade, a hipervulnerabilidade é uma ferramenta de medida da fragilidade no caso concreto. Um olhar de cuidado que se impõe quando a

---

50. "Art. 39. É vedado ao fornecedor de produtos ou serviços, dentre outras práticas abusivas: [...]. IV – prevalecer-se da fraqueza ou ignorância do consumidor, tendo em vista sua idade, saúde, conhecimento ou condição social, para impingir-lhe seus produtos ou serviços;".
51. Sobre idade, não apenas o idoso é hipervulnerável, mas também a criança e o adolescente. Neste sentido, oportuna a análise de Julliana Lima (2019, p. 94), ao esclarecer que "o adolescente possui um cérebro ainda em formação. A região frontal cerebral, mais precisamente o córtex pré-frontal, é responsável por importantes funções emocionais como raciocínio e tomadas de decisões, bem como funções sociais como empatia e comportamento moral, e vale ressaltar que ainda não se encontra desenvolvido plenamente no período da infância e adolescência. [...]".
52. Cristiano Schmith (2014) em sua tese de doutorado analisa a hipervulnerabilidade do consumidor idoso.
53. Termo usado por Bruno Miragem (2016).

vulnerabilidade inata do consumidor se soma outra, tal qual idade, deficiência, formação intelectual, saúde em geral.

A hipervulnerabilidade – ou vulnerabilidade agravada, uma vez que decorre do CDC, que é norma de ordem pública, pode ser reconhecida de ofício pelo magistrado, quando não alegada por ele: o fato de ser uma norma de ordem pública e interesse social é justamente para situações como esta, em que não se pode admitir a naturalização de desigualdades e injustiças, muitas vezes nem percebidas por quem as sofre. É que, repita-se, a razão da existência da hipervulnerabilidade é a mesma da origem da regra contida no art. 51, I, de que, em se tratando de consumidor pessoa jurídica, a indenização poderá ser reduzida.

Inclusive, como se verá na pesquisa empírica apresentada no quarto capítulo, tal fato nem sempre tem sido levado em consideração na construção da confiança do consumidor, o que pode implicar aumento nos custos de transação em prejuízo do consumidor, mas também do fornecedor diante do impacto no cumprimento dos contratos. O caso de consumidor analfabeto é ainda mais emblemático, tendo sido confirmada, em pesquisa realizada por Cláudia Lima Marques, a vulnerabilidade agravada do analfabeto no mercado de consumo, em especial frente às práticas agressivas e sofisticadas de concessão de crédito consignado dos dias atuais, de forma que lhe devem ser garantidos cuidados especiais na concessão de crédito. Lembra, ainda, que as desigualdades sociais são também desigualdades culturais, e a mais grave e a mais excludente de todas é o analfabetismo (MARQUES, 2014). Aplicando esta lição, o STJ reconheceu a condição de vulnerabilidade agravada ao pai que na ânsia de buscar a cura do câncer de um filho é ludibriado por informação enganosa (BRASIL, 2014).

Registre-se que o consumidor pessoa com deficiência deve, ser considerado hipervulnerável e deve ser ainda mais protegido. Assim é que, por exemplo, já se tem decisão do STJ (RESp 1349188/RJ) obrigando banco a emitir contrato em braile para consumidor com deficiência visual. Um fato extremamente importante, e muitas vezes ignorado, mas que deve sempre ser lembrado, é que a condição de vulnerável ou de hipervulnerável é uma "condição dinâmica" (SANTOS; VASCONCELOS, 2018), podendo o mesmo sujeito, em diferentes contratos, ter diversas vulnerabilidades. Um exemplo: uma pessoa analfabeta trabalha com mecânica de automóveis. Quando for contratar empréstimo consignado, teria sua vulnerabilidade agravada, mas ao adquirir uma peça para conserto do seu próprio carro, seria apenas vulnerável.

Tal subjetividade decorrente do dinamismo de tal configuração é reflexo da própria natureza "relacional" do contrato de consumo a advertir que o consumidor não existe por si só, mas depende da existência do fornecedor (MIRAGEM, 2016, p. 54). E a hipervulnerabilidade (ou vulnerabilidade agravada) dimensiona o grau de risco a que o consumidor se encontra submetido (SANTOS, 2014), servindo de métrica à desigualdade do contrato.

Como os contratos de consumo se materializam, por mais das vezes, por meio de contratos de adesão, há uma dificuldade de tratamento com um mínimo de singularidade, individualidade, no universo tão diverso de vulnerabilidades, porquanto tal ausência de individualização no trato da informação compromete a efetivação do direito do consumidor, em prejuízo, inclusive, do desenvolvimento econômico e tecnológico (art. 4, III do CDC).

2.3 A PESSOA CONSUMIDORA: LINHAS GERAIS DA PROTEÇÃO CONSUMERISTA NO BRASIL

O primeiro passo concreto[54] – com repercussão normativa direta – para a construção de um "direito do consumidor" ocorreu, no meio da guerra fria: a entrega, por John Kennedy, então Presidente dos EUA, em 1962, ao Legislativo Federal naquele país de mensagem para reconhecimento de direitos básicos ao consumidor. O ato partiu do pressuposto de que "consumidores somos todos nós" e é tido como marco político e jurídico do direito do consumidor no mundo. Nele, defendeu-se a construção de política pública permanente que pudesse reconhecer e defender a existência da pessoa consumidora e lhe fosse assegurado o direito à informação, direito a consumir com segurança, direito de escolha e direito de ser ouvido (ROVAI; SANTOS, 2017).

Baseada nessas premissas, a Comissão de Direitos Humanos da ONU, em 1973, na sua 29ª Sessão, em Genebra, Suíça, pauta a necessidade de se amadurecer o reconhecimento do direito do consumidor como direito humano. Mas apenas em 1985 é que a Assembleia Geral da ONU – Organização das Nações Unidas, emite a primeira recomendação internacional sobre a proteção dos consumidores, Resolução 248/85, aprovada pela ONU, *soft law*, a recomendar a todos os países membros, no âmbito do direito interno de cada país, que possibilitassem mecanismos de proteção da pessoa consumidora.

Neste contexto, no âmbito do Ministério da Justiça brasileiro, foi composta comissão de juristas brasileiros para a elaboração de proposta para a criação do CDC[55].

---

54. Reconhece-se, na luta por higiene em relação à carne – episódio dos frigoríficos de Chicago – bem como na questão de preços e lida com medicamentos do final do século XIX e início do século XX, um passo incipiente dos direitos dos consumidores e na repercussão da queda da bolsa de valores em 1929, antecedentes importantes na construção deste ramo autônomo do direito. Nesse sentido, esclarece Gaio Jr. (2008, s.p.): "A despeito de toda historicidade, Kotler destaca três períodos marcantes para o movimento de consumidores, ensejando, inclusive, sua devida proteção: O primeiro teve ocorrência no início do século passado decorrente de preços ascendentes, problemas éticos com medicamentos e denúncias das condições da indústria de carne feitas por Upton Sinclair em seu livro 'The Junge' o qual colaborou para pressionar o Congresso norte-americano a aprovar, em 1906, a devida regulamentação para inspeção de carne (Meat Inspection Act), a Lei de Alimentos e Medicamentos Puros (*Pure Food and Drug Act*) e a criação, em 1914, da Federal Trading Commission, este, órgão máximo do sistema federal de proteção do consumidor norte-americano. Já o segundo se deu a partir da década de 30, devido aos problemas referentes a preços durante a depressão norte-americana dentre outros acontecimentos, como o fortalecimento do Pure Food and Drug Act, que passou, a partir de 1938, a incluir cosméticos e também a ampliação da missão da Federal Trade Commission, passando esta a regular práticas e atos lesivos ou desleais. O terceiro período se deu na década de 60, devido a um conjunto de fatores relacionados à insatisfação na sociedade americana, o surgimento de produtos mais complexos e perigosos, o escândalo da talidomida, a mensagem do Presidente Kennedy, reconhecendo os direitos do consumidor, bem como a atuação do advogado Ralph Nader denunciando e lutando por mais segurança nos veículos automotores, além do movimento crescente de associações e organizações de consumidores, exercendo aí importante papel na orientação e proteção dos consumidores".
55. Paulo Brossard era Ministro da Justiça, Flávio Flores da Cunha Bierrenbach presidia o Conselho Nacional de Defesa do Consumidor e a Professora Ada Pellegrini Grinover foi indicada coordenadora da comissão, a qual

O "movimento consumerista brasileiro"[56], atuou forte e previamente, na Assembleia Nacional Constituinte, instalada em 1987, de modo que a proteção do consumidor ocupa espaço expresso e nítido na ordem constitucional vigente: ao mesmo tempo em que é direito e garantia individual (art. 5, XXXII da CF) é também princípio da ordem econômica (art. 170, V). E, além disso, dada a importância da matéria, a Constituinte preocupou-se também em definir a competência para legislar sobre direito do consumidor, bem como inseriu o direito do consumidor na ordem tributária ("preocupar-se" com a competência significa que a matéria tem relevância constitucional expressa e evidente). E o mais importante, dedicou o artigo 48 do ADCT – Ato das Disposições Constitucionais Transitórias para determinar que, em 120 dias, o Congresso Nacional elaborasse o Código de Defesa do Consumidor.

O prazo constitucional não foi cumprido à risca, mas, 23 meses depois, em 11 de setembro de 1990, o CDC é promulgado e passou a ter vigência 180 dias depois, em março, nas vésperas do dia internacional do consumidor (que é justamente o dia do célebre discurso de JFK). Foi, portanto, a primeira lei de grande repercussão, vigente na nova ordem constitucional, sendo um "filho primogênito" da Constituição de 1988, e como todo filho primogênito, coube-lhe os desafios de abrir caminho em um direito privado regulado por norma de 1916.

Como lembra o Senador Carlos Casagrande (2010), em publicação do Senado Federal em alusão aos 20 anos do CDC, à época da elaboração da lei consumerista, os consumidores

> não conheciam sequer os parcos direitos que a legislação federal lhes conferia. Não tinham consciência de sua importância econômica, raramente contavam com o apoio do Estado e dificilmente se organizavam para lutar contra o desequilíbrio que sempre caracterizou suas relações com fornecedores de produtos e serviços. (CASAGRANDE, 2010, p. 10).

O "sucesso" do direito do consumidor brasileiro em muito se deve ao fato de ter "nascido" junto ao Superior Tribunal de Justiça – STJ[57], constitucionalmente incumbido

---

também foi formada pelos seguintes membros: José Geraldo Brito Filomeno, Kazuo Watanabe, Zelmo Denari e Daniel Roberto Fink. Como relatam Ada Pellegrini Grinover e Antônio Herman de Vasconcelos e Benjamin (GRINOVER, 2005), "durante os trabalhos de elaboração do anteprojeto, a coordenação foi dividida como José Geraldo Brito Filomeno, e a comissão contou com a assessoria de Antônio Herman de Vasconcelos e Benjamin, Eliana Cáceres, Marcelo Gomes Sodré, Mariângela Sarrubo, Nelson Nery Junior e Régis Rodrigues Bonvicino. Também contribuíram com valiosos subsídios os promotores de Justiça de São Paulo, Marco Antônio Zanellato, Roberto Durço, Walter Antônio Dias Duarte e Renato Martins Costa. A comissão ainda levou em consideração trabalhos anteriores do CNDC, que havia contado com a colaboração de Fábio Konder Comparato, Waldemar Mariz de Oliveira e Cândido Dinamarco" (GRINOVER, 2005, p. 1).

56. Aqui cite-se, especialmente, a Associação de Proteção do Consumidor (APC), fundada na cidade de Porto Alegre, em 1975; a Associação Nacional de Defesa do Consumidor (ANDEC), fundada pelo Deputado Nina Ribeiro (da antiga ARENA e que proferiu os primeiros discursos em prol da defesa do consumidor no Congresso Nacional brasileiro, no início da década de 1970), em 1976, inspirado na experiência do advogado norte-americano Ralph Nader e o IDEC (Instituto Brasileiro de Defesa do Consumidor), em 1987 (CASAGRANDE, 2010). Mas não se pode esquecer, ainda, do movimento das donas de casa (impulsionadas pelo plano Sarney de 1985) bem como os trabalhos de fortalecimento do Ministério Público (especialmente no que concerne a tutela coletiva) e de criação constitucionalizada da Defensoria Pública.

57. Para o Ministro Sidnei Benetti, o STJ, o CDC e a Constituição de 1988 são verdadeiramente contemporâneos. "São produtos de uma mesma mentalidade que nasceu não só no direito brasileiro, mas em um sentimento mundial

de uniformizar a interpretação de lei infraconstitucional, tal qual o CDC. Nas palavras do Ministro Paulo de Tarso Sanseverino, "a jurisprudência do Superior Tribunal de Justiça (STJ) está garantindo a efetividade do Código de Defesa do Consumidor (CDC)"[58].

Entretanto, o estudo e a compreensão do direito do consumidor exige a absorção de uma importante premissa, a de que o CDC pode ser visto ou entendido por partes, precisa ser sentido e interpretado como sistema, um microssistema voltado a garantir a igualdade em uma relação desigual firmada por dois sujeitos – o consumidor e o fornecedor – e tendo por objeto um produto ou um serviço. Como destaca Bruno Miragem (2016, p.54), a natureza de microssistema decorre de comando constitucional:

> O microssistema do direito do consumidor, neste sentido, surge a partir da promulgação do Código de Defesa do Consumidor. O próprio constituinte, ao determinar no artigo 48 do Ato das Disposições Constitucionais Transitórias, que o legislador elaboraria um Código, indica uma organização normativa sistemática, de regras e princípios, orientada para a finalidade constitucional de proteção do mais fraco na relação de consumo.
>
> [...] A própria estrutura do CDC, neste sentido, possui características de codificação, uma vez que dá tratamento abrangente àquela relação jurídica específica que elege para regular. Estrutura-se a partir da identificação do âmbito de incidência da lei, seus princípios (artigo 4º) e direitos básicos do sujeito protegido (eficácia da norma, artigo 6º), assim como os aspectos principais do direito material do consumidor (contratos e responsabilidade civil), direito processual (tutela especial do consumidor), direito administrativo (competências e) e direito penal (crimes de consumo). Faz-se, portanto, um corte transversal em diversas disciplinas jurídicas, incorporando em uma só lei aspectos próprios de distintos ramos do direito vinculados logicamente pela ideia-força do CDC, de proteção do consumidor.

O direito do consumidor talvez seja o direito de maior repercussão no cotidiano das pessoas. Todos os dias, direta ou indiretamente, se participa de um contrato de consumo: no transporte, na alimentação, no lazer, na moradia, na saúde, na comunicação. São vários os aspectos da vida norteados, objetiva ou subjetivamente, por relação de consumo. Por tal razão, a defesa do consumidor é expressamente, por mandamento constitucional, princípio da ordem econômica[59] e a sua aplicação implica, prioritariamente, a compreensão de que o contrato de consumo não se resume ao instrumento contratual, pois toda a relação estabelecida com o fornecedor, desde a oferta, gera obrigações. Sobre esse aspecto, oportuna a análise de Cláudia Lima Marques (2019, p. 814-815):

> Na formação dos contratos entre consumidores e fornecedores, o novo princípio básico norteador é aquele instituído pelo art. 4º, *caput*, do CDC, o da transparência. A ideia central é possibilitar uma aproximação e uma relação contratual mais sincera e menos danosa entre consumidor e fornecedor. Transparência significa informação clara e correta sobre o produto a ser vendido, sobre o contrato a ser firmado, significa lealdade e respeito nas relações entre fornecedor e consumidor, mesmo na fase pré-contratual, isto é, na fase negocial dos contratos de consumo.

---

de revisitar as instituições jurídicas. Aqui no Brasil, por exemplo, sentiu-se realmente a necessidade de se criar um tribunal que instrumentalizasse o acesso a esses novos direitos que floresciam no mundo". Disponível em: http://www.stj.jus.br/sites/portalp/Paginas/Comunicacao/Noticias-antigas/2015/2015-11- 17_13-33_Sidnei-Beneti-fala-sobre-a-defesa-do-consumidor-no-Sistema-Juridico-Brasileiro-durante-seminario.aspx. Acesso em: 21 maio 2020.

58. Palestra no *Seminário Internacional de Direito de Consumidor*, em comemoração aos 25 anos do CDC, realizado no STJ, de 15 a 17 nov. 2015.
59. Artigo 170, §5º da CF.

[...]
Se transparência é clareza, é informação sobre temas relevantes da futura relação contratual. Eis por que institui o CDC um novo e amplo dever para o fornecedor, o dever de informar ao consumidor não só sobre as características do produto ou serviço, como também sobre o conteúdo do contrato. Pretendeu, assim, o legislador evitar qualquer tipo de lesão ao consumidor, pois, sem ter conhecimento do conteúdo do contrato. Pretendeu, assim, o legislador evitar qualquer tipo de lesão ao consumidor, pois, sem ter conhecimento do conteúdo do contrato, das obrigações que estará assumindo, poderia vincular-se a obrigações que não pode suportar ou que simplesmente não deseja.

O contrato de consumo é a planície na qual se edificam as principais estruturas de proteção da pessoa consumidora, dele excetuando-se praticamente apenas os acidentes de consumo. É o cuidado com ele – que compreende todo o processo de formação da confiança do consumidor – imprescindível a que o objetivo da própria existência do microssistema de proteção do consumidor – o equilíbrio da relação de consumo – possa ser efetivado. *Tal planície tem por elemento estruturante[60] a informação que deve ser prestada na conformidade da efetiva capacidade de compreensão do consumidor medida por sua vulnerabilidade.*

Para melhor compreensão dessa estratégia constitucional de proteger a pessoa consumidora a viabilizar o maior e sustentável desenvolvimento econômico e tecnológico, primeiramente apresenta-se o campo de aplicação do direito do consumidor e o papel central da informação nesse microssistema.

2.3.1 Os limites de aplicação do direito do consumidor: a relação de consumo

O CDC foi elaborado com o fim de equilibrar a relação naturalmente desigual entre consumidor e fornecedor, "rompendo" com uma legislação que

> fechava os olhos para as peculiaridades do vínculo entre partes tão díspares quanto consumidores e fornecedores. Não havia órgãos especialmente destinados a esse fim, nem tampouco uma política de reconhecimento da posição de fragilidade do consumidor frente ao poder econômico dos fornecedores[61] (CASAGRANDE, 2010, p. 9-10).

Uma desigualdade, como visto acima, que se manifesta por meio da vulnerabilidade inata à condição de consumidor. Se é consumidor, é vulnerável. O que se pode – e se deve examinar no caso concreto é a medida dessa vulnerabilidade, o seu grau de manifestação, se é agravada ou não, o seu tipo, e daí por diante, sempre partindo-se do princípio de que se trata de uma relação desigual a ser tratada desigualmente. Com isso, busca-se efetivar valores constitucionais que colocam a defesa do consumidor como princípio da ordem econômica. O CDC é, como arremata Adalberto Pasqualotto (2002), "um

---

60. Tal aspecto estruturante da informação no direito do consumidor é também defendido por Roberta Pretzmann (2019).
61. Complementa o Senador Carlos Casagrande (2010, p. 14-15), ao falar sobre o processo de construção do CDC, que "foi nesse cenário de mudanças, sob a égide da jovem democracia brasileira e em meio a intensos debates entre os vários atores envolvidos com a recente doutrina da defesa do consumidor, que o Código de Defesa do Consumidor veio revolucionar as relações jurídicas entre consumidores e fornecedores de produtos e serviços, corrigindo distorções, adequando o ordenamento jurídico à realidade e atendendo ao clamor da sociedade e dos estudiosos da matéria.".

direito subjetivo público do cidadão frente ao Estado (art. 5º inciso XXXII) e princípio impostergável da atividade econômica (art. 170, inciso V)." (PASQUALOTTO, 2002).

O propósito do CDC é reduzir assimetrias e estabelecer equilíbrio e por isso determina que a sanção administrativa pecuniária ao fornecedor seja aplicada levando-se em conta a sua capacidade econômica, a vantagem financeira auferida com o ato e a gravidade do dano[62]. Institui, portanto, um parâmetro que pode ser utilizado em todas as dimensões da relação consumerista.

Ou seja, no afã de alcançar o equilíbrio, preocupa-se em não sobrecarregar indevidamente o fornecedor, procura fazer ajustes em prol de uma atividade produtiva cada vez mais forte e pungente, de modo que o fornecedor ainda não enxerga as potencialidades do CDC em seu próprio benefício (até mesmo porque, uma vez que se trata de conceito relacional, quem é fornecedor em uma relação, pode, em outra, ser consumidor[63]).

2.3.1.1 O consumidor

Tem-se um conceito estrito e um conceito amplo de consumidor, capaz de flexibilizar o campo de aplicação do direito do consumidor, a conferir maior segurança ao mercado de consumo, diante das repercussões do uso dos produtos e serviços. Inicialmente, denominava-se o sentido estrito como "consumidor puro". Agora, prepondera a classificação de Cláudia Lima Marques (2019) de ser mais apropriado falar-se em consumidor *stricto* e *lato sensu*.

Parece adequado, igualmente, o termo "definição de base" (GALINDO, 2017, p. 57), para a dimensão estrita de consumidor.

2.3.1.1.1 Consumidor stricto sensu

Optou-se por uma dimensão econômica para a identificação do consumidor em sentido estrito: será ele a pessoa física ou jurídica que adquire ou utiliza produtos ou serviços como destinatário final. Talvez mais adequado teria sido o uso, na definição de base, do parâmetro "não profissional" em vez de "destinatário final", vez que passou-se cerca de 15 anos na discussão se a interpretação correta seria destinatário final fático e econômico (polo final da cadeia produtiva) ou se apenas fático (bastando retirá-lo do

---

62. "Art. 57. A pena de multa, graduada de acordo com a gravidade da infração, a vantagem auferida e a condição econômica do fornecedor, será aplicada mediante procedimento administrativo, revertendo para o Fundo de que trata a Lei n. 7.347, de 24 de julho de 1985, os valores cabíveis à União, ou para os Fundos estaduais ou municipais de proteção ao consumidor nos demais casos".

63. Lembro de uma vez, em uma reunião de família, um parente ter feito várias críticas ao direito do consumidor. Que este trataria o consumidor como incapaz e o sobrecarregaria o fornecedor e ilustrou seu entendimento com uma situação na qual ele – que trabalha com informática – ter sido levado ao Procon por um erro de um fornecedor que indicara, por delicadeza, a uma pessoa que o procurara para um serviço que não prestava (dizia que este tal de CDC o fez deixar de ser gentil, pois quis ajudar e teriam interpretado sua ajuda como parceria comercial, numa para ele até então desconhecida "responsabilidade solidária"). Passados uns dois meses, em uma manhã de domingo, ele me liga, indignado por ter comprado uma televisão cara que com dois dias pifou e a loja queria obrigá-lo a ir para assistência técnica, se não tinha nada no CDC que evitasse isso, pois era muito injusto com o consumidor. E eu, antes de ajudá-lo, brinquei: "– ah, agora o CDC presta?".

mercado de consumo, pouco a importar se seria ou não utilizado econômica ou profissionalmente), até que o STJ tenha uniformizado a interpretação.

Às vezes, parece crível que a opção por essa discussão tenha sido sabiamente (e talvez de forma inconsciente) deliberada diante de um direito privado regulado por Código Civil gestado para uma época que não existia mais. Explica-se: tal aparente "indefinição" abriria caminho – como de fato abriu – para uma maior revitalização do direito privado, a fazer com os novos institutos trazidos pelo CDC – revisão contratual, desconsideração da personalidade jurídica, nulidade de cláusula abusiva etc. – inspirassem novos horizontes para a relação civil (consumidor–consumidor) e empresarial ou comercial (fornecedor – fornecedor), contribuindo para uma jurisprudência que "lentamente passou a regrar à margem do Código Civil" (PASQUALOTTO, 2002)[64]. Nas palavras do Ministro Paulo de Tarso Sanseverino, o CDC é "legislação moderna, positivando novos princípios e institutos há muito reivindicados pela doutrina e pela jurisprudência, o CDC oxigenou todo o sistema de Direito Privado." (SEMINÁRIO [...], 2015).

Mas, ao voltar para a delimitação de consumidor em sentido estrito – conflito que foi resolvido pelo STJ após a vigência do atual Código Civil – CC, nasceram, praticamente junto com o CDC, duas correntes, uma considerada maximalista e a outra, minimalista ou finalista. A maximalista considerava consumidor todo aquele que adquiria produtos ou serviços do mercado de consumo, independentemente da destinação a ser dada a eles. Bastaria ser destinatário final de fato. Ou seja, bastaria que o negócio fosse firmado no mercado de consumo – e não no mercado de produção – para que se pudesse ter o manto protetor do CDC, o que poderia acabar por desnaturá-lo. De outro lado, a teoria finalista ou minimalista, que restringia à aplicação do CDC às hipóteses de destinação final fática e econômica, a encerrar ali o ciclo econômico do produto ou do serviço, o que preservaria a essência do direito do consumidor.

Porém a discussão só se encerrou mesmo com o advento do novo CC, o qual, inspirado na jurisprudência gerada pelo CDC (via teoria maximalista), levou uma maior justiça contratual às relações formadas por iguais (Consumidor X Consumidor e Fornecedor x Fornecedor), esvaziando, portanto, o interesse do alargamento do campo de aplicação do direito do consumidor. Em alguns pontos, o novo CC chegou a ser mais progressista que o CDC, que nasceu tão inovador. É o caso da hipótese do artigo 480 do CC, que autoriza a alteração judicial do modo de cumprimento da obrigação, meio não disponibilizado no CDC, mas que, pelo precioso "diálogo das fontes"[65], poderá ser aplicado às relações de consumo.

---

64. Como lembra Adalberto Pasqualatto (2002, s.p.), "Era inevitável que o caráter principiológico do Código de Defesa do Consumidor contagiasse o direito privado, carente de renovação. Deu-se então um desencontro de ideias sobre os limites de aplicação do Código de Defesa do Consumidor: deveriam ser contidos na regulação das relações de consumo ou se expandiriam, a partir da própria ferramentaria conceitual do Código de Defesa do Consumidor, regendo também relações jurídicas extraconsumo? No centro do debate estava a verdadeira compreensão de relação de consumo ou, mais especificamente, a precisão do conceito de consumidor."

65. "Art. 7º Os direitos previstos neste código não excluem outros decorrentes de tratados ou convenções internacionais de que o Brasil seja signatário, da legislação interna ordinária, de regulamentos expedidos pelas autoridades administrativas competentes, bem como dos que derivem dos princípios gerais do direito, analogia, costumes e equidade.".

Consumidor, em sentido estrito, assim, no direito brasileiro, é aquele que adquire ou utiliza produtos ou serviços como destinatário final, seja ele pessoa física ou pessoa jurídica. A pessoa física, entretanto, tem a sua condição de consumidor mais tranquila e facilmente reconhecida, pois a pessoa jurídica, para ser reconhecida como consumidora, precisa demonstrar que aquele produto ou serviço não compõe a sua cadeia produtiva, não faz parte da sua área de especialidade. É o que o STJ chamou de "relação de consumo intermediária", aquela na qual não há a vulnerabilidade que caracteriza umbilicalmente o consumidor.

Em outras palavras, para a pessoa jurídica ser considerada consumidora, precisa demonstrar que aquele produto ou serviço não integra sua cadeia produtiva, que sem ele é capaz de continuar a prestar sua atividade. É o caso, por exemplo, quando uma oficina mecânica adquire uma televisão para a sua sala de espera: sem a televisão, o serviço mecânico continua sendo devidamente prestado. Ao demonstrar que tal produto ou serviço é alheio a sua cadeia produtiva, a pessoa jurídica atesta a sua condição de consumidora e, em consequência, o seu *status* de vulnerabilidade naquele determinado contrato. Não precisa, portanto, provar que é vulnerável, mas apenas demonstrar sua condição de consumidora, a qual carrega, por essência, o requisito da vulnerabilidade.

Todavia, é quase "senso comum", inclusive nas próprias decisões do STJ, o entendimento de que a pessoa física consumidora não precisa provar a sua vulnerabilidade, porquanto a pessoa jurídica precise. Mas, em verdade, o que a pessoa jurídica precisa demonstrar é que é consumidora e o faz ao provar que o produto (ou serviço), objeto daquele contrato de consumo, não integra sua cadeia produtiva, sua área de especialidade, que, ao consumi-lo, é tão vulnerável quanto os demais consumidores. "Se digo que sou piauiense, estou dizendo que sou brasileira". Da mesma forma, "se digo que sou consumidora, estou dizendo que naquele contrato sou vulnerável".

De fato, para a pessoa jurídica, há uma etapa a mais – que é a de examinar sua cadeia produtiva e asseverar que o objeto do contrato dela não participa – em relação ao processo de reconhecimento da condição de consumidor pela pessoa física. É meio como a união estável e o casamento: na prática, os efeitos são quase os mesmos, mas para a abertura de inventário de uma pessoa que vive em união estável, é preciso cumprir uma etapa de certificá-la, ao contrário da pessoa casada, que basta juntar a certidão de casamento.

2.3.1.1.2 Consumidor lato sensu (ou equiparado)[66]

O CDC, enquanto norma de ordem pública e de interesse social, não poderia deixar de admitir, no seu campo de aplicação, pessoas impactadas pelo mercado de consumo. Mas não poderia deixar tal possibilidade em aberto, sob o grave risco de esgotamento da proteção do consumidor: se todos são consumidores, não precisa um microssistema especial para sua proteção. Assim é que, por expressa previsão legal, temos 3 (três) espécies de consumidor equiparado no §único do artigo 2º, artigo 17 e artigo 29.

---

66. Patrícia Galindo da Fonseca (2017, p.57) lembra que a adoção do conceito amplo de consumidor pelo anteprojeto do CDC foi inspirada da tese de Thierry Bourgoignie, defendida em 1988, "segundo a qual o conceito de consumidor limitado ao comprador de um bem ou serviço mostra-se demasiadamente restritivo".

Há, ainda, consumidor equiparado por definição jurisprudencial, por meio da teoria minimalista aprofundada (ou finalista mitigada) e do reconhecimento do consumidor atípico, como se verá adiante.

2.3.1.1.2.1 Por definição legal

Por definição legal, têm-se os seguintes consumidores equiparados:

a) Parágrafo único do Art. 2°: "Equipara-se a consumidor a coletividade de pessoas, ainda que indetermináveis, que haja intervindo nas relações de consumo."

No parágrafo único do artigo 2° do CDC está expresso que "equipara-se a consumidor a coletividade de pessoas, ainda que indetermináveis, que haja intervindo nas relações de consumo.". Este comando normativo estende o campo de aplicação para a tutela coletiva (que é tratada especificamente nos artigos 81 a 104 do CDC) e, também, para o preenchimento de algumas lacunas – tais quais os entes com personalidade jurídica anômala tendo em vista a constante modificação do mercado de consumo[67].

Como lembra José Gerardo Brito Filomeno (2005, s.p.), um dos autores do anteprojeto do atual CDC, a norma supracitada mira a "universalidade, conjunto de consumidores de produtos e serviços, ou mesmo grupo, classe ou categoria deles, e desde que relacionados a um determinado produto ou serviço, perspectiva essa extremamente relevante e realista" (FILOMENO, 2005, p. 38).[68] Autoriza e recomenda que, em vez de pulverizadas ações individuais, possa ser ajuizada uma única ação para, após a condenação, a liquidação ser feita de forma individualizada (FILOMENO, 2005, p. 42). É, pois, o parágrafo único do art. 2° do CDC, o fundamento do direito substantivo que possibilita a ação coletiva de proteção do consumidor (FONSECA, 2017, p. 59).

A repercussão do art. 2° §único na tutela coletiva é importante, principalmente pela então juventude da Lei 7347/85, Lei da Ação Civil Pública – LACP, promulgada apenas 5 (cinco) anos antes do CDC, primeira lei que verdadeiramente reconhece a importância da proteção do consumidor no Brasil[69]. Observe-se que, ao vir antes do CDC, seu campo de aplicação, no que concerne aos direitos do consumidor, passa a ser limitado

---

67. Inclusive, o estudo constante das modificações do mercado de consumo é princípio explícito constante no artigo 4°, III do CDC.
68. Esse livro, publicado pela primeira vez em 1991, pelos autores do anteprojeto do CDC, teve prefácio de Paulo Brossard que era Ministro da Justiça quando da instalação da Comissão. Dele, oportuno – tanto pelo relato histórico sempre importante como pelo registro da força do envolvimento integral em uma missão – transcrever o seguinte trecho "[...] este livro não é apenas um livro de ciência. Também é um livro de amor. O amor, mais do que a ciência, assegura a fidelidade aos princípios norteadores da lei, intensamente vivido por seus autores – autores do livro e autores da lei. Essa relação doutrinária e afetiva assegura a esta obra uma situação singular em relação a quantas forem escritas a respeito da importante inovação legislativa, que, após a Resolução n. 39/248, de 9 d abril de 1985, da Assembleia Geral da ONU e depois das leis editadas na Espanha, em Portugal, no México, em Quebec, na Alemanha e nos Estados Unidos, se tornara evidente que entre nós não poderia tardar". (BROSSARD, 1991, s.p.).
69. Dispõe o Art. 1° da LACP, em sua versão original que "Regem-se pelas disposições desta Lei, sem prejuízo da ação popular, as ações de responsabilidade por danos morais e patrimoniais causados: [...] II – ao consumidor". O CDC acrescentou-lhe o Art. 21 a dispor que "Aplicam-se à defesa dos direitos e interesses difusos, coletivos e individuais, no que for cabível, os dispositivos do Título III da lei que instituiu o Código de Defesa do Consumidor."

por aquele. Sobre a tutela coletiva do consumidor, ainda em 1992 – apenas dois anos da promulgação do CDC e 7 anos da LACP – Thierry Bourgoigne (1992, s.p.), já enxergava:

> O fenômeno do consumo refere-se mais a uma função do que a um simples ato técnico. Em consequência, ele se reveste de uma dimensão coletiva: ele é feito de uma massa de atos individualmente colocados e repetidos por uma massa de indivíduos. O consumidor não pode então ser compreendido somente como o parceiro de trocas individualizadas, o que será em muitas circunstâncias; ele é também o quarto polo do ciclo produção-distribuição-troca-consumo e partilha, a este título, os interesses coletivos, similares, mas dispersos, dos indivíduos componentes do grupo econômico 'consumidor' ou 'consumeriado'. Todo o trabalho de normalização jurídica das relações de consumo deve ter em conta esta dimensão coletiva. De um lado, em não aceitando limitar a percepção de prejuízo alegado por um reclamante isolado somente por ser individual, mas de valorizar sua importância face à soma de interesses do conjunto de indivíduos tendo que encarar a mesma situação prejudicial – p. ex., o conjunto de consumidores destinatários de uma mesma publicidade enganosa, usuário de um mesmo produto perigoso ou subscritores de uma mesma cláusula abusiva. De outra parte, em se reconhecendo a existência de um interesse coletivo dos consumidores, específico e distinto do interesse geral, sob o mesmo título que a ordem social reconheceu e procurou assegurar a defesa de outros interesses coletivos no contexto econômico contemporâneo, tais como aqueles dos trabalhadores agrupados em sindicatos ou aqueles dos profissionais reunidos em ordens ou grupos.

Outra repercussão desse normativo é blindar os entes despersonalizados (ou de personalidade jurídica anômala), a exemplo da massa falida, do espólio e do condomínio, da possibilidade de serem excluídos do campo de aplicação do CDC. Como não são nem pessoas físicas nem pessoas jurídicas, um julgador mais formalista poderia alijá-los da condição de consumidor. Além disso, por sua principiologia, pode ser considerado um "coringa"[70] para acolher eventuais novas coletividades – tais quais, por exemplo, os motoristas do Uber em relação à plataforma digital – diante das constantes e rápidas modificações do mercado de consumo.

b) Art. 17: Para os efeitos desta Seção, equiparam-se aos consumidores todas as vítimas do evento

A seção a que se refere o artigo 17 é a segunda do Capítulo IV[71] do CDC, que trata da Responsabilidade pelo Fato do Produto e do Serviço. A doutrina especializada denomina-o *bystander*, aquele que está ao lado. Materializa a responsabilidade extracontratual do fornecedor, ao obrigá-lo a responder pelas consequências da insegurança do seu produto ou serviço, mesmo quando atinja pessoa alheia ao contrato de consumo.

Por óbvio, só se pode falar em *bystander* quando o acidente for de consumo, ou seja, decorrer de um contrato de consumo. Ao longo de quase 30 anos, o STJ tem reconhecido a sua existência em várias situações, desde na do terceiro ofendido por comentário em portal de notícias (REsp 1352053/AL[72]), ao "terceiro na superfície, que suporta o prejuízo causado diretamente por aeronave em voo ou manobra, ou por coisa ou pessoa dela caída ou projetada" (REsp 1678429/SP) ou mesmo ao próprio comerciante "atingido em seu

---

70. Referência à carta do baralho que preenche lacunas, podendo substituir todas as cartas.
71. Da Qualidade de Produtos e Serviços, da Prevenção e da Reparação dos Danos.
72. "Consequentemente, a empresa deve responder solidariamente pelos danos causados à vítima das ofensas morais, que, em última análise, é um bystander, por força do disposto no art.17 do Código de Defesa do Consumidor – CDC" (BRASIL, 2015).

olho esquerdo pelos estilhaços de uma garrafa de cerveja, que estourou em suas mãos quando a colocava em um freezer, causando graves lesões." que, em relação ao cliente que vai à loja, seria fornecedor deste mesmo produto (REsp 1288008/MG).

Uma condição interessante de *bystander* é aquela em que se é vítima de fraude e se vale do art. 17 CDC justamente para provar que não firmou o contrato de consumo, sendo atingido por erro em sua formação. Embora possa parecer contraditório valer-se do CDC justamente para provar que não se é consumidor, tal estratégia é inteligente e eficaz, pois mostra a coerência da autonomia do microssistema consumerista[73]. Tal equiparação "amplia o conceito de consumidor para abranger qualquer vítima, mesmo que nunca tenha contratado ou mantido qualquer relação com o fornecedor" (REsp 1574784/RJ).

Tal norma tem, portanto, muitos efeitos práticos, a ampliar, de forma pontual e responsável, o campo de aplicação do CDC, justamente para manter-lhe a salvo de suas próprias contradições.

c) Art. 29: Para os fins deste Capítulo e do seguinte, equiparam-se aos consumidores todas as pessoas determináveis ou não, expostas às práticas nele previstas.

O campo de aplicação do direito do consumidor é onde brotam as variadas relações (e, portanto, contratos) de consumo. Ou seja, de uma forma ou de outra, as repercussões do direito do consumidor nascem de relação de consumo (que se torna o contrato de consumo). Mas o contrato de consumo não se resume ao instrumento contratual, vai além e antes dele, pois é integrado por todos os fatos formadores da vontade da pessoa consumidora. E é justamente por esta premissa que se tem o artigo 29, a equiparar a consumidor todas as pessoas que estão expostas às práticas comerciais (Capítulo V) e às práticas contratuais (Capítulo VI).

Assim, como esclarece Cláudia Lima Marques (2013, p. 752), "[...] mesmo não sendo 'consumidores stricto sensu', poderão utilizar as normas especiais do CDC, seus princípios, sua ética de responsabilidade social no mercado, sua nova ordem pública, para combater as práticas comerciais abusivas;". No mesmo sentido, James Eduardo Oliveira (2011, p.376), ao esclarecer que

> [...] mesmo aquele que não adquiriu o produto ou o serviço como destinatário final é considerado consumidor, por equiparação legal, quando o prejuízo sofrido ou o interesse a ser preservado estiverem relacionados à oferta não honrada, à publicidade irregular, à prática abusiva no mercado de consumo e à cobrança abusiva de dívida. Assim, desinteressa perscrutar, por exemplo, se a pessoa física ou jurídica alvo de cobrança abusiva contratou com o fornecedor ou se pode, à luz do conceito padrão do art. 2º, *caput*, ser considerada destinatária final do produto ou do serviço.

Da 22ª e na 35ª Vara Cível de Fortaleza, pode-se citar dois casos concretos[74], inseridos no campo de aplicação do artigo 29. Um deles foi de um caminhoneiro que teve

---

73. Neste sentido, o REsp 1719090/MS, que assevera "[...] cediço que a parte recorrida se insere na condição de consumidor por equiparação (Bystander), sendo, de forma inequívoca, aplicável ao caso as normas protetivas do Código de Defesa do Consumidor".
74. Processo número 0203003-17.2012.8.06.0001, que tramitou na 22ª Vara Cível da Comarca de Fortaleza e o processo número 0905261-85.2014.8.06.0001, em curso na 35ª Vara Cível da Comarca de Fortaleza. Ambos foram

seu direito ao trabalho restrito por uma anotação em serviço de proteção ao crédito (a inscrição decorreu de fato superveniente decorrente de contrato de consumo). Na emenda à inicial, resta consignado:

> De fato, o Promovente não firmou com a empresa Promovida relação de consumo *stricto sensu*: ao contrário, é o seu direito ao trabalho – e não de consumidor – que está sendo, por ato dela, ferido. *Mas não como se negar que a primeira promovida vale-se de uma ferramenta própria do mercado de consumo, estando o Promovente não apenas exposto, mas afetado pela prática da primeira promovida, o que gera, nos termos do artigo 29 supra, incidência do CDC na relação entre ambas.* (Grifou-se).

Verifica-se que, no caso supracitado, situação decorrente da sua condição de consumidor repercute no seu direito ao trabalho e, se não existisse o artigo 29 do CDC, dificilmente conseguir-se-ia, como no caso concreto se conseguiu, vislumbrar uma saída ao cidadão suprarreferido. Há, entretanto, talvez pela ainda incompreensão das possibilidades do microssistema do direito do consumidor e sua autonomia, uma subutilização de seus instrumentos tal qual o ora em análise[75]: o artigo 29 é capaz de auxiliar o direito empresarial (que costumeiramente "colide" com o direito do consumidor). Mesmo agentes econômicos podem valer-se do artigo 29, pois a partir dele:

> [...] o STJ começa a fazer diferença entre pessoas jurídicas vulneráveis, se consumidores finais (art. 2°) ou se apenas equiparados, no caso concreto e conforme a prova do processo, a posição do consumidor (art. 29). A entrada em vigor do Código Civil de 2002 pode ter levado a este desenvolvimento e ao aparecimento do 'consumidor empresário', ou empresário equiparado, no caso de prática comercial abusiva a consumidor. (MARQUES, 2019, p. 384).

Destaque-se, ainda, que um aspecto importante do "consumidor exposto" (FONSECA, 2017, p. 60) é reconhecer o *status* de consumidor, "mesmo a pessoa que não consumiu" (FONSECA, 2017, p. 60), mas que é afetada por práticas ou atos de consumo. Neste sentido, a tese exposta no processo 0203003-17.2012.8.06.0001, na qual, ainda na fase pré-contratual, sem ter firmado a aquisição do serviço e sem ter pago nenhum valor, existiu extravio dos documentos preparatórios entregues pela pessoa consumidora ao fornecedor.

2.3.1.1.2.2   Por definição jurisprudencial

Além das situações acima apresentadas, a jurisprudência, a partir do STJ – a quem incumbe a interpretação final de lei infraconstitucional, tal qual o CDC – trouxe ao campo de aplicação do direito do consumidor duas circunstâncias garantidoras do acesso à aplicação do CDC, quais sejam:

d) Teoria minimalista aprofundada ou finalista mitigada

Após a consolidação do critério finalista para o conceito básico de consumidor, a considerar consumidor apenas quem adquire ou utiliza produtos e serviços como destinatário final fático e econômico, surgiu uma inquietação sobre situações nas quais quem

---

extintos por acordo nos autos. Não, portanto, sentença de mérito. Creditamos a força e agudez dos argumentos, a realização dos acordos.
75. Sobre a autonomia do Direito do Consumidor, tese de doutorado de Patrícia Galindo da Fonseca, na UQAM –Universidade de Quebec em Montreal, orientada pelo Professor Thierry Bourgoignei.

adquire o produto ou serviço o faz para uso profissional, mas vivencia uma situação de vulnerabilidade similar àquele que compra o mesmo produto para uso não profissional.

O caso paradigma foi a situação de um caminhoneiro que se valeu do CDC para readequar o contrato de arrendamento mercantil de aquisição do seu caminhão[76]. Naquele momento, sob a relatoria da Ministra Nancy Andrighi, o STJ flexibilizou o critério finalista para admitir a aplicação do CDC a situações como aquela, na qual há uma desigualdade concreta que precisa ser neutralizada. Naquele caso, seria "legal" negar ao caminhoneiro o uso do CDC, mas não seria "justo". Esse mesmo raciocínio fez com que se admitisse costureira valer-se do CDC para questionar vício de máquina de costura e impediu empresário de invocá-lo para questionar contrato de transporte que integra sua cadeia produtiva. Pela fórmula estabelecida no STJ, não se admite aplicação genérica, de modo que precisam ser examinadas todas as circunstâncias do caso concreto. Tanto isso é verdade que basta observar as decisões que aplicam essa teoria para verificar a presença de expressões como "no presente caso", "na hipótese apresentada", "na situação dos autos" e similares.

A teoria minimalista aprofundada (ou finalista mitigada) não exclui nem contradiz a teoria finalista (ou minimalista), que continua sendo o critério a ser adotado. Na verdade, dela é um "desdobramento" (DENSA, 2014, p. 27) dela.

Considera-se uma espécie de consumidor equiparado pela jurisprudência, justamente porque admite que não é consumidor em sentido estrito, sem que tal previsão esteja prevista expressamente no CDC.

e) Consumidor atípico

Uma pessoa doa sangue a um hemocentro privado. Recebe, em sua casa, como consequência da doação, exames laboratoriais que lhe atestam portador de doença grave. O impacto de tal informação afetou vários aspectos de sua vida. Após várias mudanças de rotina, descobriu que foi um falso positivo. Ciente de seus direitos, ajuizou ação de indenização com base no CDC. Mas poderia fazê-lo, já que não houve remuneração direta nem indireta do serviço (sangue é órgão e tecnicamente fora do comércio)? Não é coletividade, e assim não se aplica o parágrafo único do art. 2º. Nem tampouco se trata de práticas comerciais ou proteção contratual para valer-se do art. 29. Seria *bystander*? Mas qual a relação de consumo base? O que fazer?

Há uma relação de consumo expressa entre quem adquire o tratamento da bolsa de sangue (não se vende o sangue, mas a verificação de sua aptidão para transfusão, vez que sangue, tecnicamente, é órgão e, como tal mercadoria, fora do comércio) e o hemocentro privado. E quem doou e recebeu falso positivo de doença grave precisaria valer-se do Código Civil, sendo-lhe negada inversão do ônus da prova, responsabilização objetiva, facilitação da defesa dos seus direitos etc.?

Questão assim foi examinada pelo STJ, por meio do julgamento do REsp 540.922-PR, de relatoria do Ministro Aldir Passarinho Júnior, que considerou um caso, embora atípico, de incidência do CDC:

---

76. REsp n. 476.428-SC (2002/0145634-5).

[...] Ainda que peculiares as circunstâncias, há a incidência do CDC e, registro, a atipicidade, de que é fonte a própria complexidade das relações humanas e econômicas, e que não deve levar o intérprete da lei ao apego à literalidade ou a uma aplicação estritamente ortodoxa da lei.

Dessa forma, pode, efetivamente, considerar-se a doadora como partícipe de uma relação de consumo, em que ela, cedendo seu sangue, usa dos serviços da empresa ré, uma sociedade limitada, que, no próprio dizer do Tribunal recorrido, '*como receptora do sangue vende ou doa*'. (fl. 122).

[...]

Na espécie em comento, a captação de sangue é atividade contínua e permanente do hemocentro. É sua matéria prima o sangue e seus derivados. Não se cuida de um serviço que foi prestado casual e esporadicamente, porém, na verdade, constante e indispensável ao comércio praticado pelo réu com a venda do sangue a hospitais e terceiros, gerando recursos e remunerando aquela coleta que se fez do sangue da autora, ainda que indiretamente. (BRASIL, 2009, grifou-se).

Tal atipicidade detectada na logística de hemocentros pode ser detectada em outros serviços diante da ampla e rápida modificação do mercado de consumo, principalmente no que concerne à repercussão das novas tecnologias. A decisão, portanto, é coerente com o princípio do direito do consumidor de estudo constante das modificações do mercado de consumo (art. 4º, VIII do CDC)

2.3.1.2 O fornecedor

Tal qual o conceito de consumidor, ao se tratar de fornecedor, também se tem um conceito base no artigo 3º do CDC[77] e um equiparado. O equiparado, entretanto, decorre da doutrina e da jurisprudência, de modo a inexistir, ainda, previsão legal.

2.3.1.2.1 *Fornecedor* stricto sensu

Fornecedor, em sua intepretação básica, é justamente a pessoa física ou jurídica, pública ou privada ou o ente despersonalizado que desenvolve qualquer atividade de produção, de montagem, de criação, de construção, de transformação, de importação, de exportação, de distribuição ou de comercialização de produtos ou prestação de serviços.

Note-se que, enquanto o conceito base de consumidor abrange apenas pessoas físicas e jurídicas, o de fornecedor explicita que podem ser pessoas jurídicas nacionais ou estrangeiras, públicas e privadas e mesmos os entes despersonalizados. Tal ênfase se faz para evitar discussões protelatórias sobre tais peculiaridades, em vista da efetividade do direito do consumidor, tipo "o CDC não me aplica, pois sou pessoa jurídica estrangeira", "estou fora do manto do CDC por ser ente despersonalizado".

Um ponto interessante é que se enquadra como fornecedora, instituição filantrópica. Entende-se que há o exercício profissional da atividade. Mas, admite-se que uma eventual indenização seja diminuída em face do propósito coletivo do ente, cujo lucro é revertido à coletividade necessitada. Outro aspecto que ainda gera muitas discussões

---

77. "Fornecedor é toda pessoa física ou jurídica, pública ou privada, nacional ou estrangeira, bem como os entes despersonalizados, que desenvolvem atividade de produção, montagem, criação, construção, transformação, importação, exportação, distribuição ou comercialização de produtos ou prestação de serviços."

diz respeito à relação entre aquele que aluga apartamento por imobiliária e aquela. O STJ já decidiu que há relação de consumo entre o proprietário de imóvel que o submete à administração da imobiliária, mas ainda não se pronunciou sobre situação – de maior desigualdade, frise-se – que diz respeito à pessoa que aluga, por meio de imobiliária, imóvel para sua própria moradia, aderindo aos termos determinados pela imobiliária.

2.3.1.2.2 Fornecedor equiparado

Deve-se a Leonardo Roscoe Bessa a construção do conceito de fornecedor equiparado, a trazer a incidência do CDC ao ente que não mantém uma relação direta com o consumidor, mas que impacta sua vida de consumidor, como os bancos de dados de consumidor. Sobre o tema, ensina Claudia Lima Marques (2019, p.446):

> Um exemplo pode bem delimitar a importância deste novo approach mais comercial: a responsabilidade dos portais e intermediários dos dados (provedores de acesso, por exemplo) na sociedade de informação. A diretiva europeia sobre comércio eletrônico567 (Diretiva 2000/31/CE, aprovada em 17.07.2000)568 possui regra especial isentando inicialmente de responsabilidade pelo resultado do contrato o simples intermediário, mas responsabilizando-o se for mais do que isso ou se houver falha (ou defeito) no seu âmbito de intermediação. Como vimos anteriormente, na economia do compartilhamento, esta figura do intermediário ganha em importância, pois ele é aquele que 'guarda' e possibilita o negócio, denominado na Europa de guardião do acesso (Gatekeeper), pois sem ele simplesmente não há consumo, pois não há o locus de encontro das pessoas. Que isto seja remunerado pelo vendedor leigo ou profissional, pelo consumidor ou indiretamente, pela publicidade, não muda a relação de consumo 'impregnada' desta colaração justamente pela participação deste intermediário profissional, site de trocas ou aplicativo.

Diante das redes de contratos, economia de compartilhamento e muitas variações da forma de fornecer produtos e serviços, considerar a existência de fornecedor equiparado revela-se muito importante, ainda que implicitamente – especialmente pelos parágrafos único do artigo 7º[78] e 25º e §1º[79] do CDC – já se tenha tal possibilidade.

2.3.2 A (des) informação e a responsabilidade do fornecedor

Por ser microssistema, o direito consumerista brasileiro tem normas de direito civil, processo civil, penal, processo penal e administrativo, que devem ser aplicadas sincronicamente, em consonância com os expressos objetivos da Política Nacional das Relações de Consumo (art. 4º do CDC). Tudo no propósito de equilibrar uma relação naturalmente desigual, entre consumidor e fornecedor. Como tal relação se manifesta e se concretiza por meio de contratos, direta ou indiretamente, todo o CDC persegue a preservação da livre formação da vontade do consumidor, o que se dará mediante a prestação eficaz, eficiente e prévia da informação, que é direito básico do consumidor

---

78. "Art. 7º [...]. Parágrafo único. Tendo mais de um autor a ofensa, todos responderão solidariamente pela reparação dos danos previstos nas normas de consumo.".
79. "Art. 25. [...] § 1º Havendo mais de um responsável pela causação do dano, todos responderão solidariamente pela reparação prevista nesta e nas seções anteriores."

reafirmado em diversos pontos do Código Brasileiro de Proteção e Defesa do Consumidor (Lei n. 8.078/90).

É obrigatória sua prestação não apenas na realização da contratação, mas também na oferta, elaboração e execução de contratos, o que pode influir não apenas no inadimplemento contratual, mas na própria ocorrência de acidentes na utilização de produtos e serviços, protegendo o consumidor e, também o seu entorno. É, pois, a informação o direito mais básico do consumidor.

Sem ela, não se pode falar em exercício da liberdade de escolha e tampouco na igualdade das contratações. A informação, portanto, é obrigação implícita, de meio — e também de fim, inerente a todos os contratos de consumo. Tem sentido polivalente, numa verdadeira demonstração de exercício do princípio da boa-fé objetiva. Talvez a ênfase na proteção da informação como etapa indispensável à validade do contrato seja mais uma influência do direito do consumidor a repercutir em todo o direito privado, como adverte Claudia Lima Marques (2019, p. 786):

> Na Alemanha já se considera a autonomia de um direito da informação, como ramo transversal do novo direito privado constitucionalizado. Como ensina Michael Kloepfer, informação é um tema novo, transversal e multifacetado do direito privado. Informação é, ao mesmo tempo, um estado subjetivo, é o saber ou o não saber, informação é um processo interativo, que se denomina normalmente de comunicação (tornar comum); informação é um conteúdo, são os dados, saberes, conhecimento, imagens, sons, formas, palavras, símbolos ou (in)formações organizadas, e – acima de tudo – informação é um direito.

Toda informação prestada pelos fornecedores – mesmo sobre a forma de publicidade ou apresentação de produtos e serviços – os vincula, "queira ele ou não, tenha ele ou não ressalvado na publicidade ou oferta que a ela não se vincularia, tenha ele a feito veicular (pago) ou tenha ele simplesmente dela se aproveitado (institucionalmente, direta ou indiretamente!)" (MARQUES, 2019, p. 786).

E o mais sério e grave: o déficit informacional entre fortes e fracos, no contrato de consumo, torna-se o ponto central de toda relação de consumo (MARQUES, 2019, p. 174). E o francês Jean Calais-Auloy vai ao ponto, ao afirmar que o desequilíbrio da relação de consumo é justamente a desigualdade ou déficit informático dos consumidores[80]. Ou seja, a essência da motivação da própria existência de um direito do consumidor vem da sua deficiência informacional. Caso exista quem diga que a maior vulnerabilidade seria a econômica, certamente tal terá esquecido que a vulnerabilidade econômica é causa – e não consequência – de várias outras vulnerabilidades, tal qual a informacional.

O desequilíbrio informacional – aqui, dito em sentido amplo – não só traz prejuízos imediatos (uma má contratação, por exemplo) como também leva à estagnação da desigualdade por, por tal déficit, não se ter a informação necessária a superação daquele estado. No fundo, o próprio contrato, na prática, é uma questão de meio de comunicação,

---

80. A citação a Calais-Auloy encontra-se na página 174 de Marques (2019). Procurou-se localizar, sem êxito, a obra original. Pela importância fundamental da afirmação aliada à confiança irrestrita que se tem em relação a tudo que disser respeito a Professora Cláudia Lima Marques, o trecho é citado, mesmo sem se ter tido acesso à obra original.

ligação, informação que será tanto mais formal e cuidadoso quanto menor for a confiança entre os contratantes[81]. Em um mercado de consumo com sujeitos cada vez mais desconhecidos entre si – como adverte Manuel Castells (2010) o mercado, como visto no primeiro capítulo, toma corpo de um "autômato global", aumenta-se a desconfiança em face da "cautela com o desconhecido". Entre tantos exemplos para sentir-se (que é mais que entender) esta circunstância, está o esquecimento de um objeto no uber: não há contato direto com o motorista, mas com a plataforma que, por inteligência artificial, faz o contato do consumidor-passageiro com o motorista-fornecedor (que também, de certa forma, consome o serviço da plataforma que não tem um só carro, mas que "comanda" uma grande frota). Há de se ter, até mesmo por imperativo instintivo humano, uma cautela com o desconhecido.

Um ponto, neste contexto, de crucial essencialidade é a importância de se levar em conta, no processo de transmissão da informação, a capacidade de compreensão do sujeito. As capacidades de compreensões são diversas, jamais comuns. Generalizá-las é condená-las à ineficácia. São muitos os casos em atendimento na Defensoria Pública Cível a provar tal fato. Dentre eles, há a situação de uma jovem mulher que, embalada no sonho de adquirir a "casa própria", acreditou na "palavra" de um vendedor e, ao ignorar as diferenças entre alienação fiduciária, *leasing* e consórcio, investiu todas as suas economias na aquisição de uma cota de consórcio, na certeza de que teria acesso a uma carta de crédito que lhe permitiria adquirir sua casa e deixar de pagar aluguel, e que poderia continuar a arcar com as prestações do "seu financiamento", mesmo que a construção se desse em terreno do qual só tem a posse (como é comum acontecer nas periferias das grandes cidades) e não, a propriedade, formalmente certificada no respectivo e competente Cartório de Registro de Imóveis.

Por isso, o CDC é bastante cuidadoso sobre a necessidade de a informação ser clara e adequada, de modo a atender a capacidade de compreensão do consumidor, sendo obrigação do fornecedor apresentar, antes da contratação, quais são os seus ônus e bônus, sob pena de incorrer na aplicação do disposto no artigo 46 do CDC[82]. Trata-se, entretanto, de ferramenta extremamente subutilizada, com um potencial de proteção ainda desconhecido por muitos, embora já tenha fundamentado decisão importante do Superior Tribunal de Justiça, a exemplo da seguinte, em que se deixa claro que para que a informação, ainda que conste no contrato, possa gerar vinculação jurídica obrigacional, precisa ter clareza semântica e não apenas literal, como se vê adiante:

---

81. Neste sentido, oportuno transcrever a seguinte reflexão de Cláudia Lima Marques (2019, p.172): "Efetivamente, se confiamos no parceiro contratual, atuamos de forma mais simples e direta. Neste caso, muitas coisas podem ser não ditas, ficam pressupostas, compartilhadas pela nossa cultura e base social comum, em silêncio. São os elementos normais naquele tipo de contrato, nos usos e costumes daquele tipo de mercado ou no contrato entre profissionais e leigos, como os de consumo. Se confiamos, o contrato pode não precisar ser escrito e, se o for, não terá 10 ou 20 páginas, mas apenas duas. Se não confiamos, temos de tudo evitar e tudo prever, prever, em resumo, o conflito... move-nos a desconfiança".
82. "Art. 46. Os contratos que regulam as relações de consumo não obrigarão os consumidores, se não lhes for dada a oportunidade de tomar conhecimento prévio de seu conteúdo, ou se os respectivos instrumentos forem redigidos de modo a dificultar a compreensão de seu sentido e alcance".

Consumidor. Seguro empresarial contra roubo e furto contratado por pessoa jurídica. Microempresa que se enquadra no conceito de consumidor. Cláusula limitativa que restringe a cobertura a furto qualificado. Reprodução da letra da lei. Informação precária. Incidência do art. 54, § 4°, do CDC.

1. O art. 2° do Código de Defesa do Consumidor abarca expressamente a possibilidade de as pessoas jurídicas figurarem como consumidores, sendo relevante saber se a pessoa, física ou jurídica, é 'destinatária final' do produto ou serviço. Nesse passo, somente se desnatura a relação consumerista se o bem ou serviço passa a integrar uma cadeia produtiva do adquirente, ou seja, posto a revenda ou transformado por meio de beneficiamento ou montagem.

2. É consumidor a microempresa que celebra contrato de seguro com escopo de proteção do patrimônio próprio contra roubo e furto, ocupando, assim, posição jurídica de destinatária final do serviço oferecido pelo fornecedor.

3. Os arts. 6°, inciso III, e 54, § 4°, do CDC, estabelecem que é direito do consumidor a informação plena do objeto do contrato, garantindo-lhe, ademais, não somente uma clareza física das cláusulas limitativas – o que é atingido pelo simples destaque destas –, mas, sobretudo, clareza semântica, um significado unívoco dessas cláusulas, que deverão estar infensas a duplo sentido.

4. O esclarecimento contido no contrato acerca da abrangência da cobertura securitária que reproduz, em essência, a letra do art. 155 do Código Penal, à evidência, não satisfaz o comando normativo segundo o qual as cláusulas limitadoras devem ser claras, por óbvio, aos olhos dos seus destinatários, os consumidores, cuja hipossuficiência informacional é pressuposto do seu enquadramento como tal.

5. Mostra-se inoperante a cláusula contratual que, a pretexto de informar o consumidor sobre as limitações da cobertura securitária, somente o remete para a letra da Lei acerca da tipicidade do furto qualificado, cuja interpretação, ademais, é por vezes controvertida até mesmo no âmbito dos Tribunais e da doutrina criminalista.

6. Recurso especial não conhecido.

(REsp 814.060/RJ, Rel. Ministro LUIS FELIPE SALOMÃO, QUARTA TURMA, julgado em 06.04.2010, DJe 13.04.2010).

O objetivo do CDC é a preservação da vontade motivadora do consumidor e para fazê-lo não pode valer-se da mesma fórmula do CC, diante da desigualdade de origem. Se, no exemplo acima, o consumidor soubesse que, caso o furto se desse por um funcionário seu, não estaria coberto pelo seguro, ele o teria contratado? A vontade de firmar o contrato teria permanecido? Teria funcionado conforme sua legítima expectativa? Teria investido tempo e dinheiro nesta contratação que lhe seria inócua se a sua motivação era justamente proteger seu patrimônio diante da circulação de vários funcionários em sua casa ou estabelecimento?

Assim é que a proteção contratual no direito do consumidor dá ênfase especial à proteção da informação, a deixar claro, inclusive, que a informação prestada na oferta, se suficientemente precisa, integra o contrato e admite a execução específica da obrigação (artigo 30 do CDC). Se a informação "tem importância direta no surgimento e na manutenção da confiança por parte do consumidor" (REsp 1.364.915/MG, rel. Ministro Humberto Martins, j. 14.05.2013), ela só pode ser considerada efetivamente prestada quando devida e previamente compreendida pelo consumidor (não adianta compreender depois). E a perfeita compreensão da informação implica que se leve em conta o grau de vulnerabilidade do consumidor: não se pode considerar prestada a informação em um contrato de adesão que pode ser lido e compreendido por uma pessoa alfabetizada, mas não por uma pessoa analfabeta. E justamente por entender que a vulnerabilidade deve ser levada em conta para a avaliação da eficácia da apreensão da informação – sem a qual não há vinculação obrigacional do consumidor – que o STJ já determinou que é preciso que os bancos disponibilizem contrato em Braile (REsp 1349188/RJ). *Ou seja, é preciso organizar a informação conforme o grau de vulnerabilidade do consumidor-aderente: a informação não pode, por exemplo, para ser considerada válida e eficaz, ser prestada da mesma forma ao consumidor alfabetizado e ao não alfabetizado.*

Normalmente, no momento da venda, são exaltados os aspectos positivos da contratação e omitidos os aspectos negativos ou desagradáveis: se ao adquirir um automóvel mais barato, o consumidor tivesse sido avisado de que o consumo de combustível – e a consequente manutenção do automóvel – seria mais alto, ele teria optado por aquele modelo/marca? Se soubesse que o computador portátil era mais barato porque a bateria não tinha autonomia – de modo que não poderia ser utilizado no avião, mas tão somente ligado quando conectado a uma fonte de energia – o teria adquirido? Será que se soubesse que a impressora seria mais barata, mas cada *cartucho* de tinta para reabastecê-la custaria quase o seu mesmo preço, não teria escolhido comprar uma mais cara e com manutenção mais barata, com economia a médio e longo prazo?

Como nos ensina Luis Gustavo Grandinetti Castanho de Carvalho (2011, p.553), "a informação não teria qualquer valor jurídico se não estivesse visceralmente vinculada à capacidade de discernimento e de comportamento do ser humano, e é justamente para proteger sua capacidade de reflexão que se propõe o direito de informação". Prossegue explicando que a essência da informação que se possa realmente chamar de informação a merecer proteção, deve ser real, objetiva e não ilusória, pois é a partir dela que o ser humano reflete e decide, de modo que se baseada em informação ilusória, falsa ou irreal, sua reflexão é viciada, é falsa, sua vontade é deturpada, manipulada, dissonante de sua escolha racional, devendo o Direito deve cuidar para que as informações não sejam ilusórias ou falsas, para que o consumidor possa dispor de instrumentos seguros para receber informação real, de modo a poder refletir e decidir com segurança (CARVALHO, 2011, p. 553).

Tais premissas estão bem incorporadas em todo o alicerce do CDC, especialmente em seus artigos 46 a 54 que tratam da proteção contratual na perspectiva da correta e adequada prestação da informação: é uma técnica, se bem compreendida, importante não apenas ao consumidor, mas igualmente ao fornecedor. É uma regra capaz de garantir o equilíbrio do mercado de consumo.

Não a observar pode custar muito caro: o fornecedor muitas vezes gasta muito para prestar uma informação que não chega ao consumidor. O consumidor, que por sua vulnerabilidade não conseguiu apreender a informação, tem que ir a juízo para executar a obrigação que acreditou ter contratado, a dispender um tempo que depois pode ser passível de ressarcimento pelo fornecedor (teoria do desvio produtivo do consumidor ou indenização pela perda do tempo útil) e um custo de sucumbência a ser repassado posteriormente ao perdedor. Outra ferramenta disponível no direito do consumidor brasileiro, e que é extremamente subutilizada, é a contida no artigo 35 do CDC.[83]

---

83. "Art. 35. Se o fornecedor de produtos ou serviços recusar cumprimento à oferta, apresentação ou publicidade, o consumidor poderá, alternativamente e à sua livre escolha: I – exigir o cumprimento forçado da obrigação, nos

Se a informação contida na oferta – e que influenciou na escolha pela contratação – não for cumprida, o consumidor tem o expresso direito de rescindir o contrato com direito à restituição plena do que eventualmente tenha antecipado e perdas e danos. Há um campo de atuação inexplorado, cujo vácuo gera uma sensação de injustiça a muitos consumidores, que muitas vezes não conseguem nem mesmo diagnosticar toda a gravidade da lesão, diante de suas múltiplas vulnerabilidades.

Um caso concreto que foi acompanhado pela Defensoria Pública do Estado do Ceará, pode ilustrar bem a assertiva[84]. Motivado pelo sonho da "casa própria", um casal pagou como "entrada" de um contrato de aquisição de um apartamento todas as suas economias, pois na oferta lhe foi garantido o financiamento do restante. Como o financiamento não deu certo, o contrato teve que ser rescindido, mas na interpretação do fornecedor, estava sendo rescindido por opção do consumidor, por ato exclusivo seu e assim a multa seria praticamente o valor que havia sido pago. Ou seja, como a promessa de financiamento não vingou, o casal ficaria sem o dinheiro de economias de toda uma vida e sem o imóvel dos seus sonhos. A oferta vincula. Neste caso, a demanda baseava-se no seu direito de rescisão pelo descumprimento da oferta. Realizado acordo nos autos a ação não foi julgada, mas seria o caso de clara aplicação do artigo 35, III, do CDC.

Outro problema a dificultar enormemente a transmissão da informação ao consumidor é a costumeira "acumulação de informação cara e inútil" (BEN-SHAHAR; SCHNEIDER, 2010). Ou seja, repita-se: o fornecedor gasta por uma informação que não chega ao consumidor e lhe encarece o produto ou serviço. Neste sentido, oportuna a seguinte análise:

> A imposição da prestação de inúmeras informações técnicas e complexas é especialmente problemática em um país no qual 27% da população é considerada analfabeta funcional e outros 42% possuem nível de alfabetismo apenas alimentar. *Essas informações normalmente são descritas sem qualquer preocupação com o nível de conhecimento dos destinatários*. No entanto, para todos os efeitos legais, o consumidor foi informado dos riscos e modos de utilização do produto. Isso pode ser levado em consideração contra ele caso algum dano ocorra por não observância das instruções.
>
> Há também um problema de custos financeiros. O custo direito de adaptação à norma de informação obrigatória de valores calóricos na cidade de Nova York para a rede de restaurantes Wendy's foi de U$$ 2.000 (dois mil dólares) por loja, mas os custos indiretos podem ser muito superiores (efeitos na cadeia de produção, delongas no lançamento de novos produtos, fiscalização e implementação da regra etc.). Grandes empresas não têm maiores dificuldades de se adaptar às exigências. Entretanto, pequenos produtores e estabelecimentos podem não ter recursos, por exemplo, para investir em testes científicos caros destinados a definir com precisão a composição de seus produtos (calorias, transgênicos e outros). (sem destaque no original).

É claro, portanto, que uma das funções do direito do consumidor à informação é viabilizar o cumprimento espontâneo e voluntário dos contratos.

---

termos da oferta, apresentação ou publicidade; II – aceitar outro produto ou prestação de serviço equivalente; III – rescindir o contrato, com direito à restituição de quantia eventualmente antecipada, monetariamente atualizada, e a perdas e danos".

84. Tal exemplo é inspirado no processo número 0546265-41.2012.8.06.000, que tramitou na 25ª Vara Cível, em que, certamente por força dos argumentos baseados no sistema protetivo da confiança do CDC, foi firmado acordo.

2.4 O PROCESSO DECISÓRIO DO CONSUMIDOR COMO UMA ATIVIDADE INTERPRETATIVA: A QUESTÃO DAS BARREIRAS DE LINGUAGEM, DE PODER, DOS DISTINTOS LUGARES DE FALA, DOS (PRÉ)CONCEITOS E PRÉ-COMPREENSÕES

A internet amplifica o que cada pessoa tem de bom e de ruim, tem de luz e sombra e facilita uma conexão – antes dela impensável – de suas múltiplas dimensões, pois, como alumia Milton Santos (1987, p.41), "o cidadão é multidimensional. Cada dimensão se articula com as demais na procura de um sentido para a vida". O humano, para Protágoras, é a medida de todas as coisas. Entretanto, a "noção de humanidade não se esgota na espécie; cada ser humano é único, em sua absoluta singularidade" (MORAES, 2010, p. 8).

Na singular diferença, a pessoa se move de modo que "a humanidade que mora em cada um de nós é em si mesma o fundamento lógico ou o tipo de legitimação de tal dignidade." (BRITTO, 2007, p. 25). E ao Direito, enquanto mais "engenhoso esquema que a humanidade até hoje concebeu para viabilizar o absolutamente necessário 'estado de sociedade'" (BRITTO, 2007, p. 39), não cabe outro papel que não seja o de declará-la. Não propriamente "o de constituí-la, porque a constitutividade em si já está no humano em nós" (BRITTO, 2007, p. 25).

Mas se ao Direito cabe declarar a dignidade humana, se a humanidade é o que há de comum em todos os povos – que mesmo no alto das mais acentuadas diferenças igualam-se na suscetibilidade à invisibilidade de um vírus – é a ela, a pessoa humana, que o Direito deve servir. Ocorre que a organização em rede da sociedade "pós-moderna" empodera um conjunto desumanizado – o mercado – que não tem forma, nacionalidade, sexo, identidade, mas que comanda os fluxos do poder, comanda os humanos, pois atrás de cada corporação, de cada ação na bolsa de valores, há – conscientemente conectados ou não – humanos, com suas "dores e delícias"[85] que embora possam se comportar como autômatos, guardam um coração, um espírito[86] e uma indestrutível aspiração à felicidade (KELSEN, 2011, p. 66)[87].

Tais aspectos são tão profundos e desconcertantes que é mais cômodo ignorá-los. São aspectos tão fluidos que é trabalhoso enxergá-los, embora sempre presentes. Com o seu olhar meticuloso e ousado, Goffredo Telles Junior (2009)[88] publicou, em 1970, a primeira edição do seu "Direito Quântico" no qual demonstra que a ordenação jurídica é a própria ordenação universal. Ordenação universal no setor humano. Ordenação de natureza única, no setor em que é promovida a ordenação cultural. Por tal teoria, o Di-

---

85. Trecho de música popular brasileira de autoria do baiano Caetano Veloso.
86. E é justamente por isso que da universalidade dos direitos humanos nascem os direitos fundamentais. Da fruição dos direitos fundamentais, nascem os cidadãos. Os direitos humanos inseridos na Constituição de cada país, passaram a ser os direitos fundamentais de seus nacionais. E quem pode fruir direito fundamental é cidadão. Quem é humano e não usufrui os seus direitos fundamentais não é cidadão, mas indivíduo (SADEK, 2019b): "embora naturalmente humano, é juridicamente excluído – por obra humana, da humanidade que lhe é inata.".
87. Li, pela primeira vez, esta reflexão na epígrafe do livro: LEAL, Saul Tourinho. *Direito à felicidade*. São Paulo: Almedina, 2017.
88. Professor emérito da Universidade de São Paulo.

reito se insere na harmonia do Universo e, ao mesmo tempo, dela emerge, exprimindo a disciplina imprescindível da convivência humana (TELLES JUNIOR, 2009, p. 19). Pontua que a comunicação entre os elementos que compõem uma população lhe é uma condição essencial que deve ser observada conforme o campo a que pertence (TELLES JUNIOR, 2009, p.261-271).[89]

A convivência humana é permeada – e mesmo materializada – por contratos das mais variadas formas, os quais serão mais ou menos eficazes na proporção da comunicação que lhes preceda[90]. Devem, portanto, ser firmado conforme se possa preservar sua livre e consciente vontade, não obstante as suas variadas realidades proporcionais à singularidade de cada ser humano. Talvez por isso um dos princípios legalmente expressos do direito do consumidor brasileiro (art. 4, VIII do CDC[91]) seja justamente o estudo constante das modificações do mercado de consumo. É que, como lembra Roberta Densa (2018), o consumo se espalha pelas diferentes camadas da sociedade, e produtos tidos como especiais no passado (como o automóvel e a televisão) tornam-se cada vez mais acessíveis, num ciclo que se caracteriza pela lógica da produção fordista e baixa dos preços[92].

Comunicar, etimologicamente, é tornar comum. Tornar comum aquilo que era sabido apenas por um, ao compartilhar de boa fé e ao cooperar com o outro (KRETZMANN, 2019). Mas como comunicar em ambientes desiguais? Como tornar comum um conhecimento quando o interlocutor é analfabeto? O alfabeto, por sua vez, "é uma 'forma' que todos os alfabetizados entendem, é, pois, a forma mais comum de comunicação existente, mesmo em um mundo cada vez mais visual, complexo e virtual que vivemos." (MARQUES, 2014). E quando, com a globalização do comércio por meio da Internet, a questão transcende o entendimento da língua pátria e se estende aos desafios da língua estrangeira? Como aferir se a informação foi realmente transmitida ao consumidor e se o seu processo decisório é válido? É preciso levar em conta os conceitos e (pré) conceitos, o nível de conhecimento de cada pessoa consumidora, o lugar de onde ela fala? E como fazê-lo?

O contrato é meio de comunicação cotidiana e, tanto quanto mais desconfiança exista entre os seus sujeitos, mais formal precisa ser. Quanto maior a desconfiança, mais formal este rito precisa ser. E formal não é no sentido de forma estrita (duas vias de igual teor e forma assinada por duas testemunhas, por exemplo), mas, sobretudo, no sentido de obediência a um ritual que, no caso da relação de consumo, precisa ser

---

89. A questão é que é preciso coragem para olhar para si e jamais se fará um sistema justo sem que conheça e reconheça a sua natureza e incompletude. Talvez isso explique, muito do formalismo, das vaidades e das pompas do mundo jurídico, a buscar esconder a humanidade inata a todos. É preciso a "corajosa covardia" de Gandhi se realmente se quiser alcançar o justo.
90. Os contratos precisam preservar a dignidade da pessoa humana (que para Jorge Miranda é a matriz genética dos direitos fundamentais), cujo princípio "decola do pressuposto de que todo ser humano é um microcosmo. Um universo em si mesmo. Um ser absolutamente único, na medida em que, se é parte de um todo, é também um todo à parte" (BRITTO, 2007, p. 27).
91. "Art. 4º. [...] VIII – estudo constante das modificações do mercado de consumo".
92. O CDC, mesmo elaborado antes da popularização da Internet e do computador, por seus conceitos abertos e principiológicos, consegue manter-se atual.

um que compreenda e neutralize as variadas e peculiares vulnerabilidades. É que, repita-se, por mais que exista – como de fato existe – uma presunção absoluta de vulnerabilidade do consumidor, ela se manifesta em medidas diferentes. Na conformidade das medidas, há o fluxo informacional efetivo. Com a informação eficaz – assim entendida a prestada de forma a suprir-lhe a vulnerabilidade concreta, o desequilíbrio entre seus plos – restringe-se, de maneira absurda, as possibilidades de questionamento judicial do contrato, o que, por si só, já é indicativo da força da informação como incentivo ao maior cumprimento voluntário dos contratos de consumo.

O contrato, pois, precisa ser entendido como um *ato de comunicação* – e consequente interpretação – humana. Tornar comum, tornar igualmente compreendido um sentido, uma verdade, um propósito, não é tarefa fácil. A própria civilização – assim entendida como espaço de civilidade, de convivência humana pacífica e ordeira – provém de um "contrato social". A lei, em sua leitura mais ampla, é um contrato social, é a busca de tornar comum condutas e regras da imprescindível convivência humana e é firmada por sujeitos abstratos que, por serem "escolhidos" por voto dos seus destinatários supõe-se fruto de um acordo válido precedido de comunicação válida: voto no parlamentar que melhor representará minhas "vontades". Não é à toa que se diz que o "contrato é a lei entre as partes".

A comunicação, é, pois, o caminho universal, o ritual necessário, para a identificação, para a depuração deste acordo obrigacional, comumente conhecido como contrato[93].

Todavia, mesmo sendo a sua razão de existir, no ensino e na prática do direito na contemporaneidade "do ser humano muito pouco é ensinado". (MORAES, 2017, p. 843). O ensino jurídico ainda se dá, tradicionalmente, mas por sua consequência – normas, instituições e institutos – que por sua causa, a proteção do ser humano, porquanto deva o Estado, a sociedade e o Direito funcionarem de modo a permitir que cada um seja o melhor que possa ser (BARROSO, 2016, p. 22). Talvez daí o

> descompasso entre a teoria e a prática humanista a invocar a imperiosa mudança de mentalidade como condição de encurtamento de distância entre o discurso humanista e sua prática numa mudança de mentalidade que implique analogia entre humanismo e a justiça e que ainda diferencie justiça em abstrato e justiça em concreto, sabendo enxergar o operador do direito na condição de ponte entre a justiça em abstrato e a justiça em concreto (BRITTO, 2007, p. 11).

A proximidade entre teoria e prática, entre norma abstrata e realidade concreta exige a compreensão de que atividade interpretativa não se trata de uma operação lógica formal, mas, sim de uma atividade criativa que envolve juízos acerca da realidade, bem como juízos de valor (XEREZ, 2014, p. 133).

---

93. Ainda em 1748, no clássico livro "Do Espírito das Leis", Montesquieu (1993, p. 7) passa mais da metade do livro apresentando as leis da natureza. Mostra, sutilmente, que as leis da natureza são "perfeitas" porque a natureza não ignora, mas acolhe e compreende sua essência e que, enquanto o ser humano não olhar para si, não conhecer e respeitar sua própria essência, teremos leis imperfeitas e muitas vezes injustas, "incomunicáveis" com a diversa ação humana. Confessa, ainda, neste clássico livro que se consideraria o mais feliz dos mortais se pudesse fazer com que os homens conseguissem curar-se de seus preconceitos. E chama de preconceitos "não o que faz com que se ignorem certas coisas, e, sim, o que faz com que se ignore a si mesmo".

E não se pode ignorar que o "aceite" de cada contrato precede uma atividade interpretativa, de modo que a atividade interpretativa, não é restrita aos julgadores e profissionais do sistema de justiça, mas ato cotidiano de todos os humanos, no qual a arte também tem sido um eficaz "elemento comunicador", elemento de ligação.

O ato de decidir do consumidor, portanto, compreende uma atividade de interpretação. Por expressa previsão do artigo 47 do CDC[94], deve preponderar a interpretação que lhe for mais favorável e no estudo da formação da sua vontade, ignorar tal aspecto é condená-lo à ineficácia e ao fracasso.

2.4.1 A formação da vontade do consumidor e seu lugar de fala, suas experiências, seu construído de presenças e ausências: o lugar da arte como meio de comunicação

O processo de formação da "vontade" do consumidor passa por suas vivências e experiências pessoais, por seu lugar de fala[95], sua origem, formação emocional: a ação ou omissão sobre si mesmo pode refletir na construção da sua própria vontade. Perceber tal processo é outra forma de se olhar a vulnerabilidade. Um olhar para a vulnerabilidade que se manifesta na hora de decidir.

Sabe-se que é confuso e difícil entender o que se quer dizer aqui: identificar e descontruir uma força invisível que é forte justamente por permanecer nas penumbras da convivência humana, sem rosto, sem identidade concreta, agindo potencializando as fragilidades, as sombras de cada um. E é justamente por isso que se revela tão urgente, necessário e imprescindível insistir na visibilização do (re) conhecimento dessa forma tão sutil e poderosa de manifestação da vulnerabilidade no momento de transmissão da informação.

Para melhor exemplificar, oportuno mencionar pesquisa da *Stanford Graduate School of Business,* na qual se estudaram mil sentenças proferidas ao longo de 40 anos pela Suprema Corte Americana e se constatou que, à medida que os Juízes ganhavam mais poder no Tribunal e passavam a fazer parte de uma coalizão majoritária – das quais as decisões, na prática, por serem majoritárias, se tornavam leis, *seus pareceres consideravam menos perspectivas e consequências.* (MORAES, 2017, p. 854). Paul Zak (2012, p. 95), antes desse exemplo ligado ao sistema de Justiça e ao papel do Juiz – que também pode ser consumidor

> cita dado de que, em jogos de RPG, os alunos que estavam na maior "hierarquia" demonstravam muito menos sensibilidade à qualidade dos argumentos; era como se a argumentação não fizesse diferença – eles já haviam formado suas opiniões: terreno fértil ao preconceito, que tanto mais invisível mais perigoso é. Quando atuei, em 2009, no Núcleo de Defesa do Consumidor da Defensoria Pública ce-

---

94. "Art. 47. As cláusulas contratuais serão interpretadas de maneira mais favorável ao consumidor".
95. Lugar de fala é tema de livro da filosofa negra brasileira, Djamila Ribeiro (2019, s.p.), no qual ela demonstra as diferenças entre lugar de fala e representatividade, pois "pensar lugar de fala é uma postura ética" e "todas as pessoas possuem lugares de fala, pois estamos falando de localização social. E, a partir disso, é possível debater e refletir criticamente sobre os mais variados temas presentes na sociedade. O fundamental é que os indivíduos pertencentes ao grupo social privilegiado em termo de *locus* social consigam enxergar as hierarquias produzidas a partir desse lugar, e como esse lugar impacta diretamente a constituição dos lugares de grupos subalternizados".

arense, percebi que o "preconceito" sobre ações revisionais impedia a análise de caso concreto. Na época, ao invés de "ação revisional", passei a denominar "ação de readaptação contratual", no único afã de lutar para que aquele caso concreto, aquela vulnerabilidade específica, tivesse o direito de ser "vista" pelo Estado-Juiz. Tempos depois, quando atuando na 14ª Defensoria Cível, pedi instrução para provar que o contrato tinha sido firmado sem que o consumidor entendesse previamente o "sentido e o alcance[96]" das obrigações que estava pactuando.

A articulação de hierarquias que geram inferiorização de grupos sociais se entrelaça, se sobrepõe e cria formas de opressão e violência que, apesar de todo o sofrimento que causam, permanecem ocultadas (MACHADO; PRADO, 2012, p. 119). É preciso catalogar, examinar, demonstrar os inúmeros casos de discriminação que nascem da cristalização e ou naturalização de preconceitos numa perversa lógica que se retroalimenta: o preconceito mantém a inferiorização, e a inferiorização impede a visibilização necessária à adequada percepção.

E o preconceito pode levar até a obstacularização do próprio exercício do direito, como ocorreu em julgamento pelo Tribunal de Justiça do Rio de Janeiro – TJRJ[97], ao se pressupor que o valor de uma prestação de um contrato de consumo poderia ser o suficiente a impedir a fruição da justiça gratuita. A justiça não pode admitir generalizações excludentes. Uma pessoa humilde que não é acostumada a andar em determinados ambientes sofisticados pode ter dificuldade em reconhecer e expressar sua vontade naquele local, da mesma forma que o consumidor, no curso de uma viagem de lazer, na beira de uma piscina, não tem condições de firmar contrato para outra viagem sem risco de erro.

Como examinado no primeiro capítulo, vive-se um momento de "virtualização da vida", no qual, como ensina Pierre Lévy (1996, p.79), em busca de segurança e controle, a virtualização tenta negar a vulnerabilidade ao levá-la a uma região ontológica "que os perigos ordinários não mais atingem". E é a arte que "questiona essa tendência, e, portanto, virtualiza a virtualização, porque busca num mesmo movimento uma saída do aqui e agora e sua exaltação sensual".

Para Rafael Marcílio Xerez (2014, p.272), a arte é um "ato expressivo" e o espectador não só a vivência como mero receptor passivo da mensagem transmitida pelo artista, mas também participa da própria construção do seu sentido. Em contratos de consumo, a publicidade, a arte da propaganda, a arte da sedução da música, os patrocínios e demais formas de alinhamento entre arte e mercado, entre mercado e consumo, têm um valor juridicamente mais relevante, quando se lembra que a oferta é irretratável, e a publicidade contém a oferta, sendo, também, portanto, irrevogável: é possível exigir-se o cumprimento judicial da expectativa gerada pela publicidade, ainda que, naquele caso concreto, envolvida pela arte, ou, numa perspectiva mais superficial pelo lúdico ou subjetivo.

Há uma norma fundamental vigente assegurando a igualdade e a defesa do consumidor que precisa ser concretizada. Como ilumina Rafael Marcílio Xerez (2014, p.265),

---
96. Parâmetro legal contido no artigo 46 do CDC.
97. Agravo de Instrumento n. 0013857-50.2019.8.19.0000, julgado em 04/09/2019, publicado em 06.09.2019, Desembargador Fernando Foch de Lemos Arigony da Silva.

"frustrar a aplicação de norma de direito fundamental sob o pretexto de que esta não é dotada de aplicabilidade imediata configura ato de covardia sob a perspectiva da atividade científica, e ato ilícito sob a perspectiva da atividade jurisdicional".

E como a própria "construção da norma jurídica é uma manifestação artística" (XEREZ, 2014, p. 274), talvez a concretização do direito de transmissão eficaz da informação implique uma atenção especial à importância da adequada percepção da realidade e seus múltiplos e transversais aspectos, principalmente quando se trata de superação de desigualdades estruturantes da sociedade contemporânea que se manifestam nas vulnerabilidades das pessoas consumidoras.

2.4.2 O mito da segurança jurídica e a subjetividade do julgador para perceber o processo de transmissão da informação ao consumidor: para a verdadeira Justiça é preciso enxergar as variadas vulnerabilidades

Reconhecer assédio comercial em prática de fornecedor exige enxergar o CDC como norma principiológica e análise detida do caso concreto[98] (RIO DE JANEIRO, 2009). A discriminação pela identidade de gênero em uma relação de consumo, igualmente, não está na letra da lei, mas nos seus valores a serem adequados aos fatos em julgamento (RIO DE JANEIRO, 2019)[99]. Como Defensora Pública, em uma audiência de conciliação em uma ação de indenização que apurava erro médico (um olho cego), foi oferecido o pagamento de R$ 3 mil de indenização. O consumidor promovente pediu para que a Juíza colocasse a mão no seu olho direito e assim passasse um minuto. Após, perguntou se ela aceitaria tal indenização[100]. São inúmeros os casos que poderiam ser citados que a Justiça do caso concreto mais dependeu da humanidade dos profissionais do sistema de Justiça, que da própria norma. Não é à toa que Eduardo Couture (2001) há muito afirma que o ser humano pode criar o melhor sistema de justiça, mas ele valerá quanto valha os seres humanos que o aplicam. Na mesma sintonia o jargão jurídico de que mais vale uma lei injusta aplicada por um juízo justo que uma lei justa aplicada por um juízo injusto.

Falar de humanidade, justiça e julgamento, muitas vezes, atrai críticas sobre suposto atentado à segurança jurídica. Analisando segurança jurídica em capítulo do livro "Segurança Jurídica e Protagonismo judicial. Desafios em tempos de incertezas. Estudos jurídicos em homenagem ao Ministro Carlos Mario da Silva Velloso" (2017), o membro do Ministério Público gaúcho Paulo Valério Dal Pai Moraes enfrenta a questão da regulação da vida e da neurobiologia do julgador no artigo Segurança jurídica – Protagonismo judicial e a neurobiologia do (a) julgador (a). O autor, inicialmente, esclarece que:

---

98. Para identificar o assédio comercial era preciso enxergar os pormenores dos fatos: "Aponte-se que crédito ínfimo de R$ 20,00, que ademais custará, de plano, R$ 6,00 por mês do parcelamento da anuidade de R$ 72,00, equivale à ausência de crédito, de modo que, mesmo sabedor de que a autora não queria o produto 'cartão de crédito sem crédito', volta o assédio comercial abusivo do réu. [...] Não havendo nos autos prova feita pela ré, e o ônus lhe cabia, de que efetivamente comunicou à autora que o cartão desta feita viria com um limite de somente R$ 20,00, e que, em verdade, o produto era o mesmo anteriormente recusado pela consumidora [...]".
99. "Atendente que registrou o pedido feito pela autora em nome de gênero masculino, acompanhado das inscrições 'KK' ao lado".
100. 25ª Vara Cível da Comarca de Fortaleza, Ceará.

> [...] O problema é que ciências, como a Física, a Genética, a Medicina e tantas outras estão estruturadas a partir de um *primado cognitivo*. Quer isso dizer que a descoberta e a confirmação de novas realidades nesses campos ocasiona uma quase que imediata alteração no modo de praticar e de atuar dessas ciências.
>
> O Direito é diferente. Está estruturado a partir do *primado normativo*. Ou seja, é estruturado por intermédios de normas (normas não é o preceito; este é o invólucro. Norma é o que o interprete extrai do preceito, o qual, por vezes, é constituído por conceitos jurídicos indeterminados – ex.: animal bravio, esportes radicais etc. – e de cláusulas gerais – ex.: boa-fé, proporcionalidade, razoabilidade, excessiva onerosidade, função social da propriedade etc.) [...] (MORAES, 2017, p. 839, grifou-se).

Lamenta que no ensino jurídico brasileiro (onde existem mais faculdades – 1240 – que todo o restante do mundo, 1100) são ensinadas prioritariamente as regras para "brigar" em juízo, e não se aborda:

> [...] o funcionamento do ser humano em nível neurobiológico, quais as melhores vias de comunicação para que conflitos desnecessários não surjam, e, até mesmo, de que maneira as potencialidades biológicas humanas podem ser mais amplamente exploradas, objetivando alcançar uma vida em sociedade melhor para todos." (MORAES, 2017, p. 843-844).

E mais adiante lembra que a ciência também tem comprovado que não se está afastado de "nossos vieses psicológicos mais íntimos quando tomamos decisões que aparentemente decorreriam de um raciocínio motivado e objetivo". (MORAES, 2017, p. 854). Neste contexto, cita Antonio Damasio, médico português que tem sido citado nos estudos sobre o tema:

> Vem crescendo o temor de que os dados revelados pela ciência sobre o funcionamento do cérebro, ao se tornarem mais amplamente conhecidos, possam solapar a aplicação das leis, coisas que em geral os sistemas legais têm evitado, deixado de levar esses dados em consideração. Mas o necessário, na verdade, é uma análise mais criteriosa desses dados na hora de aplicar a justiça. O fato de que qualquer pessoa capaz de conhecimento é responsável por suas ações não significa que a neurobiologia da consciência seja irrelevante *para o processo da justiça e para o processo de educação destinado a preparar os futuros adultos para a existência adaptativa da realidade*. Ao contrário, *advogados, juízes, legisladores, planejadores e educadores precisam familiarizar-se com a neurobiologia da consciência e da tomada de decisão. Isso é importante para promover a elaboração de leis realistas e preparar as futuras gerações para o controle responsável de suas ações.* (MORAES, 2017, p. 854, grifou-se).

Não se pode ignorar que se está a abrir uma fenda[101] para a questão, o que se pode exemplificar com a aplicação da técnica das constelações familiares no âmbito de processos judiciais[102] ou da realização de estudos sobre "direito sistêmico"[103], que, embora por outra abordagem, faz chegar outros métodos de abordagem dos problemas de interesse do direito. Há um campo fértil para os estudos sobre o tema. Nesse sentido, destacam-se os estudos da Faculdade de Direito de Ribeirão Preto da Universidade de São Paulo (USP) sob a coordenação do Juiz Federal Sergio Nojiri. Nesse compasso, foi realizado,

---

101. Aqui no mesmo sentido que Luciana Zaffalon em o seu livro "Uma fenda na Justiça".
102. Sobre o assunto matéria no site do Conselho Nacional de Justiça: http://www.cnj.jus.br/noticias/cnj/83766-constelacao-familiar-ajuda-humanizar-praticas-de-conciliacao-no-judiciario-2. Acesso em: 26 jun. 2017.
103. Neste sentido, https://direitosistemico.wordpress.com/2010/11/29/o-que-e-direito-sistemico/. Acesso em: 26 jun. 2017.

nos dias 4 e 5 de novembro de 2015, o I Seminário Direito, Psicologia e Neurociência, que redundou no livro de mesmo nome editado pela IELD, em 2016. Sobre o livro:

> Os textos aqui reunidos evidenciam algo que poucos, especialmente da área jurídica, perceberam. Que a eficácia ou mesmo a correção das coisas julgadas por juízes dependem, na maioria das vezes, de avaliações das intenções, comportamentos e evidências de como e por que essas condutas foram praticadas. Nesse sentido, tanto a psicologia quanto a neurociência têm muito a contribuir. Inúmeras questões cotidianamente levantadas pela prática judiciária podem ser respondidas de maneira muito mais eficiente se utilizados métodos psicológicos e neurocientíficos de compreensão da conduta humana. (NOJIRI, 2016, p. 5).

Registre-se que, há mais de 20 anos, o também magistrado Rui Portanova (1997) já advertia que os juízes são profundamente afetados por sua visão de mundo: formação familiar, educação autoritária ou liberal, valores de sua classe social, aspirações e tendências ideológicas de sua profissão (embora igualmente destacasse sobre a imprecisão do termo "ideologia" e que tal também poderia ser compreendida como influências pré-jurídicas sobre significados, valores e fins humanos, sociais e econômicos, ocultos ou visíveis) que vão inspirar a construção do pensamento jurídico (PORTANOVA, 1997, p. 16–17). O fato é que este magistrado gaúcho admite que "são muitas as motivações sentenciais", sendo

> verdadeiramente impossível ao juiz 'indicar na sentença os motivos que lhe formaram o convencimento' (artigo 131 do CPC). São tantas as influências que inspiram o juiz que dificilmente a 'explicação de como se convenceu' (BARBI, 1975, p. 535) será plenamente satisfatória. No julgamento há premissas ocultas imperceptíveis. (PORTANOVA, 1997, p. 15).

Carlos Ayres Britto, sergipano, presidiu o Supremo Tribunal Federal, tendo importante atuação em decisões de grande significado para a realidade brasileira contemporânea. Ainda quando era Ministro da Suprema Corte (aposentou-se ao completar 70 anos em 2011), lançou o livro: "O humanismo como categoria constitucional" (que também foi tema de palestras em vários Estados brasileiros), no qual estimula o uso do lado direito do cérebro, o enfrentamento da subjetividade no afã de se encurtar a distância entre a fabulosa normatividade que o ser humano tem e a drástica realidade de seu cumprimento. Coerente com sua pesquisa acadêmica, votos do Ministro Carlos Ayres Britto usam a poesia e a literatura em seus fundamentos para demonstrar a humanidade que se deve sempre buscar em um julgamento. Nesse contexto, proferiu palestra na Fundação Getúlio Vargas, no Rio de Janeiro, com o título "O pensamento, o sentimento e a consciência como categorias constitucionais". Do livro: "O humanismo como categoria constitucional", para efeitos de comprovar que preconceitos podem influenciar consequências jurídicas e o processo decisório – extraem-se os seguintes trechos:

> [...] Mas não podemos esquecer que mesmo um excelente referencial normativo para o concreto agir humano ainda não é o concreto agir humano. Pois o certo é que o humanismo não se tem feito acompanhar senão de uma prática muito aquém dos prometidos *mundos e fundos*. Tem sido algo muito mais retórico que real. como principiar e reduzir o tamanho desse enorme fosso entre um discurso tão altruísta e uma prática tão egocêntrica? *Penso que por uma radical mudança de mentalidade.* Uma decidida disposição para *retrabalhar* a noção de humanismo, que já não deve ser visto apenas como o caminho que vai da humanidade. (BRITTO, 2007, p. 31, grifou-se). De fato, não é só amando a humanidade que se ama o homem, porém, reciprocamente, é amando o homem que se ama a

humanidade. Até porque é muito fácil, muito cômodo, muito conveniente dizer que se ama o sujeito universal que é a humanidade inteira. Difícil, ou melhor, desafiador, é amar o sujeito individual que é cada um de nós encarnado e insculpido. Aqui, um ser humano em concreto, visível a olho nu, ao alcance da nossa mão estendida ou do nosso ombro solidário. [...] (BRITTO, 2007, p. 17). a justiça das disposições legislativas é abstrata. A justiça do caso entre as partes é concreta. A primeira está para a humanidade assim como a segunda está para o homem. (BRITTO, 2007, p. 58).

Assim é que o último parágrafo do livro adverte que "o sistema jurídico brasileiro tem virtualidades emancipatórias que há muito estão à espera de aplicadores que se disponham a auscultá-lo com o termômetro da consciência." Consciência que tem como partida "o sensível e ao mesmo tempo destemido coração de cada juiz" (BRITTO, 2007, p. 119). Ousa-se dizer que não depende apenas do coração de cada Juiz, mas de cada um que atue no Sistema de Justiça.

Destaque-se, ainda, que o papel da magistratura na análise das lides de consumo é peculiar pela própria norma expressa, que no artigo 6º, VIII, do CDC[104], autoriza que as regras ordinárias de experiência do Juízo fundamentem a decisão.

2.5 SISTEMA NACIONAL DE DEFESA DO CONSUMIDOR – SNDC

A defesa do consumidor no Brasil, como se viu ao longo deste capítulo, estrutura-se em um todo orgânico estrategicamente distribuído, como representado na figura abaixo:

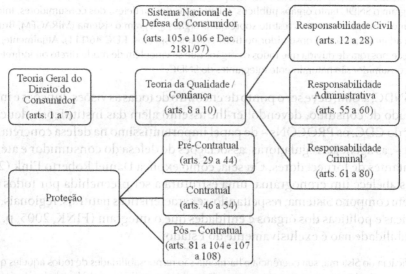

Figura 1 – Estrutura orgânica do CDC

Fonte: Elaborado pela autora (2020)[105]

---

104. "Art. 6º São direitos básicos do consumidor: [...] VIII – a facilitação da defesa de seus direitos, inclusive com a inversão do ônus da prova, a seu favor, no processo civil, quando, a critério do juiz, for verossímil a alegação ou quando for ele hipossuficiente, segundo as regras ordinárias de experiências;".
105. Ainda que as práticas abusivas possam ser identificadas antes, durante e após a contratação, parece pedagógica tal estruturação, pois é na fase pré-contratual que mais se apresentam.

A partir de um núcleo comum – que aqui se denomina Teoria Geral do Direito do Consumidor, vez que ali estão a natureza do direito do consumidor, a definição dos seus sujeitos, a PNRC, os direitos básicos do consumidor e o diálogo das fontes (um verdadeiro ato de humildade do CDC que, neste artigo 7º, reconhece que o direito do consumidor não está limitado apenas a Lei n. 8078/90) – parte-se a tripla dimensão da responsabilidade do fornecedor (cível, administrativa e criminal) e a proteção antes, durante e pós contrato. E toda a política de defesa do consumidor deve se integrar no SNDC, que "geograficamente" encontra-se ao final do CDC e foi regulamentado, em 1997, pelo Decreto Federal 2181.

O CDC, portanto, não se limitou a estabelecer direitos, pois definiu ferramentas claras para sua implementação. Assim é que, se de um lado estabeleceu a PNRC (arts. 4º e 5º do CDC), de outro criou do SNDC (arts. 105 e 106 do CDC). Como esclarece Bruno Miragem (2019, kindle):

> O espírito do Código é o de integração da atuação dos diversos órgãos públicos e entidades privadas na atividade de promoção da defesa do consumidor. E isso é percebido desde logo pelos princípios da Política Nacional das Relações de Consumo, expressos no art. 4.º, que relaciona, entre outros, a ação governamental no sentido de dar efetiva proteção do consumidor, por iniciativa direta, incentivo à criação e desenvolvimento de associações representativas, assim como pela presença do Estado nas atividades de regulação e fiscalização do mercado de consumo. Para tanto, sem prejuízo de outras iniciativas, o art. 5.º do Código determina a manutenção de assistência jurídica, integral e gratuita para o consumidor carente, a instituição de Promotorias de Justiça de Defesa do Consumidor, a criação de delegacias de polícia especializadas no atendimento de consumidores, e a concessão de estímulos à criação e desenvolvimento das Associações de Defesa do Consumidor. O art. 105 determina que integram o SNDC tanto órgãos públicos, quanto privados na defesa dos consumidores. Inicialmente tivemos entendimento mais restrito sobre quais órgãos integram o sistema (MIRAGEM, Bruno. A defesa administrativa do consumidor no Brasil. Alguns aspectos. RDC 46/111). Atualmente, contudo, parece-nos fora de dúvida que todos os órgãos que se vinculem de modo direto ou indireto à defesa do consumidor são naturalmente integrantes do SNDC.

O SNDC, assim, deve ser o ponto de encontro de todas as visões, funções e interesses do mercado de consumo, devendo ter-lhe assento além das instituições elencadas no artigo 5º do CDC, os PROCONs – de papel importantíssimo na defesa concreta do consumidor –, as agências reguladoras, associações de defesa do consumidor e até mesmo representantes de fornecedores. Ou seja, como explica Daniel Roberto Fink (2005), o SNDC estabelece um cronograma, uma estrutura a ser preenchida por todos aqueles que devem compor o Sistema, respeitando-se características naturais, regionais, sociais, econômicas e políticas dos órgãos e entidades que o integram (FINK, 2005, p. 949). A responsabilidade não é exclusivamente do Estado:

> A eficácia do Sistema, sua coerência e harmonia são responsabilidades de todos aqueles que o integram, nominalmente descritos pela norma. O sentido preconizado pelo legislador, acertadamente, afastou-se do habitual 'assistencialismo estatal' em favor daquele que provoca e incita o verdadeiro exercício da cidadania, o amadurecimento das instituições da própria sociedade.
>
> Caminhar no sentido oposto significa contrariar frontalmente as disposições deste diploma do consumidor e da cidadania. Não mais se admite que tudo deva ser feito pelo Estado, assim como não mais se aceita que o Estado faça tudo sem a participação da sociedade.

[...]

Quis o Código que o esforço fosse nacional, integrando os mais diversos segmentos que têm contribuído para a evolução da defesa do consumidor no Brasil (FINK, 2005, p. 950).

A SENACON sucede ao DPDC[106] em fortalecimento da política nacional das relações de consumo, que deixa de ser executada por um departamento submetido a SDE e passa a ser uma secretaria hierarquicamente similar a ela. Após a SENACON, é que surgiu o Consumidor.gov.br[107], o qual, como se examinará no quarto capítulo, vem desenvolvendo um importante trabalho na defesa do consumidor.

2.6 A DEFENSORIA PÚBLICA E A DEFESA DO CONSUMIDOR

O estudo empírico contido no quarto capítulo é fruto da análise de casos concretos judicializados pelo Núcleo de Defesa do Consumidor da Defensoria Pública do Estado do Ceará. Assim, este capítulo, em que se analisam os aspectos objetivos e subjetivos da relação entre a pessoa consumidora, as suas vulnerabilidades e a informação, exige uma apresentação dos principais pontos de relação da Defensoria Pública com a proteção do consumidor, em um país marcado por tantas desigualdades – tantos vulnerabilizados, por consequência – como o Brasil.

A Defensoria Pública é realidade constitucional recente. Embora o direito à assistência jurídica prestada pelo Estado já existisse no ordenamento jurídico pátrio, apenas em 1988 é que se garante a existência de uma instituição permanente exclusivamente voltada a esse fim –, enquanto expressão e instrumento do Estado Democrático de Direito – e com objetivos expressos de:

> I – a primazia da dignidade da pessoa humana e a redução das desigualdades sociais; II – a afirmação do Estado Democrático de Direito; III – a prevalência e efetividade dos direitos humanos; e IV – a garantia dos princípios constitucionais da ampla defesa e do contraditório. (BRASIL, 1994).

Como lembram Amélia Soares da Rocha e Flávia Marcelle Torres Ferreira de Morais (2014, p.646):

> Justiça é fim. Direito é meio. Para a justiça de todos, com todos e para todos, é preciso uma atuação sistêmica na qual cada instituição tem um papel importante e complementar. Nesse contexto, cabe à Defensoria Pública, por determinação constitucional, viabilizar o acesso à Justiça, dando voz qualificada àqueles que historicamente não tiveram meios e condições de acesso aos meios de concretização da Justiça; àqueles que, por sua condição de vulnerabilidade, muitas vezes sequer sabem que possuem direitos.

A Defensoria Pública, enquanto instituição constitucionalizada, e o direito do consumidor, são filhos de uma mesma época, mantendo, ambos, uma relação importante

---

106. Sabiamente, ao tratar do SNDC, o CDC, no artigo 106, determinou que a coordenação do SNDC caberia ao DPDC da SNDE "ou órgão federal que venha substituí-lo", no caso, atualmente, a SENACON.
107. Sabe-se que a criação do consumidor.gov.br foi inspirada em uma das conclusões da tese de doutorado de João Alves Silva, defendida perante a UBA – Universidade de Buenos Aires.

à efetividade da Política Nacional das Relações de Consumo, sendo uma ponte entre a realidade concreta de violações de direitos e as instâncias de poder, "democratizando" a produção e efetivação de direitos. A questão do superendividamento de consumidores é um dos muitos casos de repercussão de atuação da Defensoria Pública[108], pois só a prática é capaz de nos mostrar verdadeiramente a diferença que faz o olhar defensorial ao processo e aos direitos, pois, como ensina Edilson Santana Gonçalves Filho (2016, p.13), a Defensoria "é representação dos necessitados no jogo discursivo do direito", é um olhar que nasce do sentir que é mais que entender (na advertência de Tobias Barreto) – a dor do necessitado de justiça (ROCHA, 2016, p. 10). É que não basta levar petições ao Judiciário, "é preciso que a ele cheguem teses capazes de fazer compreender adequadamente a realidade esquecida dos vulneráveis e sua sede de Justiça" (ROCHA, 2017, p. 9).

Por esta premissa é que este trabalho está estruturada em perspectiva concreta de analisar, a partir da jurimetria, a prática do direito do consumidor em relação à informação, o que, em um país que, segundo dados do PNUD (Programa das Nações Unidas para o Desenvolvimento), é o 7º mais desigual do mundo, ficando à frente apenas de países africanos exige maior conhecimento sobre a Defensoria Pública (PNUD, 2019).

2.6.1 Um pouco da história da Defensoria Pública

A história do Direito poderia se confundir com a luta por Justiça, se o Direito, desde sempre, representasse e visasse à realização da justiça para todos. Mas, contraditoriamente, muitas vezes, na história do Direito – enquanto manifestação da força do Estado – encontra-se uma realidade "formal" bem distante da realidade concreta, da vida real das vielas e favelas.

É que o Direito, por muito tempo, ignorou os que não estavam no poder, sendo, mais do que meio de Justiça, caminho de perpetuação das forças dominantes[109]. Basta lembrar-se de que, em 1827, quando da criação dos primeiros cursos de Direito no Brasil – em Recife (PE) e em São Paulo (SP) – só poderiam votar homens e com renda (o voto de mulheres só chegou mais de um século depois, em 1934), e as pessoas negras não estavam no direito das pessoas, mas no direito das coisas. Ou lembrar-se da criminalização da capoeira ou que apenas em 2017 – após participação da Defensoria Pública – que o "direito de laje", realidade antiga das periferias, veio a integrar o Código Civil. Ou seja, os direitos fundamentais de hoje já foram "crimes ditos políticos pelos quais muitas cabeças rolaram. Só depois vem o Direito. Muito depois vêm os direitos. A humanidade caminha a passos largos. O direito a conquistá-la arrasta-se em cadência muito mais lenta" (ROCHA, 1997, p.23).

---

108. A primeira pesquisa, no Brasil, sobre perfil do superendividado, aconteceu em Porto Alegre (RS), em 2004, em parceria da UFRGS e DPGE-RS (por seu Núcleo Cível), sob a coordenação da Professora Cláudia Lima Marques e da Defensora Pública Adriana Fagundes Burger (daí nasceu, inclusive, o I Seminário Internacional Defensoria Pública e Proteção do Consumidor). Mais detalhes sobre a pesquisa em Marques (2005).
109. Assim é que Carlos Drummond de Andrade, ao se referir à transição do Império para República no Brasil, disse que caiu a corte, mas ficaram os cortesãos.

A história da Defensoria Pública, portanto, confunde-se com a história da busca pelo acesso à Justiça e da democratização do Direito, buscando que este deixasse de ser manifestação da força do Estado (aqui entendido não apenas como a abstração do direito administrativo, mas como todas as forças, visíveis e invisíveis, que pautam os rumos do Estado) para uma força que direcionasse o poder do Estado para a efetivação de uma sociedade livre, justa e solidária[110]. Tanto que a pressão popular, as lutas dos movimentos sociais e populares faz parte concreta da história da Defensoria Pública[111] bem como a instituição ainda enfrenta muitas resistências a sua concreta efetivação, pois a igualdade material, quando exercida, incomoda muito por expor mazelas que convenientemente se "esquecia", de modo que a resistência, ainda que muitas vezes velada, à igualdade estende-se à Defensoria Pública, que ainda enfrenta tratamento não paritário com instituições que lhe são simétricas (ROCHA, 2017, p. 10).

Concretamente – não obstante, vários fatos anteriores esparsos – pode-se dizer que o direito de acesso à Justiça passou a ser universalmente tratado com a Declaração Universal de Direitos Humanos, de 1948, que "inaugurou o direito internacional dos direitos humanos (até então não havia nenhum documento internacional que se dedicasse ao assunto com tanta abrangência e importância)" (TRINDADE, 2011, p. 193). Enquanto *soft law*, apenas após quase 20 anos, em 1966, tomou a forma de Pacto (e pela polarização da guerra fria, não foi possível um único pacto, mas dois, um de direitos econômicos sociais e culturais – aos quais os países socialistas não tinham resistência – e um segundo de direitos civis e políticos, que não encontravam oposição dos países capitalistas). Nessa mesma toada, teve-se, em 1969, a Convenção Americana de Direitos Humanos (conhecido como Pacto de San José da Costa Rica). Tanto os Pactos de 1966, como o de 1969, só ingressaram formalmente no ordenamento jurídico brasileiro em 1992, embora não se possa negar a sua influência política na Constituição de 1988.

O fato é que em todos esses documentos, tratou-se da imprescindibilidade do direito a acesso à Justiça, colocando sua realização como obrigação do Estado. E não adiantava "pagar" advogado, far-se-á necessária uma estrutura que possa enfrentar e superar os litigantes habituais (Estado e grandes corporações) que dispunham de maior experiência com o Direito a possibilitar melhor planejamento do litígio, economia de escala por ter mais casos diluindo os riscos das demandas, oportunidade de desenvolver relações informais com membros das instâncias decisórias e tem como estudar e traçar estratégias de atuação (CAPPELLETI; GARTH, 2002, p. 25).

Para tanto, seria necessária uma instituição autônoma, permanente que enxergasse que a questão do acesso à Justiça, "para além das condicionantes econômicas, sempre mais óbvias, envolve condicionantes sociais e culturais resultantes de processos de

---

110. Objetivo da República Federativa do Brasil, expressamente contido em seu artigo 3º.
111. Tendo um papel ainda mais visível e documentado na criação da Defensoria Pública do Estado de São Paulo "[...] A Defensoria Pública do Estado de São Paulo, que foi criada muitos anos após estar prevista na Constituição Federal de 1988, teve apoio de organizações populares, e em muitos Estados sua criação somente ocorreu pela mobilização da população que buscava construir mais uma forma de acesso à justiça. Caminhar permitindo que essa mesma população interfira nessa gestão é uma demonstração de coerência, o que solidifica as bases da instituição, ao passo em que trabalha no sentido de superar as contradições internas e externas a ela. [...]" (MARQUES, 2013, s.p.).

socialização e de interiorização de valores dominantes muito difíceis de transformar." (SANTOS, 2013, p. 209) e que, em consequência, seria necessária uma estratégia de atuação que partisse da compreensão da necessidade de privilegiar o uso de "ações coletivas, a criação de novas correntes jurisprudenciais sobre problemas recorrentes das classes populares e, finalmente, a transformação ou reforma do direito substantivo (CAHN; CAHN, 1964; NOTE, 1967)". (SANTOS, 2013, p. 211). Como afirmam Adriana Fagundes Burger e Amélia Soares da Rocha (2012, p.9),

> tal institución es la Defensoría Pública que para merecer este nombre necesita fortalecer estratégias hábiles para garantizar su unidad, indivisibilidade, su identidade, independência y fuerza necessárias para aceder a instancias de poder y fomentar soluciones posibles y reales a las personas privadas de dignidade.

A Defensoria Pública brasileira nasceu em 1988, com a CF88, Constituição que "diversamente do que dispunham as constituições anteriores, as garantias e os direitos fundamentais estão expostos logo nos primeiros artigos" (SADEK, 2019b). E tão importante quanto o rol de direitos por ela reconhecidos, "é o fato de o texto constitucional ter providenciado e elencado as instituições e os mecanismos encarregados da efetivação desses direitos" (SADEK, 2019b).

Ou seja, a CF88, por seu artigo 5º, LXXIV determina que "o Estado prestará assistência jurídica integral e gratuita aos que comprovarem insuficiência de recursos" (Título I). Após, no seu Título IV, ao tratar da organização dos poderes, o faz por meio do capítulo I (poder legislativo), capítulo II (poder executivo), capítulo III (poder judiciário) e do capítulo IV (funções essenciais à Justiça), destina seção própria para a Defensoria Pública (seção IV) e determina, no seu artigo 134, que a

> A Defensoria Pública é instituição permanente, essencial à função jurisdicional do Estado, incumbindo-lhe, como expressão e instrumento do regime democrático, fundamentalmente, a orientação jurídica, a promoção dos direitos humanos e a defesa, em todos os graus, judicial e extrajudicial, dos direitos individuais e coletivos, de forma integral e gratuita, aos necessitados, na forma do inciso LXXIV do art. 5º desta Constituição Federal.

Em 1994, foi promulgada a Lei Complementar n. 80, a Lei Orgânica Nacional da Defensoria Pública (a qual foi atualizada em 2009, por meio da Lei Complementar n. 132), detalhando os objetivos, a organização e o funcionamento da instituição. Desde a sua criação, entretanto, vem passando por sucessivos melhoramentos, entre os quais se pode destacar a Lei n. 11447/2007 que altera a Lei n. 7347/85 e insere a Defensoria Pública, ao lado Ministério Público, como legitima a propor Ação Civil Pública e a Lei n. 11448/2007, que altera o Código de Processo Penal determinando a intimação da Defensoria Pública quando, até 24 horas após a prisão, a pessoa presa não tiver apresentado advogado, sempre com atuação sincrônica e articulada entre a ANADEP – Associação Nacional das Defensoras e dos Defensores Públicos brasileiros e o CONDEGE – Conselho Nacional de Defensores Gerais. É de se destacar, também, a realização, pelo Ministério da Justiça do Brasil de 4 (quatro) diagnósticos de sua estruturação no Brasil, respectivamente, nos anos de 2004, 2006, 2009 e 2014. Em paralelo, sua imprescindibilidade foi sendo reconhecida pelo STF, em que se destacam os julgamentos que redundaram na criação da Defensoria Pública de Santa Catarina e na plena constitucionalidade de sua legitimidade para propositura de Ação Civil Pública.

Um ponto importante, lembrado por Maurílio Casas Maia (2018), é que apenas à Magistratura, ao Ministério Público e à Defensoria Pública, a CF/88 concedeu a inamovibilidade. Tal fato é de grande relevância a longo prazo, pois demonstra que a preocupação do Estado brasileiro é dotar a Defensoria Pública de estrutura similar – embora naturalmente diferentes – a Magistratura e Ministério Público, numa paridade concreta de armas. Ou seja, sistemicamente, há uma sincronia e uma simetria – tornada mais nítida com a EC 80/2014) – entre Defensoria Pública, Magistratura e Ministério Público.

Todavia, como a "caçula" do sistema de justiça brasileiro, a Defensoria Pública ainda passa por muitos desafios, principalmente por já lhe ser cobrada uma performance similar a das duas instituições irmãs (Magistratura e Ministério Público), quando seu orçamento ainda é bem inferior.

2.6.2 A Defensoria Pública e o direito do consumidor

Como demonstrado alhures, a DP foi criada pela CF88, que também erigiu a defesa do consumidor a condição de cláusula pétrea e criou o STJ. Tal contemporaneidade entre a DP, o STJ e o direito do consumidor explica os seus caminhos complementares ao longo destes 32 anos pós CF88: o combate à desigualdade é objetivo expresso da CF88 (art. 3º, CF88) e para tal é necessária defesa do consumidor (princípio, inclusive, da ordem econômica, art. 170, V da CF88) e precisa ser aplicada uniformemente em todo o território brasileiro (cabe ao STJ a uniformização da interpretação de lei infraconstitucional, tal qual o CDC).

Por tal premissa, é que o CDC determina a imprescindibilidade da Defensoria Pública para a efetivação da Política Nacional das Relações de Consumo – PNRC (art. 5º, I), ao exigir que, para a execução da PNRC, é preciso que o poder público conte com a manutenção de assistência jurídica, integral e gratuita para o consumidor carente. Trata-se do primeiro instrumento elencado pelo CDC, justamente por pretender-se uma lei efetiva e concreta, o que não é possível desconsiderando a realidade da desigualdade existente no Brasil.

Destaque-se, por clareza e transparência, que não obstante o art. 5º, I não mencione o nome Defensoria Pública é dela que fala. Explico: embora a justiça gratuita não seja monopólio da DP – podendo o advogado requerê-la – se a assistência integral e gratuita for possibilitada pelo poder público (como determina o *caput* do art. 5º), precisa se dar por meio da DP, que é a instituição criada pela CF88 especialmente a este fim. A menção expressa, portanto, está formalmente ausente pela conjuntura do processo legislativo – a DP foi criada em 1988 e regulamentada em 1994 porquanto o anteprojeto do CDC é gestado antes mesmo da CF88 – mas não há como deixar-se de ler, materialmente, a DP no artigo 5º, I do CDC. Em outras palavras, as intepretações possíveis do ponto de vista constitucional do artigo 5º, I, enxergam no artigo 5º, I, a menção a Defensoria Pública.

Por outro lado, a LONDP é expressa ao determinar que é função institucional da Defensoria Pública "exercer a defesa dos direitos e interesses individuais, difusos, coletivos e individuais homogêneos e dos direitos do consumidor, na forma do inciso LXXIV do art. 5º da Constituição Federal;". Esta redação vigente adveio da LC 132. A redação original – de 1994 – apenas dizia que era função institucional patrocinar os direitos e interesses do consumidor lesado.

Assim é que, na maioria dos Estados brasileiros, há Núcleo da Defensoria Pública especializado em defesa do consumidor, como se vê adiante.

A atuação, entretanto, não se resume à ação individual, mas se estende à ação coletiva cuja atuação já era reconhecida pelo STJ antes mesmo da Lei n. 11448/2007 diante da interpretação sistêmica do artigo 82 do CDC com os dispositivos da LONDP – e a atuação como *custus vulnerabilis*, colocando a força institucional na construção de teses jurisprudenciais em prol do equilíbrio da relação de consumo, mesmo quando não ajuizada pela DP. Neste sentido, vale a transcrição abaixo, fruto de pesquisa de Maurílio Casas Maia (2020, s.p.):

> Na esfera do Direito do Consumidor, há precedentes de atividade judicial oficiosa determinando, expressamente, a oitiva da Defensoria Pública na condição de órgão constitucional interveniente *custos vulnerabilis* com vistas à amplificação do contraditório em favor dos consumidores – não somente em Incidente de Resolução de Demandas Repetitivas (IRDR) e em Incidente de Uniformização de Jurisprudência (IUJ) junto às Turmas Recursais de Juizados Especiais de Direito do Consumidor, como também em processo individual.
>
> Em 2016, um consumidor propôs individualmente ação pela qual cumulou pedido compensatório de dano moral (em sentido estrito) e dano temporal (enquanto categoria lesiva autônoma). A novidade da temática e o potencial de formação de um primeiro precedente nacional no Brasil motivaram o requerimento da Defensoria Pública para intervir como órgão interveniente (*custos vulnerabilis*), em decisão que reconheceu o papel da Defensoria Pública na formação de precedentes, mormente diante do NCPC (LGL\2015\1656). Por óbvio, a manifestação interventivo-defensorial foi registrada no sentido de reforçar o direito do consumidor a compensar a perda indevida de tempo e o dano moral (em sentido estrito, psicológico).
>
> Além do caso citado, no qual a atuação institucional da Defensoria Pública ocorreu de forma *espontânea*, há casos em que o Judiciário reconheceu a possibilidade interventiva oficiosamente (intervenção *iussu iudicis*).
>
> Junto ao Tribunal de Justiça do Amazonas (2018), durante a tramitação de IRDR 4002464-48.2017.8.04.0000, foi determinada, expressamente, a oitiva da Defensoria Pública na condição de *custos vulnerabilis*, em demanda acerca da possibilidade de consumidores demandarem em Juizados Especiais questões relativas à falha ou inexistência de abastecimento de água na capital do Amazonas (Manaus), em situações como inexigibilidade de débito e compensação por danos morais. No incidente, a manifestação defensorial foi *integralmente* favorável à ampla acessibilidade da Justiça, com possibilidade de o consumidor demandar junto ao Poder Judiciário via Juizados Especiais, com vistas à facilitação do acesso à justiça e defesa do consumidor em juízo.
>
> Há, por outro lado, Incidente de Uniformização de Jurisprudência (IUJ) 0000199-73.2018.8.04.9000 junto às Turmas dos Juizados Especiais de Manaus/Amazonas – nesse caso também a oitiva dos custos *vulnerabilis* foi determinada *oficiosamente*. O tema do incidente de uniformização circunscreve-se basicamente a três temas: (1) decidir sobre a *(i) legalidade* de relação contratual sem identificação clara ao consumidor da natureza (se consignado ou empréstimo mediante cartão consignado), sem exposição das taxas, juros e demais incidências possíveis no negócio jurídico;

marcar posição sobre a ocorrência de indenização compensatória por *danos morais*; (3) analisar a possibilidade de incidência da repetição de indébito quando os pagamentos ultrapassem valores recebidos inicialmente. A *manifestação defensorial*, por seu turno, foi integralmente favorável ao consumidor, considerando equiparável à amostra grátis todo crédito concedido em excesso para além dos limites do consentimento informado do consumidor.

Em síntese, os três casos expostos demonstram que – seja com o comparecimento *espontâneo* do Estado Defensor, seja pela intervenção *iussu iudicis* (determinada pelo juiz), a Defensoria Pública brasileira, em contraditório judicial, agrega argumentação pró-consumidor em sua atuação enquanto interveniente favoravelmente ao melhor interesse do consumidor vulnerável e que o estado do Amazonas tem registrado sua contribuição nacional na indicação desse instrumento prático para a amplificação do contraditório democrático, ou seja, um "fator de legitimação decisória indispensável.

A atuação da Defensoria Pública na proteção dos direitos dos consumidores ainda se estende à apresentação de notas técnicas – a exemplo da recentemente apresentada pela ANADEP a Câmara dos Deputados na tramitação do PL n. 3515/2015 que trata do superendividamento –, participação em audiências públicas e sobretudo, seu assento no SNDC – Sistema Nacional de Defesa do Consumidor. Neste sentido, importante ressaltar a atuação da Comissão de Defensores de Direito do Consumidor da ANADEP e do CONDEGE. Tudo, sempre, no propósito de visibilizar de forma tecnicamente adequada e juridicamente relevante, as variadas vulnerabilidades da pessoa consumidora, cuja superação interessa não só a ela, mas ao equilíbrio do mercado de consumo (art. 4, III do CDC).

2.7 A POLÍTICA NACIONAL DAS RELAÇÕES DE CONSUMO – PNRC E A EXPERIÊNCIA DE ESPECIALIZAÇÃO ESTRUTURAL MATÉRIA CONSUMERISTA DO TJRJ – TRIBUNAL DE JUSTIÇA DO RIO DE JANEIRO

A Política Nacional das Relações de Consumo – PNRC está expressamente determinada no CDC, nos seus artigos 4º e 5º. O artigo 4º, trata das questões subjetivas, do olhar necessário à compreensão da peculiaridade da relação de consumo e do seu lugar fundamental para a economia de um país capitalista.

Nesse propósito, é que se confere *status* de princípio à presunção de vulnerabilidade do consumidor (art. 4º, I), à ação governamental integrada no fomento, organização e controle da atividade de consumo (art. 4º, II), à clareza sobre o imprescindível equilíbrio entre proteção do consumidor e o desenvolvimento econômico (art. 4º. III), à percepção de que o melhoramento do mercado de consumo exige educação continuada de consumidores e fornecedores (art. 4º, IV), ao incentivo da melhor comunicação entre consumidores e fornecedores (art. 4º, V), ao combate aos abusos do mercado de consumo – inclusive a concorrência desleal – em mais uma inteligente necessária ligação entre proteção do consumidor e melhor atividade econômica (art. 4º, VI), bem como à racionalização e melhoria dos serviços públicos (art. 4º, VII) e ao estudo constante das modificações do mercado de consumo (art. 4º, VIII).

É preciso a compreensão da peculiaridade do mercado de consumo (art. 4º) e também a estrutura para implementá-la (art. 5º), pois da mesma forma que apenas com o cozinheiro – sem os ingredientes – não se pode servir um banquete, não adianta os princípios fincarem de forma sólida e estratégica os pilares da defesa do consumidor sem os *players* minuciosamente ajustados nesta plataforma, fazendo necessária a estrutura material e a formal. Por tal consciência, o CDC determinou expressamente que para a efetivação da PNRC o poder público precisaria contar (art. 5º) com defensoria pública especializada na defesa do consumidor (art. 5º, I), ministério público especializado em defesa do consumidor (art. 5º, II), magistratura especializada em defesa do consumidor (art. 5º, III), delegacias especializadas em defesa do consumidor (art. 5º, IV) e sociedade civil organizada na defesa do consumidor (art. 5º, V).

Em outras palavras, a realização do CDC implica a especialização do sistema de justiça na análise de suas peculiares, multifacetadas e complexas demandas. Mas, passados quase 30 anos de seu nascimento, a melhor experiência de efetivação do artigo 5º não mais existe, que foi a especialização de câmaras no TJRJ para julgamento de questões relativas à relação de consumo. As câmaras especializadas em direito do consumidor foram criadas por meio da Resolução TJ/OE/RJ n. 34/2013 publicada no DOE de 10/9/2013, a qual determinou:

> Art. 2º Acrescer ao Regimento Interno do Tribunal de Justiça as seguintes disposições:
> 'Art. 6º Compete às Câmaras Cíveis de numeração 1ª a 22ª: I – processar e julgar: [...]
> h) Os feitos relacionados nas alíneas 'a' a 'g', referentes a processos que versem sobre relação de consumo, distribuídos antes de 2 de setembro de 2013, bem como os pertinentes a ações que se vinculem por conexão ou continência, ou sejam acessórias ou oriundas de outras, julgadas anteriormente pela Câmara ou em curso nela. II – julgar: [...] e) Os feitos relacionados nas alíneas 'a' e 'd', referentes a processos que versem sobre relação de consumo, distribuídos antes de 2 de setembro de 2013, bem como aqueles em que houverem sido distribuídos, antes de 2 de setembro de 2013, outros recursos, conflito de competência ou de jurisdição, reclamação, mandado de segurança ou habeas corpus. Parágrafo único. As regras de prevenção de que trata o art. 33, § 1º, do Código de Organização e Divisão Judiciárias do Estado do Rio de Janeiro observarão o seguinte:
> I – à Câmara Cível, a que houverem sido distribuídos, antes de 2 de setembro de 2013, recursos, conflitos de competência ou de jurisdição, reclamação, mandado de segurança ou habeas corpus serão distribuídos todos os outros recursos e incidentes suscitados por decisões neles proferidas;
> II – à mesma Câmara Cível serão distribuídos os feitos a que se refere o inciso anterior, em ações que se vinculem por conexão ou continência, ou sejam acessórias ou oriundas de outras, julgadas ou em tramitação;'

Um dos fundamentos quantitativos dessa especialização foi o dado que em 2012 "chegaram ao Judiciário fluminense 152.306 novos processos de matéria não consumerista às câmaras cíveis e 57.027 casos relacionados especificamente a Direito do Consumidor" (RIO DE JANEIRO, 2013). Em paralelo a criação das câmaras, o TJRJ ofereceu curso de capacitação aos serventuários tanto pela Escola de Administração Judiciária (ESAJ) como pela Escola de Magistratura do Estado do Rio de Janeiro (EMERJ). Das 27 câmaras cíveis do TJRJ, cinco passaram a ser especializadas em direito do consumidor. Com um ano de funcionamento, as câmaras proferiram 62.000 acórdãos.

Todavia, em 2017, movida pela alta demanda nas câmaras especializadas em direito do consumidor, elas foram reunificadas às Câmaras Cíveis, deixando de existir a tão importante especialização. Talvez tivesse sido mais efetivo ao direito do consumidor, ampliar as Câmaras especializadas, ao invés de recuar na especialização. Os bons frutos da experiência, possibilitando um maior aprofundamento da análise das questões de consumo – e sua diferenciação com as questões civis – são evidentes e notórios, bastando, para tanto acessar os julgados do TJRJ com os verbetes *consumidor e informação e contrato e vulnerabilidade* entre 2009 e 2012 (anos anteriores à especialização) e entre 2013 e 2016 (anos com especialização), como se faz abaixo:

Nenhuma decisão conjugando consumidor, informação, contrato e vulnerabilidade para os últimos quatro anos anteriores à especialização (Figura 2):

Figura 2 – Resultado de consulta de jurisprudência para os anos 2009-2012.

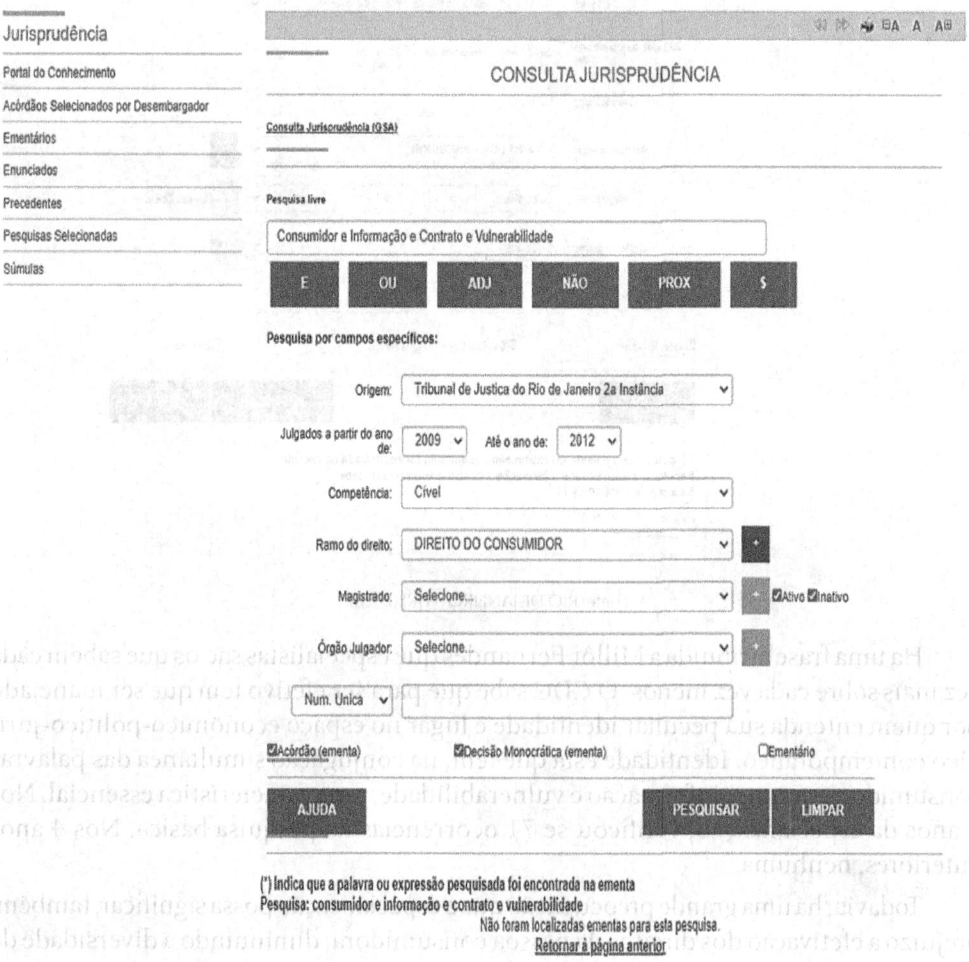

Fonte: RIO DE JANEIRO – TJRJ (2020).

Têm 71 decisões conjugando consumidor, informação, contrato e vulnerabilidade para os quatro anos com à especialização (Figura 3):

Figura 3 – Resultado de consulta de jurisprudência para os anos 2012–2016.

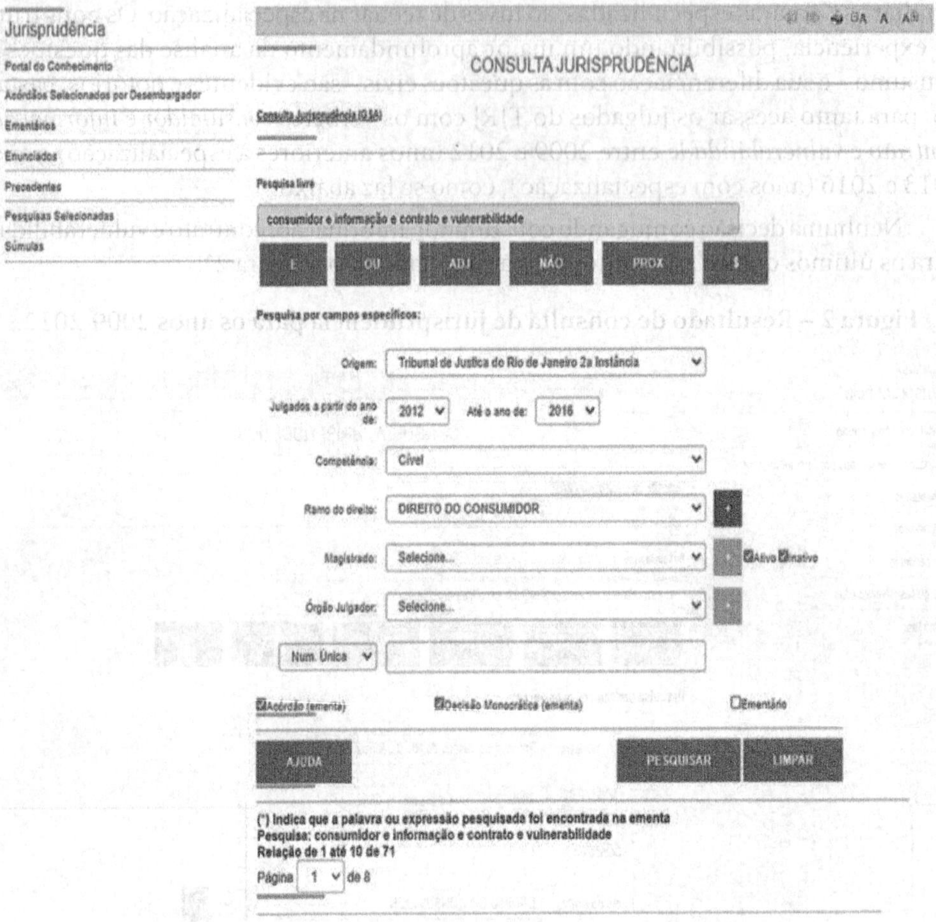

Fonte: RIO DE JANEIRO – TJRJ (2020).

Há uma frase atribuída a Millôr Fernandes que especialistas são os que sabem cada vez mais sobre cada vez menos. O CDC sabe que para ser efetivo tem que ser manejado por quem entenda sua peculiar identidade e lugar no espaço econômico-político-jurídico contemporâneo. Identidade esta que tem, na conjugação simultânea das palavras consumidor, contrato, informação e vulnerabilidade, uma característica essencial. Nos 4 anos da especialização, verificou-se 71 ocorrências na pesquisa básica. Nos 4 anos anteriores, nenhuma.

Todavia, há uma grande preocupação que a especialização possa significar, também, prejuízo a efetivação dos direitos da pessoa consumidora, diminuindo a diversidade de olhares importante ao crescimento, *de modo que talvez a melhor especialização não seja estrutural, mas acima de tudo exercido pelo olhar diferenciado que se deve ter a tudo que se relaciona ao contrato de consumo, direta ou indiretamente.*

3
CONTRATO DE CONSUMO, ANÁLISE ECONÔMICA DO DIREITO E O DISTINTO LUGAR DA INFORMAÇÃO NA FORMAÇÃO DAS OBRIGAÇÕES PARA O CONSUMIDOR

Analisadas as principais concepções contemporâneas sobre a sociedade atual e suas mais evidentes repercussões para a pessoa consumidora e identificados os fundamentos, organização e funcionamento da defesa do consumidor no Brasil tem aqui continuidade o estudo específico do contrato de consumo. Enfatiza-se a sua diferença do contrato cível e do contrato empresarial, a iniciar-se por um necessário escorço histórico-comparativo, para, então, se observarem os impactos sobre eles decorrentes da ainda incompreendida – e muitas vezes indevidamente estigmatizada – Análise Econômica do Direito – AED.

Como se verá mais adiante analisar as repercussões econômicas dos direitos não é inviabilizá-los, mas, ao contrário, pode ser uma forma de mais rápida e eficientemente realizá-los[1]. É também uma forma de, com dados concretos, potencializá-los, vez que a defesa do consumidor – jamais se pode esquecer – é princípio da ordem econômica. Ambas as ciências a econômica e a jurídica – têm por objeto o comportamento humano. Se os economistas são considerados frios e calculistas, e os juristas, românticos e utópicos, a aproximação entre os dois campos do conhecimento pode trazer bons frutos para a justiça da vida cotidiana.

Relembre-se de que foi demonstrado, nos capítulos anteriores, que a validade da formação da confiança do consumidor exige uma comunicação clara, com informação eficaz, adaptada às variadas vulnerabilidades da pessoa consumidora a permitir a compreensão necessária à realização de "contrato na perspectiva de uma cooperação em busca de uma finalidade comum, com base na boa-fé." (PASQUALOTTO, 2002). O contrato de consumo não é, assim, apenas instrumento de circulação de riquezas, mas uma ferramenta para equilibrar a relação naturalmente desigual[2] entre consumidor e fornecedor, objetivo tão mais facilmente alcançado quanto mais eficaz for a informação.

---

1. Na década de 1970, Orlando Gomes já reconhecia que "contrato que não pode ser entendido, de forma mais aprofundada, na sua essência íntima, se o operador do direito se limitar a considerá-lo em uma dimensão exclusivamente jurídica, como se constituísse uma realidade autônoma dos aspectos socioeconômicos e políticos" (SILVA, 2018).
2. Tanto que a presunção de vulnerabilidade da pessoa consumidora é o primeiro princípio da Política Nacional das Relações de Consumo – PNRC (art. 4º, I do CDC).

Mas, diante da proliferação do comércio de dados e da atuação dos algoritmos, a informação (que é elemento essencial do contrato de consumo), o processo de formação da vontade contratual da pessoa consumidora adquirem contornos peculiares, e merece, nesse particular, uma observação mais atenta, pelas repercussões no próprio adimplemento contratual[3] afetados que são especialmente pela assimetria informacional e pelos custos de transação (que podem ser agravados com as externalidades).

Ainda no capítulo[4], foram apresentados os principais aspectos do direito do consumidor no Brasil, para que, neste capítulo[5], se possa analisar melhor as diferenças no âmbito dos contratos, bem como se possa estudar contratos de consumo sob as lentes da AED. Tal ponto revela-se muito importante porque a maioria dos estudos a respeito do direito contratual sob a metodologia da AED não diferencia – ao menos não expressamente – os contratos civis, dos comerciais e dos de consumo. Tal "detalhe" faz muita diferença.

Espera-se que no quarto capítulo já se tenham amadurecidas compreensões e conceitos necessários à análise das razões – explícitas ou implícitas – da judicialização do contrato de consumo na atualidade. Para que, a partir desse "diagnóstico", se possam construir possibilidades concretas para o melhoramento deste "contratar", de modo a incentivar seu cumprimento voluntário e reduzir custos de transação, em benefício do equilíbrio do mercado de consumo.

3.1 CÓDIGO CIVIL E CÓDIGO DE DEFESA DO CONSUMIDOR BRASILEIROS: CONVERGÊNCIAS E DIVERGÊNCIAS

Como ensina Orlando Gomes (1983), o Código Civil – CC "foi o estatuto orgânico da vida privada, elaborado para dar solução a todos os problemas da vida de relação dos particulares" (GOMES, 1983, p. 45). Mas perdera a "generalidade e a completude" (GOMES, 1983, p. 45), as quais certamente não recuperará, pois chegará o tempo dos "microssistemas com a sua própria lógica e o seu método peculiar" (GOMES, 1983, p. 47) e passou o Código Civil a funcionar como "direito residual, a reger unicamente os casos não regulados nas leis especiais, tendo perdido a sua função de direito comum, de núcleo da legislação privada e de sede da disciplina das relações entre particulares." (GOMES, 1983, p. 47).

Tal constatação deu-se no início da penúltima década do século passado. Era um momento de transição no Brasil, eis que tramitava um projeto de novo Código Civil, vivia-se o início do "pós-ditadura militar", a luta por eleições diretas, a admissão

---

3. Como será examinado no quarto capítulo, "sonegar" informação pode ser "um barato que sai caro", pois acredita-se que não incentiva o cumprimento voluntário dos contratos, gerando judicialização e aumento dos custos de transação.
4. Artigo 170, IV, da CF/88.
5. Como lembram Amanda Flávio Oliveira e Felipe Moreira dos Santos Ferreira (2012), um exemplo desta importância "é o fato de que dois psicólogos ganharam o Prêmio Nobel de Economia por estudos na área da Economia Comportamental. Em 1978, Herbert Simon, da Universidade de Carnegie Mellon, recebeu o prêmio pelos seus estudos no desenvolvimento da ideia de 'racionalidade limitada', argumentando que o pensamento racional, por si só, não explica a tomada de decisões".

normativa da tutela coletiva, os ensaios para uma nova Constituição e se fortalecia o movimento por um direito específico de proteção aos consumidores, enquanto se vivia um momento de brutal inflação no país.

Hoje, já se tem uma nova Constituição, um novo Código Civil e um CDC. Mas mesmo passadas quase três décadas de sua vigência, o CDC ainda não tem o seu campo de aplicação devidamente compreendido e respeitado, suas ferramentas adequadamente aplicadas e ainda sofre muitos preconceitos como se fosse inimigo do mercado, do fornecedor e da geração de empregos e renda, como se fosse de um paternalismo populista e responsável. É muito comum, ainda, o uso indiscriminado de institutos do CDC, como se iguais fossem aos do CC quando, definitivamente não são.

Por essa premissa, no propósito de explicar as convergências e as divergências entre o direito do consumidor e o direito civil (representados, respectivamente, pelo CDC e pelo CC) e sua repercussão nos direitos da pessoa consumidora, imprescindível a análise do contexto histórico e político do surgimento do CDC, bem como o reconhecimento das principais diferenças entre contrato de consumo, contrato cível e contrato empresarial, como se verá adiante.

3.1.1 Alguns aspectos preliminares: do ajuste mútuo de vontades à adesão por confiança

O surgimento do Código de Defesa do Consumidor – CDC no cenário jurídico nacional ocorreu num momento de grande defasagem do Código Civil – CC (PASQUALOTO, 2002, p. 96). Um CC que, em 1916, após intensos debates públicos – no que se destacam os protagonizados por Clóvis Beviláqua e Rui Barbosa (ambos nordestinos) – rompia "a ininterrupta vigência, por mais de três séculos, das Ordenações Filipinas" (GOMES, 2006, p. 3)[6], mas que lamentavelmente, refletiu apenas o "ideal de justiça de uma classe dirigente, europeia por sua origem e formação, constituindo um direito que pouco levava em conta as condições de vida, os sentimentos ou as necessidades das outras partes da população, mantida em um estado de completa ou meia escravidão" (GOMES, 2006, p. 22)[7].

Tal cenário fez com que o CDC fizesse bem ao direito civil brasileiro: seu ingresso na arena jurídica pátria trouxe "novos ares" a todo o direito privado, que já coexistia

---

6. Orlando Gomes (2006, p. 9-10) denuncia, ainda, que as ordenações portuguesas vigoraram mais tempo no Brasil que em Portugal: "Interessante insistir na observação de que as Ordenações compiladas para o Reino de Portugal tiveram vida mais longa e influência mais decisiva no Brasil. Em 1867, Portugal organizou seu Código Civil, à base do projeto elaborado pelo Visconde Seabra. [...] não havendo exagero na proposição de que o Código Civil brasileiro constitui, em pleno século XX, uma expressão muito mais fiel da tradição jurídica lusitana do que a que pode representar o próprio Código Civil português promulgado cerca de cinquenta anos antes".
7. Tal distanciamento entre Direito "estatal" e realidade concreta foi bem examinado nos capítulos anteriores. E como adverte Joseane Suzart Silva (2018) "Aqueles princípios eram de extrema importância para o atendimento dos anseios da classe burguesa que alcançara o poder, visto que o objetivo era ampliar o campo das contratações e fazer com que fossem cumpridas, para que os lucros não fossem afetados. Assim sendo, durante os séculos XVII e XVIII, as codificações oitocentistas disciplinavam as regras jurídicas e determinavam o cumprimento literal da lei e dos contratos firmados, independentemente do equilíbrio ou não das prestações. A norma jurídica era a fonte única do direito e deveria ser interpretada e aplicada textualmente, para garantir que os interesses da classe dominante fossem resguardados e mantidos".

"com uma ordem jurídica muito mais avançada e desenvolvida"[8] e tinha o desafio de ser aplicado a partir de uma "visão de aperfeiçoamento das relações sociais em relação ao futuro" (AGUIAR JR., 2015). Neste cenário, a chegada do CDC, trouxe ao ordenamento jurídico aqueles princípios que precisavam ser utilizados pelo direito civil mesmo formalmente ausentes do CC (AGUIAR JR., 2015). O CC, entretanto, parece não ter feito bem às relações de consumo, como bem explica Rizzatto Nunes (2013, p.347):

> [...] em relação direito civil, pressupõe-se, uma série de condições para contratar, que não vigem para relações de consumo. No entanto, durante praticamente o século inteiro, no Brasil, acabamos aplicando às relações de consumo a lei civil para resolver os problemas que surgiram e, por isso, o fizemos de forma equivocada. Esses equívocos remanesceram na nossa formação jurídica, ficaram na nossa memória influindo na maneira como enxergamos as relações de consumo, e, atualmente, temos toda a sorte de dificuldades para interpretar e compreender um texto que é bastante enxuto, curto, que diz respeito a um novo corte feito no sistema jurídico e que regulam especificamente as relações que envolvem os consumidores e os fornecedores.

Em outras palavras: com a ausência de uma norma especial para as relações de consumo, o CC teve que abrigar e solucionar conflitos nessas relações. É que, como diz uma frase atribuída a Vivante, da mesma forma que "os raios já delimitavam os círculos antes de serem chamados de raios", os contratos *desiguais* de consumo materialmente existem bem antes de serem formalmente reconhecidos pelo direito pátrio (especialmente pela Lei n. 7347/85, pela CF/88 e pelo CDC[9]) e isso gerou uma "memória" que ofusca e confunde a identidade da relação de consumo.

Com o ingresso do CDC (1990) coincidiu com a vigência do CC (1916) ultrapassado, o advento da norma especial de consumo não lhe permitiu a necessária identidade e autonomia, pois teve que socorrer alguns contratos civis e empresariais que, embora de consumo não fossem, eram desiguais e exigiam um amparo que o CC não conseguia lhes fornecer, permanecendo, embora por motivo diverso, um entrelaçamento nas suas fronteiras.

Em outras palavras, pela obsolescência do CC, o campo de aplicação do CDC teve que momentaneamente se expandir (via teoria maximalista) para "emprestar" suas ferramentas para resolver conflitos civis e comerciais. Trata-se, entretanto, de uma fronteira bem tênue que precisa ser bem enxergada e delimitada sob pena de fragilizar ambas as tutelas, ainda que o entrelaçamento tenha se dado justificadamente, "aproximando a realidade jurídica da realidade social" (GOMES, 1957-2019, p. 15).

Uma das melhores explicações sobre as perigosas – mas ao mesmo tempo inevitáveis – consequências deste cruzamento, encontra-se em Rizzatto Nunes (2013) ao chamar a atenção de que – pela demora da chegada do CDC (bem depois da contratação em massa) – passou-se muito tempo a interpretar as relações jurídicas de consumo e os contratos delas decorrentes com "base na lei civil, inadequada para tanto, e como isso

---

8. Comentário de Ruy Rosado Aguiar Junior, em entrevista à Revista Civil Contemporâneo feita por Jorge Cesa Ferreira da Silva, v. 3, p. 355-374, abr./jun. 2015.
9. Há uma frase atribuída a Vivante que diz que os raios já delimitavam os círculos antes de serem chamados de raios. As relações de consumo, de fato, passam a existir desde o advento da produção massificada, mas só na segunda metade do século passado é que passam a ser identificadas e juridicamente reconhecidas.

se deu durante quase todo o século XX, ainda temos dificuldades em entender o CDC em todos os aspectos" e isso faz com que, ao se deparar com contratos *desiguais* de consumo, "nossa memória privatista" pressuponha que ele – cujas partes não se sentaram à mesa para pactuar-se[10], valha "do aforismo que diz *pacta sunt servanda*, posto que no direito civil essa é uma das características contratuais, com fundamento na autonomia da vontade" (NUNES, 2013, p. 348). Em outras palavras, embora o contrato gerado no "modo de produção, de oferta de produtos e serviços de massa dos séculos XX e XXI" fosse bem diferente do regulado pelo CC, até março de 1991 (com a vigência do CDC), no Brasil, aplicou-se, "o Código Civil às relações jurídicas de consumo, e isso gerou problemas sérios para a compreensão da própria sociedade" (NUNES, 2013, p. 348).

O contrato a ser cumprido nos termos civilistas é aquele negócio jurídico bilateral fruto do encontro de duas pessoas livres, "que se dispunham a conciliar interesses divergentes ou contrapostos, mediante acordo de vontades, pelo qual predeterminavam, após negociações preliminares, o conteúdo da relação jurídica que assim criavam, autolimitando, cada qual, sua liberdade" (GOMES, 1957–2019, p. 13). Era um contrato de iguais. Mas o processo de produção em massa e sua diferenciada velocidade precisaram "vir acompanhado de um modelo contratual", um instrumento contratual entre desiguais, que talvez nem de contrato pudesse ser chamado, pois:

> quem os examina, atentamente, choca-se com a deformação que os desfigura, a ponto de torná-los irreconhecíveis. Em certos setores, não é somente uma das partes que tem de curvar-se à vontade da outra, senão também esta há de conformar sua vontade à do Estado, de sorte que ocorre dupla adesão, mais não servindo o contrato do que de agente catalisador de iterativas relações jurídicas.
>
> Noutros, finge a lei que os participantes celebram *contrato*, mas verdadeiramente são obrigados a constituir o vínculo jurídico, dando-se-lhe o tratamento dispensando às relações contratuais devido à conveniência de assimilar as duas técnicas. Salta aos olhos, porém, *que o contrato imposto ou forçado refoge inteiramente à noção de contrato, como de resto, a situação em que, por exemplo, alguém se encontra de ter sido segurado sem sequer saber que o foi.* (GOMES, 1957–2019, p. 14, sem destaque no original).

Mas o fato é que, a partir do começo do século XX – quando as relações de consumo passaram a paulatinamente a, materialmente, ocorrerem, ainda que não sob este conceito –, o contrato passou a ser "planejado da mesma forma que a produção", pois "não tinha sentido fazer um automóvel e depois fazer vinte mil contratos diferentes para os vinte mil compradores" (NUNES, 2013, p. 347). E aqui, um importante "parêntese": o contrato por adesão não é exclusividade do direito do consumidor – tanto que positi-

---

10. Prossegue Rizzatto Nunes (2013, p. 347), explicando que "quando nos referimos às relações contratuais privatistas, o que se faz é uma interpretação objetiva de um pedaço de papel com palavras organizadas em preposições inteligíveis e que devem representar a vontade subjetiva das partes que estavam lá, na época do ato da contratação, transmitindo o elemento subjetivo para aquele mesmo pedaço de papel. E uma vez que tal foi feito, *pacta sunt servanda*, isto é, os pactos devem ser respeitados. Acontece que isto não serve para as relações de consumo. Esse esquema legal privatista para interpretar contratos de consumo é completamente equivocado, porque o consumidor não senta à mesa para negociar cláusulas contratuais. Na verdade, o consumidor vai a mercado e recebe produtos e serviços postos e ofertados. O problema é que a aplicação da lei civil, assim como a memória dos operadores do direito geram toda sorte de equívocos."

vado no CC 2002[11] – mas, sem dúvida, é a forma pela qual se firmam, em sua maioria, os contratos de consumo.

Registre-se que embora tal prática padronizada de contrato fosse realidade concreta desde o início da produção em massa (quando as relações de consumo eram tratadas como se civis fossem) e alguns estudiosos do direito privado – a exemplo de Clóvis do Couto e Silva (1964) e Orlando Gomes (1972)[12] – já a viessem anunciando[13], conceituando, repercutindo, estudando, esta forma de contratação por adesão – na qual as partes não têm espaço de discussão e ajustes, de "sentar-se à mesma mesa, na mesma altura" –, apenas em 1990, com o CDC, é que passa a, formalmente, integrar o ordenamento jurídico brasileiro[14] por meio do seu artigo 54[15].

É muito comum que "a casa de mãe seja sempre casa de filho"; que, por muito tempo, um filho se refira à casa da mãe como "lá em casa". E assim ocorre com a relação entre CC e CDC: o CC é a "casa materna" para onde o CDC pode sempre voltar[16]. Mas tal qual o filho a retornar à casa paterna, o faz por autonomia, por vontade, por ato seu e não por imposição. Neste sentido, oportuna a metáfora de Cláudia Lima Marques (2017):

> Se tivéssemos de utilizar uma figura de linguagem para descrever o modelo *sui generis* brasileiro, o direito privado brasileiro, reconstruído pela Constituição de 1988, seria semelhante a um edifício. O

---

11. "Art. 421. A liberdade contratual será exercida nos limites da função social do contrato. (Redação dada pela Lei n. 13.874, de 2019). Parágrafo único. Nas relações contratuais privadas, prevalecerão o princípio da intervenção mínima e a excepcionalidade da revisão contratual. (Incluído pela Lei n. 13.874, de 2019). Art. 421-A. Os contratos civis e empresariais presumem-se paritários e simétricos até a presença de elementos concretos que justifiquem o afastamento dessa presunção, ressalvados os regimes jurídicos previstos em leis especiais, garantido também que: (Incluído pela Lei n. 13.874, de 2019). I – as partes negociantes poderão estabelecer parâmetros objetivos para a interpretação das cláusulas negociais e de seus pressupostos de revisão ou de resolução; (Incluído pela Lei n. 13.874, de 2019). II – a alocação de riscos definida pelas partes deve ser respeitada e observada; e (Incluído pela Lei n. 13.874, de 2019). III – a revisão contratual somente ocorrerá de maneira excepcional e limitada. (Incluído pela Lei n. 13.874, de 2019). Art. 422. Os contratantes são obrigados
12. Sobre a produção visionária de Orlando Gomes abrindo caminho sólido, via doutrina, ao antecipar situações, necessidades e conceitos para a consolidação do direito do consumidor no Brasil, importante o artigo de Joseane Suzart Lopes da Silva (2018) intitulado "Os contratos padronizados de consumo e a posição visionária de Orlando Gomes em defesa do vulnerável".
13. É de ressaltar que Orlando Gomes "inaugura tais discussões no Brasil", mas adverte, informando que o autor da expressão "contrato de adesão" foi Saleilles (alemão, em 1930), segundo o qual "Há supostos contratos que do contrato só têm o nome, e cuja construção jurídica ainda está por fazer". Em seguida, afirma que "poder-se-ia chamá-los, por ausência de melhor termo, de contratos de adesão, nos quais há o predomínio exclusivo de uma só vontade", que age de forma unilateral, "que dita sua lei, não mais a um indivíduo, mas a uma coletividade indeterminada" (SILVA, 2018).
14. Apenas em 2002 é que passa a integrar o CC (art. 421), de modo que nas hipóteses de existência de contrato de adesão em relações empresariais e/ou cíveis, até este momento, tais questões eram resolvidas pela teoria maximalista, ampliando o campo de aplicação do CDC.
15. "Art. 54. Contrato de adesão é aquele cujas cláusulas tenham sido aprovadas pela autoridade competente ou estabelecidas unilateralmente pelo fornecedor de produtos ou serviços, sem que o consumidor possa discutir ou modificar substancialmente seu conteúdo. § 1º A inserção de cláusula no formulário não desfigura a natureza de adesão do contrato. § 2º Nos contratos de adesão admite-se cláusula resolutória, desde que a alternativa, cabendo a escolha ao consumidor, ressalvando-se o disposto no § 2º do artigo anterior. § 3o Os contratos de adesão escritos serão redigidos em termos claros e com caracteres ostensivos e legíveis, cujo tamanho da fonte não será inferior ao corpo doze, de modo a facilitar sua compreensão pelo consumidor. § 4º As cláusulas que implicarem limitação de direito do consumidor deverão ser redigidas com destaque, permitindo sua imediata e fácil compreensão".
16. Cláudia Lima Marques (2019) elenca três formas de relação entre CC e CDC, de coerência, de complementaridade e subsidiariedade e de coordenação e adaptação sistemática.

Código Civil de 2002 é a base geral e central, é o próprio edifício, em que todos usam o corredor, o elevador, os jardins, é aguardar, assim na conclusão do contrato, como em sua execução, os princípios de probidade e boa-fé. Art. 423. Quando houver no contrato de adesão cláusulas ambíguas ou contraditórias, dever-se-á adotar a interpretação mais favorável ao aderente. Art. 424. Nos contratos de adesão, são nulas as cláusulas que estipulem a renúncia antecipada do aderente a direito resultante da natureza do negócio. Art. 425. É lícito às partes estipular contratos atípicos, observadas as normas gerais fixadas neste Código. Art. 426. Não pode ser objeto de contrato a herança de pessoa viva." entrada comum a civis, a empresários e a consumidores em suas relações obrigacionais. Já o CDC é um local especial, só para privilegiados, é como o apartamento de cobertura: lá existem privilégios materiais e processuais para os diferentes, que passam por sua porta e usufruem de seu interior, com piscina, churrasqueira, vista para o rio ou o mar e outras facilidades especiais. Pela porta da cobertura só entram os convidados: os consumidores, os diferentes, em suas relações mistas com fornecedores. Sustentando conceitualmente o privilégio ou como base do CDC está o CC/2002, com seus princípios convergentes (boa-fé, combate ao abuso, à lesão enorme, à onerosidade excessiva etc.), sempre pronto a atuar subsidiariamente.

A diferença de paradigma é, porém, substancial: a proteção do desigual concedida pelo CDC é mais forte do que a boa-fé normal das relações entre iguais. Isso se deve aprender do modelo alemão, que optou por incluir normas diferentes e cláusulas gerais especiais para a defesa do mais fraco. Assim, se há o paradigma da boa-fé nas relações entre iguais (dois empresários) e há o dever de informar, é claro que a informação entre *experts* deve ser mais branda, mesmo que leal, pois são dois profissionais e especialistas. Já a informação do *expert* em relação ao consumidor é um dever qualificado, há que se pressupor que ele é um leigo, há dever de esclarecer[17], aconselhar, explicar dados que seriam banais e pressupostos entre dois empresários, mas não entre um profissional e um leigo.

Em outras palavras, o fornecedor que entra no apartamento de cobertura para fazer negócios com os consumidores sabe que sua boa-fé deve ser qualificada, o que não quer dizer que nos outros andares do edifício não tenha também de boa-fé. Esta é a grande lição da magistral reforma dos alemães, neste início de século XIX: quem usar o mesmo paradigma e o CC/2002 (sem o CDC!) na relação entre diferentes estará violando o valor (Wert) constitucional de proteger os consumidores de forma especial, mesmo que invoque a boa-fé para fazê-lo! (MARQUES; BENJAMIN; BESSA, 2017, p. 154).

O CC é um alicerce, uma raiz, mas o CDC é uma árvore com frutos e objetivos próprios, a bem da própria ordem econômica brasileira, da qual a defesa do consumidor é princípio expresso e explícito. Repetir que a defesa do consumidor é princípio da ordem econômica é necessário para que não se esqueça de que a proteção do consumidor não é apenas a sua própria defesa, mas a salvaguarda do próprio mercado, que, sem a pessoa consumidora, não sobrevive. Ou, como tratado no segundo capítulo: os danos da vulnerabilidade transcendem a vulnerabilidade e afetam todo o sistema. Por melhor, mais caro e mais moderno que seja um automóvel, ele pode parar de funcionar, no meio de uma estrada erma, por problema em uma peça de dez centavos. Este é detalhe de fundamental importância.

Em que pese todo o exposto, até hoje na prática jurídica, é comum, ver-se ação que trata de relação de consumo fundamentada no CC; ou a discussão sobre o cabimento ou não de força maior ou caso fortuito na apuração da responsabilidade civil do forne-

---

17. Sobre o dever de esclarecer, José Cláudio Diógenes Porto (2018, p. 106), destaca o direito de informação do consumidor implica o dever de explicação do fornecedor, cuja ausência implica a "não vinculação do consumidor ao contrato, haja vista não lhes ter sido dada a oportunidade de efetivamente tomar conhecimento prévio do seu conteúdo (artigo 46 do Código de Defesa do Consumidor).".

cedor – que tem rol exaustivo de excludente de responsabilidade – ou querer-se aplicar o artigo 330 do CPC[18] aos contratos de consumo, quando muitas vezes, o contrato que o consumidor recebe é um pequeno papel extraído do caixa eletrônico[19], e condicionar seu ingresso em juízo a um contrato que não recebera nos moldes formais, mas apenas por um "boleto" é subtrair-lhe indevidamente o direito ao acesso à Justiça.[20]. Ou seja: ou se reconhece em todas as dimensões da aplicação do (s) direito (s) ou jamais se conseguirá efetividade ao direito do consumidor em prejuízo do "necessário desenvolvimento econômico e tecnológico".[21]

Isso sem falar da própria produção da prova, a ignorar as possibilidades de inversão legal[22] e a autêntica normatização dos contratos de consumo (arts. 46 a 54 do CDC), ou as questões que envolvem garantia legal, contratual, vício oculto e aparente. São muitos e cotidianos, os exemplos. Há, muitas vezes, não apenas nas petições, mas nas decisões, uma aleatoriedade que não deixa claro se está fundamentando no CC ou no CDC ou que o direito à facilitação da defesa dos direitos do consumidor – de que é exemplo a inversão judicial do ônus da prova – é tido como espécie de inversão do ônus da prova, a confundir gênero com espécie, em detrimento do direito a tratamento igualitário no processo (a implicar, por expressa previsão legal, tratamento diferenciado ao consumidor)[23].

---

18. "Art. 330. A petição inicial será indeferida quando: [...] § 2º Nas ações que tenham por objeto a revisão de obrigação decorrente de empréstimo, de financiamento ou de alienação de bens, o autor terá de, sob pena de inépcia, discriminar na petição inicial, dentre as obrigações contratuais, aquelas que pretende controverter, além de quantificar o valor incontroverso do débito. § 3º Na hipótese do § 2º, o valor incontroverso deverá continuar a ser pago no tempo e modo contratados.".
19. Ao qual o artigo 48 do CDC dá alidade.
20. Inclusive, neste sentido, importante compartilhar o exemplo do processo número 0143865-80.2016.8.06.0001 Tramitou perante a 25ª Vara Cível da Comarca de Fortaleza (e depois da especialização das varas foi encaminhado para a 8ª Vara Cível), no qual, inicialmente (às suas fls. 33) foi determinada a juntada do contrato pela consumidora promovente sob pena de inépcia da inicial, porquanto a contratação tenha sido feita por telefone sem que a consumidora tenha recebido qualquer via do contrato. Em emenda à inicial fora demonstrado que "impedir a revisão pela ausência do contrato é premiar o fornecedor que não cumpriu seu dever de enviar o contrato" de modo que em se tratando de contrato de consumo, o artigo 330 §2º do CPC deve ser interpretado em diálogo com os artigos 7º e 8º do mesmo CPC e com os dispositivos do CDC, entre os quais o que expressamente determina que é direito do consumidor a facilitação da defesa dos seus direitos (Artigo 6º São direitos básicos do consumidor: [...] VIII – A facilitação da defesa de seus direitos, inclusive com a inversão do ônus da prova, a seu favor, no processo civil, quando, a critério do juiz, for verossímil a alegação ou quando for ele hipossuficiente, segundo as regras ordinárias de experiências).
21. "Art. 4º [...]. III – harmonização dos interesses dos participantes das relações de consumo e compatibilização da proteção do consumidor com a necessidade de desenvolvimento econômico e tecnológico, de modo a viabilizar os princípios nos quais se funda a ordem econômica (art. 170, da Constituição Federal), sempre com base na boa-fé e equilíbrio nas relações entre consumidores e fornecedores;".
22. Neste sentido, importante a decisão nos autos do processo 0503084-24.2011.8.06.0001, no qual, após a Defensoria Pública arguir a questão da distribuição da prova naquela situação que envolvia consumidora idosa (fls. 244-247), o Juízo da 25ª Vara Cível, representado pela magistrada Maria José Sousa Rosado de Alencar, organizou a produção da prova (fls. 248).
23. Nos autos do processo número 0008172-37.2010.8.06.0001, em curso na 25ª Vara Cível, foram opostos embargos de declaração para esclarecer se o fundamento da sentença foi CC ou CDC, vez que não teria ficado claro a utilização do artigo 14 do CDC, o que faz toda diferença na análise do caso concreto. Tal ação encontra-se em trâmite no Tribunal de Justiça do Estado do Ceará, para julgamento de apelação. É muito comum, tanto em petições como em decisões, a menção aleatória ao CC e ao CDC.

O fato é que direito do consumidor não é direito civil e com ele não se confunde. Sobre essa diferença, destaca Cláudia Lima Marques (2019B), que o artigo 112 do CC é exemplo de que enquanto o CC privilegia a teoria da vontade; o CDC, por seus artigos 30 e 25, prioriza a teoria da declaração ou da confiança (MARQUES, 2019B, *kindle*).

As regras dos contratos civis, repita-se, "não servem" (NUNES, 2013, p. 347) aos contratos de consumo. Nestes, a vontade é substituída pela adesão à confiança que passa "de coadjuvante à protagonista na seara contratual" em um "cotidiano marcado tanto pela expansão de relações contratuais cada vez mais complexas como pelo distanciamento que afasta as pessoas umas das outras" (CATALAN, 2019, p. 133). E este crescimento valorativo (e normativo[24]), se deve, entre outros motivos, ao declínio do voluntarismo e da autonomia da vontade provocados pela ascensão da autonomia privada, aos influxos que emanam da força normativa dos princípios, e da necessidade manifesta de tutelar uma infinidade de vulnerabilidades e assimetrias de distintas ordens, sem esquecer-se de se levar em conta as complexidades dos direitos civis (CATALAN, 2019, p. 134)[25].

Adverte, ainda, Marcos Catalan (2019), que diante das "múltiplas faces do direito na contemporaneidade" não cabe visão subjetiva de confiança, mas a confiança objetiva positivada no artigo 30 do CDC[26], principalmente nesses tempos em que a "vontade fundante das manifestações de vontade é facilmente influenciável, manipulável e também por isso, *dinamicamente inconsistente*" (CATALAN, 2019, p. 135) e explica:

> A relação obrigacional obriga, assim, não por ter sido semeada sobre os campos férteis da autonomia privada – ela não nasce da soberania das vontades que pouco tem de soberanas – mas por estar ancorada na 'aura de confiança' que deriva a comunicação social tão importante à vida em sociedade e, por isso, ao Direito cabe garantir que aquela não seja frustrada.

Passou-se de um ajuste mútuo de vontades (impossibilitado de ser construído diante da velocidade dos negócios atuais) para uma "apuração" e "adesão" à confiança: a opção passa a ser confiar ou não confiar, pois não mais se tem como alternativa a construção de vontades, mas apenas aderir ou não aderir. Inclusive, como "parâmetros" desta confiança, dentre outros, passam-se a usar cada vez mais os *rankings* de avaliação de serviços de economia compartilhada ou de ferramentas privadas de reclamações do consumidor (a exemplo do *site* "Reclame aqui" que inspirou uma ferramenta pública que tem se revelado muito eficiente, que é o "consumidor.gov.br", da qual se tratará no quarto capítulo). O processo de "escolha em quem confia" tem uma fase de pesquisas da "imagem" da empresa, da "confiança" que exala, do número de reclamações que recebeu e resolveu. Mas tal metodologia para tomada de decisões abrange uma grande

---

24. Marcos Catalan (2019, p. 133) explica que como a confiança parte de uma estrutura principiológica é, portanto, dotada de força normativa.
25. Para Marcos Catalan (2019, p. 134) "a fundamentalidade dos direitos civis" inclui, no Brasil, a proteção contratual do consumidor. Todavia, acredita-se que ele está a denominar direito civis como os direitos "pertencentes" ao direito privado, a esfera da vida civil de cada pessoa.
26. Valendo-se das lições de Antonhy Giddes (1995), Marcos Catalan (2019) demonstra a complexidade da construção da confiança em uma sociedade "pós-tradicional", na qual há uma constante e invisível interação com pessoas que nunca vimos ou encontramos, "mas cujas ações afetam diretamente caraterísticas de nossa própria vida" (GIDDENS, 1995, p. 139). Registre-se que versão do livro de Marcos Catalan é de 1997, e aqui se trabalha com a de 1995 e que, na versão de 1995 ora examinada, a transcrição mencionada está às fls. 139.

interdependência – não presente nas escolhas e decisões nas relações civis e comerciais bem como nos contratos delas decorrentes – da "vida cotidiana atual", de modo que a tomada de decisões "é fundamentalmente uma questão de poder. Uma decisão, é claro, é sempre escolha de alguém e, em geral, todas as escolhas, mesmo aquelas dos mais pobres ou aparentemente impotentes, sofrem refração das relações de poder preexistentes" (GIDDENS, 1995, p. 119).

Ou seja, os consumidores "aderem sem conhecer as cláusulas, confiando nas empresas que as pré-elaboraram e na proteção que, esperam, lhes seja dada por um Direito mais social" (MARQUES, 1992). Este direito é justamente o do consumidor, que coloca a informação como uma obrigação transversal, a atravessar todas as fases da formação de sua vontade. Garante, inclusive, execução específica (arts. 35 e 84 do CDC) de tudo que lhe motivar a contratação. São tempos que "impõem uma visão da obrigação como um processo muito mais complexo e duradouro do que uma simples prestação contratual, um dar e um fazer momentâneo entre parceiros contratuais teoricamente iguais, conhecidos e escolhidos livremente" (MARQUES, 1998).

Daí o lugar diferenciado da confiança no contrato de consumo. As informações, no CC e no CDC, "divergem de modo radical" (BENJAMIN, 2005, p. 297). Enquanto o CC estrutura-se em torno da teoria da vontade, o CDC, ao contrário, privilegia "conjuntamente, as teorias da declaração (veiculação, art. 30) e da confiança (expectativa legítima dos consumidores)" (BENJAMIN, 2005, p. 297). E Antônio Herman Vasconcellos e Benjamin (2005) prosseguem a explicar, de forma cirúrgica, como a informação – justamente por uma relação se estruturar na igualdade das partes e a outra, na desigualdade – repercute de forma diferente na formação de obrigações ao consumidor diante do fornecedor (desiguais) e na formação de obrigações ao empresário em face de outro empresário ou de um cível frente a outro cível (iguais):

> A dois, na medida em que diverge a divisão de riscos no CC e no CDC, aceitando aquele a responsabilidade civil objetiva somente em linha de exceção (arts. 186 e 927), enquanto este, ao revés, abriga a responsabilidade subjetiva só de forma extraordinária (por exemplo, o art. 14, §4º, no campo dos serviços prestados por profissionais liberais). Rizzato Nunes resume com rigor a matéria: 'se o fornecedor quiser voltar atrás na oferta não poderá fazê-lo, até porque, como de resto decorre da estrutura do CDC, a oferta tem caráter objetivo'.
>
> A três, como decorrência inevitável do paradigma ético-social que orienta as duas legislações; numa (o CC), o paradigma é, por princípio, o da relação entre iguais; na outra (o CDC), o paradigma é o da vulnerabilidade do consumidor, como presunção absoluta (art. 4º, I).
>
> A quatro, já que não pode o legislador – sob pena de violação da regra constitucional de tutela especial do sujeito vulnerável, o consumidor – *presumir* que milhares ou milhões de destinatários de um determinado anúncio sejam, todos eles, atingidos pelo anúncio-revogação. As presunções contra o consumidor são inconstitucionais, pois violam o próprio sentido e fundamento do sistema protetório particular.
>
> Em outras palavras, não foi por descuido ou esquecimento que o legislador do CDC deixou de prever a revogação da oferta publicitária. Assim, agiu, simplesmente por considerá-la incompatível com os fundamentos, princípios e estrutura filosófica do sistema especial (BENJAMIN, 2005, p. 297).

Assim, passa-se de um contrato baseado na mútua construção de vontade (CC), para a existência, em paralelo ao contrato cível e ao contrato comercial (que continuam a existir) de um contrato baseado na unilateral adesão à confiança que se espera do fornecedor. A adesão, portanto, não é a um contrato, em si. Mas à confiança despertada pelo fornecedor, a qual vincula e admite execução específica da obrigação.

3.1.2 O diálogo das fontes e a relação de *não submissão* entre Código de Defesa do Consumidor e Código Civil

O direito do consumidor não é o CDC. O CDC é uma lei infraconstitucional muito importante, um dos "filhos primogênitos" da ordem constitucional vigente. Mas a lei não é o Direito. A lei é uma fonte do direito. Das mais importantes fontes do direito. Mas é apenas uma fonte, não é "a" fonte. E tanto o próprio CDC sabe disso, que em seu artigo 7º deixa claro que os direitos nele previstos não excluem outros direitos de proteção do consumidor. Em outras palavras, ao encerrar a teoria geral do direito do consumidor[27], com o artigo 7º, o legislador consumerista implicitamente comunica que o direito do consumidor é maior que o CDC, é maior que a lei do consumidor. Por seu turno, o direito do consumidor se propõe, por meio de normas de ordem pública e interesse social, a proteger um sujeito de direitos – o consumidor – considerado mais fraco nas suas relações de direito privado (MARQUES, 2017, p. 59). Tal sujeito não é estático, tem existência dinâmica, vez que é identificado não por si, mas por sua relação com o produto ou o serviço diante de uma parte adversa profissional o que repercute em um igualmente dinâmico campo de aplicação, com fronteiras delimitadas a cada caso concreto, sempre atualizadas conforme as variações do mercado[28].

Ele não concorre com o direito civil. E neste contexto, é importante frisar que o CDC não surgiu pela "defasagem" do CC, mas por exigência de proteção da pessoa consumidora no mercado de consumo. Objetivo diverso tem o CC. Como bem explica Orlando Gomes (1983), os microssistemas não constituem uma resposta ou uma reação à eventual desatualização do Código Civil:

> Parecerá a um jurista de breves análises que a proliferação de leis especiais se deve simplesmente ao atraso histórico do Código Civil, bastando, para atualizá-lo, acertar o passo com a dinâmica da realidade dos novos tempos. Seria, porém, desconhecer o espírito das leis que estão esvaziando o Código Civil. É somente por uma comodidade de linguagem que se continua a chamá-las extravagantes, como se o Código ainda fosse, ou pudesse ser, a disciplina geral das relações jurídicas próprias da sociedade civil. A bem dizer, essas leis nada têm de especiais, eis que não são desdobramentos de institutos codificados, não regulam matéria estranha ao conteúdo do direito privado, nem apanham menor número de destinatários ou de hipóteses, até porque como observou alguém, o seu consumo é maior do que o dos artigos do Código Civil. Constituem distintos 'universos legislativos', de menor porte, denominados por um autor com muita propriedade, 'microssistemas', tal como sucede, por exemplo, com o regime das locações. Estes microssistemas são refratários à unidade sistemática dos códigos porque têm a sua própria filosofia e enraízam em solo irrigado com águas tratadas por outros critérios, influxos e métodos distintos. [...] Nem, afinal, faria sentido transformar o Código Civil na sede emprestada de uma pluralidade de microssistemas centrífugos (GOMES, 1983, p. 47-48).

Cada vez mais se tem certeza de que um dos maiores desafios na concretização do direito do consumidor (o que se refletirá no maior equilíbrio do mercado de consumo e

---
27. Artigos 1º a 7º do CDC.
28. É, inclusive, princípio do direito do consumidor, o estudo constante das modificações do mercado de consumo.

na mais pungente atividade econômica) é a compreensão de que o contrato de consumo não pode ser tratado da mesma forma que o contrato civil. Um exemplo: um microempresário, dono de uma pequena academia, foi surpreendido com a perda de renda decorrente do Decreto do Estado do Ceará n. 33.519, de 19/03/2020, de isolamento social em face da pandemia COVID-19, diante da suspensão, por questão de saúde pública, das suas atividades profissionais. Ingressou, por meio do NUDECON-CE, com ação de readaptação contratual com base no artigo 6°, V do CDC em face da excessiva onerosidade decorrente do fato superveniente da pandemia (direito garantido desde o advento do CDC, em 1990). Com fundamento no art. 478 do CC, ignorando, por completo, a peculiaridade do contrato de consumo e seu regramento específico (em especial os artigos 6°, V e 46 a 54 do CDC), foi-lhe negada a tutela de urgência. Trata-se do processo de número 0228906-73.2020.8.06.0001, em curso na 38ª Vara Cível da Comarca de Fortaleza. Se se tratasse de contrato cível ou empresarial, a decisão seria irrepreensível. Mas se trata de contrato de consumo, em que um consumidor, vulnerável e de boa fé (antes da pandemia não tinha atrasado uma prestação sequer) busca, em face de um dos mais sólidos bancos do país – Banco Safra, considerado "a quinta maior instituição financeira do país, em termos de total de ativos" (REIS, 2017), a readaptação do contrato enquanto durar a pandemia. Não se trata, definitivamente, de um contrato entre iguais[29].

Então não se pode fundamentar uma demanda consumerista em dispositivos do CC? Sim, desde que para ampliar direitos, com base no "diálogo das fontes". Ou seja, demonstra-se tratar-se de contrato de consumo submetido ao CDC, o qual prevê no seu artigo 7° do CDC:

> Art. 7° Os direitos previstos neste código não excluem outros decorrentes de tratados ou convenções internacionais de que o Brasil seja signatário, da legislação interna ordinária, de regulamentos expedidos pelas autoridades administrativas competentes, bem como dos que derivem dos princípios gerais do direito, analogia, costumes e equidade.

Com "a porta aberta" pelo próprio CDC é que se pode valer do CC. O "diálogo das fontes" é fruto da teoria do professor Alemão Erik Jayme e chegou ao Brasil por meio de Cláudia Lima Marques que foi sua orientanda na Universidade de Heideberg, na Alemanha. Como lembram Herman Benjamin e Cláudia Lima Marques (2018), o fascinante na teoria de Erik Jayme do "diálogo das fontes" é sua força simbólica de contribuir para a aplicação das normas valorativas de direitos humanos e protetivas da condição humana, pois busca uma soma efetiva e propositiva das mais diversas normas.

---

29. Sobre as diferenças entre contrato de consumo e contrato cível, Bruno Miragem (2016), lembra que nos termos do "artigo 6°, V, do CDC, em sua segunda parte, o direito subjetivo do consumidor à revisão do contrato decorre da circunstância de que fato superveniente tenha tornado excessivamente onerosas as prestações. Não faz referência, assim, ao requisito sobre imprevisibilidade ou não do fato superveniente que tenha dado causa à desproporção. Neste sentido, o CDC, coerente com a diretriz de impedir a transferência de riscos de negócio ao consumidor, assim como de promover uma maior objetivação do exame e avaliação do comportamento das partes do contrato de consumo, afasta a exigência (e com isso a necessidade de comprovação) de que o fato que tenha dado causa à desproporção fosse imprevisível. O objetivo desta disposição é a proteção do consumidor não apenas com relação a fatos supervenientes que desestruturem o plano do contrato e a possibilidade de adimplemento, mas também uma vedação a que riscos inerentes ao negócio do fornecedor sejam repassados ao consumidor, quando a responsabilidade pelos mesmos seja daquele que desenvolve a atividade negocial (MIRAGEM, 2016, p. 221).

Não há exclusão, há integração e soma. Os juízes "ficam obrigados a coordenar estas fontes 'escutando' o que elas dizem." (BENJAMIN; MARQUES, 2018). Por óbvio, tal teoria se aplica à relação entre CC e CDC[30]. Neste sentido vale transcrever, a explicação de Cláudia Lima Marques (2004, s.p.):

> Útil, pois, é a ideia de 'diálogo' das fontes, diálogo que significa a aplicação simultânea, coordenada e sistemática destas duas leis principais e coexistentes no Direito Privado brasileiro. Três serão, em resumo, os diálogos entre o Código Civil de 2002 e o Código de Defesa do Consumidor: o diálogo sistemático de coerência, o diálogo sistemático de complementariedade e subsidiariedade em antinomias (reais ou aparentes) e o diálogo de coordenação e adaptação sistemática.

Ruy Rosado de Aguiar Junior (2016) – que foi Ministro do Superior Tribunal de Justiça onde exerceu papel extremamente importante para a consolidação do direito do consumidor no Brasil – ao ser perguntado sobre a relação entre direito do consumidor, direito civil e direito comercial, explicou que, embora o Código Civil assumisse uma posição central, teria o CDC e o CCom[31] ao lados e "todos de algum modo influenciariam e seriam influenciados" (AGUIAR JR., 2015). Esclarece, ainda, que não se trataria de uma coexistência à parte geral:

> No contexto dos três diplomas, além da parte geral que têm ou possam ter, encontraremos regras e princípios utilizáveis para a solução de casos concretos que, embora submetidos basicamente a uma das leis, possam ser interpretados com o auxílio da outra. Os conceitos dos diversos tipos de relações podem auxiliar na compreensão de situação prevista em outro diploma. O certo é que, em princípio, cada uma delas tem suas próprias normas interpretativas, e aplicação deve corresponder à hermenêutica de cada uma delas. Embora essa recíproca influência, O Direito Civil vai continuar sendo o centro, o cerne de toda a estrutura de Direito Privado. Cabe a ele ter as normas básicas, as definições mais relevantes. (AGUIAR JR., 2015, s.p.).

Ou seja, o CC funcionaria como uma base comum conceitual, na qual residem conceitos estruturais, tais como prescrição e decadência, pessoa natural e jurídica, entre tantos outros, mas cada um teria suas próprias dinâmicas "identitárias", as ferramentas necessárias para a realização dos fins do respectivo microssistema que, no direito do consumidor, é equilibrar a relação de consumo vez que, como adverte Cláudia Lima Marques (2003),

> A convergência de princípios e cláusulas gerais entre o Código de Defesa do Consumidor e o Novo Código Civil de 2002 e a égide da Constituição Federal de 1988 garantem que haverá diálogo e não retrocesso na proteção dos mais fracos nas relações contratuais. O desafio é grande, mas o jurista brasileiro está preparado. (MARQUES, 2013, s.p.).

---

30. Foi trazida pelo CDC, mas já rompeu os limites do direito do consumidor, como bem demonstram Herman Benjamin e Cláudia Lima Marques (2018, s.p.), ao elucidarem que "a análise da jurisprudência confirma que a teoria do diálogo das fontes foi incorporada à teoria geral do direito brasileiro33 e muito bem recebida pelas cortes estaduais e superiores. No início de 2016, no site do STJ, encontram-se 29 decisões das turmas sobre utilizando a expressão diálogo das fontes e mais de mil decisões monográficas são indicadas no site (para sermos exatos, 1.201 decisões!).".

31. Certamente, ele se referia ao projeto de Código Comercial, pois no ano anterior, afirmou que "O Código Comercial trata de uma relação específica entre empresários. As relações entre empresários deve ter uma conotação diferente daquelas entre os cidadãos comuns, leigos, que fazem um contrato de locação, ou um cidadão comum que faz um contrato de consumo. Diferentemente dessa situação está o empresário, de quem se presume ter certos conhecimentos, a quem se impõe certos deveres e a quem, portanto, se exige uma conduta comercial, uma conduta negocial, diferente da que se faz para o cidadão leigo. Isso me parece que justifica a existência de uma lei específica para o empresário." (AGUIAR JR., 2015).

Um exemplo concreto de diálogo das fontes entre CC e CDC nasceu de uma das conclusões da "Carta de Porto Alegre"[32], a qual recomendava, no tratamento para o superendividamento, a utilização do artigo 480 do CC[33]. Tal estratégia foi utilizada no processo número 0135291-68.2016.8.06.0001[34], em curso na 1ª Vara Cível da Comarca de Fortaleza. Era um caso de superendividamento e o diálogo das fontes, foi utilizado para permitir, naquele contrato de consumo, o uso do Código Civil (art. 480) e da Lei de Recuperação Judicial de Empresas[35]. Outro caso está em curso na 4ª Vara Cível da Comarca de Fortaleza e tem por fundamento o diálogo entre os artigos 30 e 35 do CDC, e a lei do consórcio diante da vinculação da informação prestada à consumidora, vulnerável juridicamente.

3.1.3 Contrato de consumo

O contrato de consumo tem regras próprias, em sua maioria ainda subutilizadas. Tais regras não se resumem ao capítulo VI do CDC – arts. 46 a 54 – mas são transversais a todo o CDC. O direito à informação, por sua vez, não é um fim em si mesmo, pois se reflete na liberdade de escolha e na própria boa-fé objetiva: para bem exercê-lo é preciso que o fornecedor conheça bem o produto e o serviço e importe-se em fazê-la chegar efetivamente ao consumidor, ao vencer as barreiras trazidas por sua vulnerabilidade.

Assim, uma discussão judicial de um contrato de consumo precisa ser resolvida com base no microssistema consumerista, não no CC ou em qualquer outra norma. Como visto no tópico anterior, até é possível valer-se de dispositivos do CC, mas inseridos pela metodologia do diálogo das fontes, de forma integrada e transparente. Não se pode, como no caso concreto supratranscrito[36], uma decisão em contrato de consumo fundamentar-se pelo CC, como se contrato cível fosse. Tal "hábito" se deve à juventude, em termos históricos, dos microssistemas: muitos que hoje aplicam o direito (juízes, promotores, defensores, advogados) não estudaram direito do consumidor na graduação em direito (que, em algumas faculdades de direito sequer é disciplina obrigatória). Todavia, dados do CNJ apontam direito do consumidor como o 6º assunto mais demandado nas cortes de Justiça do país (só em 2018 foram 4.797.905 casos novos sobre direito do consumidor[37]). E, repita-se, direito do consumidor não é direito civil.

---

32. Compilação das discussões realizadas no I Congresso Internacional Defensoria Pública e Proteção do Consumidor, em 2004, na cidade de Porto Alegre (RS), sob a coordenação a Professora Cláudia Lima Marques e da Defensora Pública Adriana Fagundes Burger, realizado em parceria da UFRGS e do Núcleo Cível da DPGE-RS. Consta na retromencionada Carta "Necessidade de aplicação do art. 480 do CC a todas as modalidades contrato de crédito ao consumidor, a fim de ressaltar o dever de cooperação do fornecedor, impondo a alteração do modo de executar-se uma dívida. Isso porque se a possibilidade existe para o contrato de mútuo, também deve existir para todos os consumidores em geral, em face da determinação do art. 7o do CDC.".
33. Art. 480. Se no contrato as obrigações couberem a apenas uma das partes, poderá ela pleitear que a sua prestação seja reduzida, ou alterado o modo de executá-la, a fim de evitar a onerosidade excessiva.
34. Foi ajuizado pelo Escritório de Prática Jurídica da Universidade de Fortaleza – UNIFOR, que funciona em parceria com a DPGE-CE.
35. A utilização analógica da lei de recuperação judicial de empresas, para o falido cível, foi inspirada no artigo de Teresa Cristina Gaulia, publicado na RDC.
36. Processo número 0228906-73.2020.8.06.0001.
37. Dados publicados em 2019 e colhidos em 2018. BRASIL. Conselho Nacional de Justiça. Disponível em: https://paineis.cnj.jus.br/QvAJAXZfc/opendoc.htm?document=qvw_l%2FPainelCNJ.qvw&host=QVS%40neo dimio03&anonymous=true&sheet=shResumoDespFT. Acesso em: 11 jun. 2020.

Para deixar ainda mais clara tal diferença, serão apresentadas adiante as normas gerais do contrato de consumo, a orientação expressa do CDC a contratos específicos (contratos financeiros, contratos imobiliários, contratos de garantia e contratos a distância) e a responsabilidade pelo cumprimento do contratado.

3.1.3.1 As normas gerais do contrato de consumo

Para todos os contratos de consumo, sem prejuízo da aplicação de outras regras contidas neste mesmo microssistema, destacam-se as contidas nos artigos 46, 47, 48, 51 e 54 do CDC. Observa-se, no CDC, a estratégia de ir apresentando ferramentas para garantir o equilíbrio do mercado de consumo: não é ser paternalista ou permissivo, mas apenas suprir a ausência de negociação prévia – que, como visto foi substituída pela opção de simplesmente "confiar ou não confiar no fornecedor" – cria um método de aferição e responsabilização a bem do devido cumprimento do contrato. Quando, por exemplo, deixa claro que o consumidor não será obrigado a cumprir o que não lhe foi dito antes da contratação, há um incentivo reverso a que o fornecedor seja o mais claro possível antes de firmar o contrato: se não fizer, não poderá exigir seu posterior cumprimento. Tal metodologia, abrange as seguintes etapas:

a) Informação clara e expressa anterior à contratação:

O artigo 46[38] dispõe que "Os contratos que regulam as relações de consumo não obrigarão os consumidores, se não lhes for dada a oportunidade de tomar conhecimento prévio de seu conteúdo, ou se os respectivos instrumentos forem redigidos de modo a dificultar a compreensão de seu sentido e alcance." O artigo 47, por sua vez, que "As cláusulas contratuais serão interpretadas de maneira mais favorável ao consumidor.".

O primeiro passo na análise de *qualquer* contrato de consumo (o qual, repita-se, não se configura a partir do seu objeto, mas dos seus sujeitos) é verificar se, antes da contratação, o consumidor compreendeu adequadamente os ônus e os bônus do que está a contratar. Compreender é mais do que ler. Tanto que neste afã de proteger a compreensão (que não se atinge com a simples leitura, repita-se, até mesmo porque muitos consumidores nem ler sabem), o CDC deixa claro que é preciso entregar ao consumidor todo o conteúdo do contrato, mas que nada adianta se a sua redação não permitir a compreensão do seu sentido ou alcance.

Ou seja, quer o CDC, por meio do artigo 46, a garantia da informação material ao consumidor: se tal não ocorrer, o consumidor não precisará cumprir a obrigação. É o caso do consumidor que contrata um serviço de monitoramento de veículo certo que abrangeria o seu bloqueio e o rastreio, quando é surpreendido com a informação – posterior ao contrato – de o serviço de monitoramento significa apenas bloqueio (se soubesse disso

---

38. Segundo Claudia Lima Marques (2019B), o artigo 46 é "nítida inspiração no Código Civil italiano de 1942 (veja hoje o Codice dei Consumo), o art. 46 introduz no Brasil o dever de informar sobre o conteúdo do contrato a ser assinado. A melhor expressão é 'dever de oportunizar' o conhecimento sobre o conteúdo do contrato, mas, por uma questão sistemática, usaremos aqui também o 'dever de informar', o que em última análise não deixa de ser o dever instituído pelo art. 46.".

não teria contrato, porquanto lhe parece ineficaz um bloqueio de um carro que ele não saiba o paradeiro). Nessa situação, o STJ entendeu que o CDC garante ao consumidor

> não somente uma clareza física das cláusulas limitativas – o que é atingido pelo simples destaque –, mas, sobretudo, uma clareza semântica, um significado unívoco dessas cláusulas, que deverão estar infensas a duplo sentido, haja vista que a hipossuficiência informacional do consumidor é característica, de regra, pressuposta. (BRASIL, 2015)[39].

Ou seja, a ausência de uma informação materialmente absorvida pelo consumidor fez com que a cláusula que, formalmente a continha, passasse a carecer de validade sendo considerada nula, incapaz de gerar obrigações. Assim, seja pela nulidade da cláusula, seja por uma eventual ação de obrigação de fazer para que seja cumprida a legítima expectativa do consumidor, há um ônus para o fornecedor quando não oferece a informação. Por outro lado, quando o procedimento de transmissão[40] é feito com sucesso – o consumidor compreende os limites e as possibilidades do contrato – não há razão para a judicialização do contrato, de forma que cabe ao consumidor o seu cumprimento ou arcar com os ônus do respectivo inadimplemento.

Mas, na prática, tem-se ignorado o artigo 46. A proteção ao contrato de consumo tem-se dado mais pelo artigo 51 do CDC, que, em verdade, é apenas mais uma ferramenta na construção do equilíbrio do mercado de consumo. Como se verá mais adiante, a cláusula abusiva nada mais é do que materialização da ausência de eficácia a conteúdo contratual que viole direitos da pessoa consumidora.

b) Interpretação mais favorável ao consumidor

O artigo 47 do CDC, ao determinar que as cláusulas contratuais serão interpretadas da forma mais favorável ao consumidor, nada mais fez que conferir maior segurança ao consumidor diante de qualquer lapso do fornecedor na comunicação do contrato. Se há alguma dubiedade, ela deve ser interpretada favoravelmente ao consumidor, como uma clara e justa consequência da igualdade material, já bem trabalhada no primeiro capítulo.

Ou seja, em verdade, o artigo 47 é tão consequência da própria essência do CDC, que sequer precisa estar expresso. Mas foi importante estar expresso[41]. É a situação de um motorista destro que foi vítima de um acidente que lhe deixou sem o braço direito.

---

39. Resp. 1262132/SP.
40. Marcos Catalan (2019) questiona se há realmente a possibilidade de alguém transmitir algo a alguém. Se não seria mais apropriado um termo como absorção, estímulo à compreensão. Faz sentido sua observação, mas na perspectiva aqui tratada, transmissão deve ser entendida como o incentivo necessário à compreensão da informação pelo consumidor.
41. Neste sentido, basta lembrar que mesmo estando expresso no CDC que os serviços compreendiam as atividades bancárias, financeiras e securitárias (art. 3º, §2º), os bancos passaram anos negando a existência desta norma. Quando o STJ passou, como não poderia deixar de ser, a reconhecer sua validade, os bancos passaram a dizer que o CDC não poderia dizer aquilo, que estaria entrando em seara que não era a deles e ajuizaram a ADIN 2591 arguindo a suposta inconstitucionalidade do §2º do artigo 3º do CDC. Apenas em 2006 – 16 anos após a vigência do CDC – é que a questão foi superada e não se teve mais discussão sobre a aplicabilidade do CDC aos contratos bancários, financeiros e securitários. E tudo isso, existindo norma expressa. Clareza nunca, pois, é demais.

Diante da situação, teve reconhecida sua aposentadoria por invalidez, mas a seguradora que pagara, com sacrifício, por mais de 20 anos, nega-lhe o cumprimento do contrato por aduzir que invalidez permanente só pode ser considerada quando existir invalidez para todas as atividades laborais possíveis, não sendo caracterizada quando a invalidez compromete "apenas" o trabalho na atividade anteriormente exercida. Ora, se soubesse que precisaria "tornar-se um vegetal" para usufruir o seguro, teria tido oportunidade de dar melhor destino ao seu dinheiro.

O artigo 47 do CDC, além de manifestação da igualdade, concretização da boa-fé: se não se quer enganar, que seja claro, sem rodeios, com os ônus e bônus da contratação. Não adianta ser dúbio, pois se se "dar a entender" que o "wifi" do hotel está incluído na diária para "pegar o cliente", se estará obrigado a cumprir o contrato como o consumidor o tenha entendido (no caso concreto, como se o wifi estivesse incluso)[42]. É de se lembrar, também, como o faz Bruno Miragem (2016) que a interpretação do contrato não se resume à análise das declarações negociais, da proposta e da aceitação. Visa, sobretudo, uma "interpretação complementadora", entendida como "interpretação objetiva destinada ao preenchimento de lacunas que as partes tenham deixado no preenchimento de seu plano de regulação contratual." (MIRAGEM, 2016, p. 413). Um exemplo, neste sentido diz respeito à abrangência ou não da cobertura securitária em relação a dano moral: ao contratar um seguro que contemple danos pessoais e não se deixe previamente expresso que tal não inclui danos morais, o contrato deve ser interpretado como danos pessoais abrangendo danos morais[43].

Outro aspecto destacado por Bruno Miragem (2016) é a diferença entre o artigo 423 do CC (que privilegia a interpretação pró-aderente) e o artigo 47 do CDC, a destacar que a regra consumerista abrange todo o processo de construção da vontade do consumidor e não apenas as cláusulas ambíguas no instrumento formal do contrato:

> diferente da proteção que dispõe o Código Civil com relação à interpretação favorável ao aderente (artigo 423), a interpretação favorável ao consumidor não alcança apenas as cláusulas ambíguas ou contraditórias, mas sim todo o conteúdo do contrato. Da mesma forma, o conteúdo do contrato a ser interpretado não se resume às cláusulas que integram o instrumento contratual. No regime dos contratos de consumo, ao lado das estipulações contratuais expressas, nascidas do consentimento entre consumidor e fornecedor, há de se considerar também todas as disposições legais estabelecidas pelo CDC em vista destes contratos, como, por exemplo, as regras sobre vícios, oferta, publicidade, informação e cláusulas abusivas. (MIRAGEM, 2016, p. 414).

Não se pode esquecer, portanto, que ao se tratar de contrato de consumo – que na verdade é tradução jurídica do ato de consumir (MIRAGEM, 2016, p. 243) – o contrato

---

42. Os idealizadores do CDC foram tão visionários que, ao lado da responsabilidade civil, que protege, prioritariamente, o próprio patrimônio (objetivo e subjetivo) do consumidor, previram a responsabilidade administrativa e criminal, com foco na mudança de atitude do fornecedor. Tais âmbitos de responsabilização administrativa e criminal (bem como a própria responsabilidade civil coletiva) carregam um grande potencial de efetividade e necessidade ao se lembrar da cotidiana subnotificação das lesões aos direitos dos consumidores. Reclamar é oneroso, gasta-se tempo e dinheiro e, neste sopesamento, muitas práticas e cláusulas abusivas se fortalecem e sobrevivem, em prejuízo direto do consumidor e indireto do próprio mercado de consumo.
43. Neste sentido, vários julgados do STJ, a exemplo do AgInt 1769547/SP (julgado em 23.03.2020), relatado pelo Ministro Marco Aurélio Bellizze.

não se resume aos instrumentos contratuais. Como bem esclarecem Uinie Caminha e Amélia Rocha (2018, s.p.),

> Ou seja, para o direito do consumidor, o folder tem patente repercussão jurídica contratual: se uma informação do folder se contrapuser à informação do contrato de adesão – cuja cópia muitas vezes só se recebe inclusive após a contratação, valerá a que mais beneficia o consumidor.

E assim se replica em relação a todas as informações prestadas durante todo o processo de construção das obrigações no direito do consumidor.

c) A (in)formalidade do contrato de consumo

Em direito do consumidor, as obrigações não se restringem ao instrumento contratual: todas as informações e expectativas geradas no processo de construção da obrigação carregam potencial obrigacional, vez que o âmago da proteção contratual do consumidor é garantir a viabilização da motivação de sua contratação. Se o motivo da compra do apartamento foi ter vista para o mar diante da informação prestada a este respeito – seja no folder, seja no *out door*, seja numa mensagem de *Whatsapp* com um vendedor, elas vinculam e integram o contrato, a admitir execução específica da obrigação.

A realidade do mercado de consumo não comporta muitos formalismos. É uma realidade desigualmente diferenciada. Por tal razão é que o CDC se preocupou em determinar que para a realização da Política Nacional das Relações de Consumo – PNRC[44], o poder público precisaria garantir Defensoria Pública, Ministério Público e magistratura especializados em relação de consumo, bem como delegacias especializadas e fomentar a organização da sociedade civil[45]. Sem tal especialização, o indispensável olhar diferenciado à relação de consumo fica muito mais difícil. Talvez por isso, ainda se tenha muita dificuldade para afastar formalismos incompatíveis com muitos contratos de consumo em que deveria vigorar a regra da "facilitação da defesa dos seus direitos"[46].

Por tais premissas é que o artigo 48 do CDC dispõe que "as declarações de vontade constantes de escritos particulares, recibos e pré-contratos relativos às relações de consumo vinculam o fornecedor, ensejando inclusive execução específica, nos termos do art. 84 e parágrafos.". Observe-se que o artigo 48 guarda a mesma essência que o artigo 30[47]: proteger a motivação do consumidor. Assim, um "contrato" de reforma de

---

44. Que tem por objetivo "o atendimento das necessidades dos consumidores, o respeito à sua dignidade, saúde e segurança, a proteção de seus interesses econômicos, a melhoria da sua qualidade de vida, bem como a transparência e harmonia das relações de consumo" (art. 4º, *caput*, CDC).
45. "Art. 5º Para a execução da Política Nacional das Relações de Consumo, contará o poder público com os seguintes instrumentos, entre outros: I – manutenção de assistência jurídica, integral e gratuita para o consumidor carente; II – instituição de Promotorias de Justiça de Defesa do Consumidor, no âmbito do Ministério Público; III – criação de delegacias de polícia especializadas no atendimento de consumidores vítimas de infrações penais de consumo; IV – criação de Juizados Especiais de Pequenas Causas e Varas Especializadas para a solução de litígios de consumo; V – concessão de estímulos à criação e desenvolvimento das Associações de Defesa do Consumidor.".
46. "Art. 6. [...] VIII – a facilitação da defesa de seus direitos, inclusive com a inversão do ônus da prova, a seu favor, no processo civil, quando, a critério do juiz, for verossímil a alegação ou quando for ele hipossuficiente, segundo as regras ordinárias de experiências;".
47. "Art. 30. Toda informação ou publicidade, suficientemente precisa, veiculada por qualquer forma ou meio de comunicação com relação a produtos e serviços oferecidos ou apresentados, obriga o fornecedor que a fizer veicular ou dela se utilizar e integra o contrato que vier a ser celebrado".

um apartamento pode ser demonstrado (e executado) com as imagens de conversas por *whatsapp* e o de guarda de um carro em um estacionamento mediante o *ticket* recebido na entrada. O prazo de garantia legal de um produto, por sua vez, não exige a apresentação da nota fiscal, pois basta outros meios de demonstração da data e da compra (como extrato de cartão de crédito, formulário de recebimento da loja e similares.

Os autores do anteprojeto do CDC, como explica Nelson Nery Junior (2005, p.509), foram inspirados na concepção alemã de relações contratuais de fato segundo a qual "alguns comportamentos sociais, conquanto não fossem criados em estrita obediência aos requisitos dos negócios jurídicos bilaterais, tinham características próprias dos contratos". Como lembra Cláudia Lima Marques (2019B), "O art. 48 do CDC reforça a nova noção de conteúdo do contrato disposta no art. 30" (MARQUES, 2019, *kindle*[48]).

Por essa mesma premissa é que, no contrato de consumo, ao contrário do direito civil[49], quem cala não consente, pois o silêncio do consumidor não pode, por nenhuma hipótese, significar sua anuência. É que a regra do CC pressupõe uma igualdade entre os contratantes a implicar uma compreensão tácita de seu conteúdo, o que não ocorre em uma relação de consumo.

d) A nulidade das cláusulas abusivas: pela coerência entre o contrato e os direitos da pessoa consumidora

O abusivo extrapola o limite do razoável, sendo contrário ao equilíbrio do contrato de consumo que se busca por meio do direito do consumidor. Por esta compreensão é que o CDC veda o comportamento abusivo do fornecedor por meio da proibição de práticas abusivas[50] e proíbe ao reconhecer-lhes nulidade de pleno direito a existência de

---

48. Cláudia Lima Marques (2019B, *kindle*), destaca, ainda, que a enumeração do artigo 48 é meramente exemplificativa, e que outros artigos do CDC – a exemplo dos artigos 30, 33 e 34 – mencionam declarações de vontade e informações.
49. Art. 111 do Código Civil a dispor que "O silêncio importa anuência, quando as circunstâncias ou os usos o autorizarem, e não for necessária a declaração de vontade expressa".
50. "Art. 39. É vedado ao fornecedor de produtos ou serviços, dentre outras práticas abusivas: I – condicionar o fornecimento de produto ou de serviço ao fornecimento de outro produto ou serviço, bem como, sem justa causa, a limites quantitativos; II – recusar atendimento às demandas dos consumidores, na exata medida de suas disponibilidades de estoque, e, ainda, de conformidade com os usos e costumes; III – enviar ou entregar ao consumidor, sem solicitação prévia, qualquer produto, ou fornecer qualquer serviço; IV – prevalecer-se da fraqueza ou ignorância do consumidor, tendo em vista sua idade, saúde, conhecimento ou sua condição social, para impingir-lhe seus produtos ou serviços; V – exigir do consumidor vantagem manifestamente excessiva; VI – executar serviços sem a prévia elaboração de orçamento e autorização expressa do consumidor, ressalvadas as decorrentes de práticas anteriores entre as partes; VII – repassar informação depreciativa, referente a ato praticado pelo consumidor no exercício de seus direitos; VIII – colocar, no mercado de consumo, qualquer produto ou serviço em desacordo com as normas expedidas pelos órgãos oficiais competentes ou, se normas específicas não existirem, pela Associação Brasileira de Normas Técnicas ou outra entidade credenciada pelo Conselho Nacional de Metrologia, Normalização e Qualidade Industrial (Conmetro); IX – recusar a venda de bens ou a prestação de serviços, diretamente a quem se disponha a adquiri-los mediante pronto pagamento, ressalvados os casos de intermediação regulados em leis especiais; X – elevar sem justa causa o preço de produtos ou serviços. XI – Dispositivo incluído pela MPV 1.890-67, de 22.10.1999, transformado em inciso XIII, quando da conversão na Lei 9.870, de 23.11.1999. XII – deixar de estipular prazo para o cumprimento de sua obrigação ou deixar a fixação de seu termo inicial a seu exclusivo critério XIII – aplicar fórmula ou índice de reajuste diverso do legal ou contratualmente estabelecido XIV – permitir o ingresso em estabelecimentos comerciais ou de serviços de um número maior de consumidores que o fixado pela autoridade administrativa como máximo. Parágrafo único.

cláusulas abusivas em contratos de consumo. Tais regras não são isoladas, mas partes de um todo sistêmico que, ao reconhecer a vulnerabilidade do consumidor no mercado de consumo[51], desdobra-se para realizar um equilíbrio capaz de compatibilizar a proteção do consumidor com o necessário desenvolvimento econômico e tecnológico[52].

O combate às práticas e cláusulas abusivas, assim, é um processo aberto que tem, respectivamente, nos artigos 39 e 51 do CDC, apenas uma "base geral" inspiradora e exemplificativa das situações, sempre em transformação, que podem ser combativas. Daí que, por expressa previsão legal, os dois róis, são meramente exemplificativos, como que uma "tabuada" a ensinar a compreender que qualquer comportamento ou cláusula que agrida direitos dos consumidores não pode produzir obrigações, não pode ser reconhecida nem fática nem juridicamente.

Tanto que basta observar que, para cada situação arrolada no artigo 51, há a proteção a um ou a alguns direitos do consumidor. Por exemplo, quando o artigo 51 do CDC considera nulas de pleno direito as cláusulas que "impossibilitem, exonerem ou atenuem a responsabilidade do fornecedor por vícios de qualquer natureza dos produtos e serviços ou impliquem renúncia ou disposição de direitos." e as que "subtraiam ao consumidor a opção de reembolso da quantia já paga, nos casos previstos neste código" nada mais faz que deixar claro que não há como fugir do cumprimento dos artigos 12 a 28 e 30 a 35 do CDC; que não adianta buscar uma exoneração, via contrato, da garantia legal que acompanha todos os produtos e serviços comercializados no mercado de consumo. Em outras palavras, a cláusula será abusiva quando estiver violando um direito do consumidor e, assim, nula de pleno direito.

De igual forma, ao determinar a nulidade de cláusulas que prevejam a inversão do ônus da prova em prejuízo do consumidor, vez que tal é direito básico do consumidor, nascendo como meio de facilitação da defesa dos seus direitos. E assim por diante, devendo a cada situação concreta ser feita a pergunta: tal cláusula agride algum direito do consumidor? Caso a resposta seja positiva, ela será nula de pleno direito.

Assim é que qualquer cláusula que preveja, por exemplo, que eventual ação que apure responsabilidade civil do fornecedor seja proposta na cidade X ou Y deve ser considerada nula por afrontar o dispositivo contido no artigo 101, I, que garante ao consumidor a possibilidade de propô-la no seu próprio domicílio. Trata-se apenas de uma ferramenta para garantir a concretude cotidiana dos direitos consumeristas. Observe-se, inclusive, como o faz Cláudia Lima Marques (2019B), que o legislador brasileiro agiu diversamente do alemão (que instituiu duas listas de cláusulas abusivas e uma norma geral), pois aqui se instituiu "uma só lista, no art. 51, a sancionar todas as cláusulas ali descritas com a nulidade absoluta, praticamente escondendo a norma ou cláusula geral no inc. IV da lista do art. 51 complementado pelo disposto no § 1º e no § 2º" (MARQUES, 2019B, kindle).

Os serviços prestados e os produtos remetidos ou entregues ao consumidor, na hipótese prevista no inciso III, equiparam-se às amostras grátis, inexistindo obrigação de pagamento."
51. Art. 4º, I do CDC.
52. Art. 4º, III, do CDC.

Por ser o CDC uma norma de ordem pública e de interesse social, o entendimento deve ser, inclusive pelo controle judicial *ex officio* pelos magistrados. E assim vinha sendo até o advento da súmula 381[53] do STJ, que, num equívoco no combate ao uso exacerbado de revisionais (que deve ser combatido topicamente[54], via análise de cada caso concreto e não de contra tal entendimento desde sua publicação[55] e o STJ já vem sinalizando sua reforma[56]

e) O contrato de adesão

O artigo 54[57], que trata do contrato de adesão, também poderia ser considerado uma norma geral a ser observada do contrato de consumo, haja vista que a maioria das contratações, no mercado de consumo, é realizada por adesão, sem oportunidade de discussão e alteração da essência do seu conteúdo. Mas, por outro lado, importante enfatizar a necessidade de que o consumidor aderente compreenda perfeitamente suas cláusulas e o desejo do CDC de conservação dos contratos.

É que, para ser efetivo, o CDC decidiu não temer dizer o óbvio, não teve receio de ser repetitivo. Em essência, todas as normas gerais do contrato de consumo perseguem um mesmo objetivo: garantir que o consumidor conheça os ônus e bônus da contratação, para estar previamente, inclusive, que a boa-fé é também sua responsabilidade e que deverá zelar pelo adimplemento contratual. Como ensinam Rachel Sztajn e Miton Barossi Filho (2020, p.157), "ao invés de tratar o consumidor como vítima, hipossuficiente, dever-se-ia estimulá-lo a exigir informações claras e completas dos fornecedores de sorte a buscar equilibrar as relações negociais.". É este o desejo do CDC incentivar, tantos consumidores como fornecedores, a assimetrias, por isso que a educação de consumidores e fornecedores é princípio da PNRC.

---

53. "Nos contratos bancários, é vedado ao julgador conhecer, de ofício, da abusividade das cláusulas.".
54. Referência a tópica, método desenvolvido pelo alemão Theodor Viehweg.
55. Citar alguns artigos neste sentido.
56. Citar julgado do Ministro Sanseverino e no Ministro Cuevas. Lúcido o posicionamento de Cláudia Lima Marques no sentido de que "Defendo, pois, que a Súmula 381 do e. STJ, enquanto não for revista, não deve ser usada em casos de contratos bancários com consumidores (sujeitos a proteger pelo art. 5.º, XXXII da CF/1988), mesmo que tenha sua origem em um repetitivo de consumo (REsp. 1.061.530/RS), ou seria realmente inconstitucional face à decisão da ADIn 2591 e ilegal frente ao sistema de nulidades do Código Civil. Já em outros contratos bancários entre comerciantes tal problema não se daria. Explico. Em sentido contrário ao se dar 'efeito útil' ao mandamento constitucional de proteção do consumidor, a Súmula 381 do STJ (na sua redação atual e em matéria de consumo) iria retirar um efeito horizontal do direito fundamental protetivo do art. 5.º, XXXII, da CF/1988, e do limite do art. 170, V, da CF/1988, à iniciativa contratual dos bancos, qual seja o da aplicação normal do Código de Defesa do Consumidor nos contratos bancários, criando privilégio para os bancos. Isto, em sentido contrário ao da decisão por 9 a 2 do guardião da Constituição, o e. STF, na ADIn 2591 justamente sobre contratos bancários e suas cláusulas, daí realmente o perigo de sua inconstitucionalidade, como concluiu Trajano (RDC 73, p. 65 e ss.)". (MARQUES, 2019B, *kindle*)
57. "Art. 54. Contrato de adesão é aquele cujas cláusulas tenham sido aprovadas pela autoridade competente ou estabelecidas unilateralmente pelo fornecedor de produtos ou serviços, sem que o consumidor possa discutir ou modificar substancialmente seu conteúdo. § 1º A inserção de cláusula no formulário não desfigura a natureza de adesão do contrato. § 2º Nos contratos de adesão admite-se cláusula resolutória, desde que alternativa, cabendo a escolha ao consumidor, ressalvando-se o disposto no § 2º do artigo anterior. § 3º Os contratos de adesão escritos serão redigidos em termos claros e com caracteres ostensivos e legíveis, cujo tamanho da fonte não será inferior ao corpo doze, de modo a facilitar sua compreensão pelo consumidor. § 4º As cláusulas que implicarem limitação de direito do consumidor deverão ser redigidas com destaque, permitindo sua imediata e fácil compreensão.".

Há, portanto, incentivo à prática da boa-fé objetiva em todas as etapas do contrato, na busca do seu equilíbrio, movido pela certeza de que é preciso compatibilizar a proteção do consumidor com o necessário desenvolvimento econômico e tecnológico, como determina o artigo 4º, III do CDC[58].

3.1.3.2 Contratos específicos de consumo

O legislador consumerista cuidou, também de apresentar regras mínimas para quatro formas de contratação de grande repercussão cotidiana, quais sejam: (a) as compras por impulso, sem reflexão[59]; (b) os contratos de garantia[60]; (c) os contratos financeiros[61] e (d) os contratos imobiliários[62].

O artigo 49 é fruto de um momento em que a internet era incipiente, não se tinha qualquer vislumbre de comércio eletrônico. O rol que foi mencionado – compras a distância, especialmente por telefone ou em domicílio – é, portanto, exemplificativo para ilustrar com os casos, à época, mais comuns de compra por impulso. A facilidade das compras eletrônicas deixou ainda mais evidente esta possibilidade de contratação sem reflexão, de modo que se fosse escrito hoje talvez a redação fosse diferente: é possível que não mencionasse estabelecimento físico, mas as circunstâncias de compra irrefletida, cujo processo de formação da vontade é iniciado pelo fornecedor e não pelo interesse do consumidor, pois a motivação do artigo 49 é justamente garantir a reflexão do consumidor, sem a qual ele tem direito ao arrependimento.

Outro contrato tratado especificamente pelo CDC é o contrato de garantia. Aqui, há algumas questões a serem analisadas, nas quais não se alongará por fugir ao objeto deste

---

58. "Art. 4º [...]. III – harmonização dos interesses dos participantes das relações de consumo e compatibilização da proteção do consumidor com a necessidade de desenvolvimento econômico e tecnológico, de modo a viabilizar os princípios nos quais se funda a ordem econômica (art. 170, da Constituição Federal), sempre com base na boa-fé e equilíbrio nas relações entre consumidores e fornecedores;".
59. "Art. 49. O consumidor pode desistir do contrato, no prazo de 7 dias a contar de sua assinatura ou do ato de recebimento do produto ou serviço, sempre que a contratação de fornecimento de produtos e serviços ocorrer fora do estabelecimento comercial, especialmente por telefone ou a domicílio. Parágrafo único. Se o consumidor exercitar o direito de arrependimento previsto neste artigo, os valores eventualmente pagos, a qualquer título, durante o prazo de reflexão, serão devolvidos, de imediato, monetariamente atualizados.".
60. "Art. 50. A garantia contratual é complementar à legal e será conferida mediante termo escrito. Parágrafo único. O termo de garantia ou equivalente deve ser padronizado e esclarecer, de maneira adequada em que consiste a mesma garantia, bem como a forma, o prazo e o lugar em que pode ser exercitada e os ônus a cargo do consumidor, devendo ser-lhe entregue, devidamente preenchido pelo fornecedor, no ato do fornecimento, acompanhado de manual de instrução, de instalação e uso do produto em linguagem didática, com ilustrações.".
61. "Art. 52. No fornecimento de produtos ou serviços que envolva outorga de crédito ou concessão de financiamento ao consumidor, o fornecedor deverá, entre outros requisitos, informá-lo prévia e adequadamente sobre: I – preço do produto ou serviço em moeda corrente nacional; II – montante dos juros de mora e da taxa efetiva anual de juros; III – acréscimos legalmente previstos; IV – número e periodicidade das prestações; V – soma total a pagar, com e sem financiamento. § 1º As multas de mora decorrentes do inadimplemento de obrigações no seu termo não poderão ser superiores a dois por cento do valor da prestação. § 2º É assegurado ao consumidor a liquidação antecipada do débito, total ou parcialmente, mediante redução proporcional dos juros e demais acréscimos.".
62. "Art. 53. Nos contratos de compra e venda de móveis ou imóveis mediante pagamento em prestações, bem como nas alienações fiduciárias em garantia, consideram-se nulas de pleno direito as cláusulas que estabeleçam a perda total das prestações pagas em benefício do credor que, em razão do inadimplemento, pleitear a resolução do contrato e a retomada do produto alienado".

livro[63]. Uma delas diz respeito às diferenças entre garantia legal e garantia contratual. O CDC trata da garantia legal tanto no artigo 24[64], quando esclarece que sua existência independe de termo expresso, como no artigo 50 quando diz que a garantia contratual a complementa. Mas o CDC não é claro sobre o que seria a garantia legal. Parece mais apropriada a existência de garantia legal por vício aparente e de fácil constatação e a de garantia legal por vício oculto, em que ambas teriam seus limites na interpretação alinhada com o artigo 26 do CDC[65]. Ambas com 90 dias para produtos e serviços duráveis e 30 dias para produtos e serviços não duráveis, a diferenciar quanto ao termo inicial de sua contagem. A garantia legal seria regida pelos termos do CDC e a garantia contratual pelos seus próprios termos desde que coerentes com as regras e os princípios do microssistema consumerista.

Os artigos 52 e 53 do CDC tratam de regras gerais sobre informação nos contratos financeiros e nos contratos de alienação fiduciária, seguindo o mesmo padrão de buscar detalhar cada vez mais a informação. Quando, por exemplo, o artigo 52 determina que no ato da contratação é necessário informar ao consumidor o valor recebido e o total a ser pago ao final, pelo consumidor, permite uma visão mais real do que se está a contratar. Ou seja, é mais transparente dizer que se está a pedir R$ 1.000,00 de empréstimo para pagamento em 40 parcelas e pagará ao final R$ 3.871,00 que simplesmente dizer "leve R$ 1.000,00 e pague em 40 parcelas de R$ 79,00". A análise dos ônus e dos bônus da contratação fica bem mais clara.

Como visto, existem as normas gerais para análise de todos os contratos de consumo — arts. 46, 47, 48, 51 e 54, bem como regras para algumas contratações específicas. Tudo isso no capítulo próprio da proteção contratual[66].

Um aspecto que repercute na efetivação dos contratos de consumo, mas que não consta do retromencionado capítulo é: quem seria responsável pelo cumprimento do contrato? A resposta perpassa por vários momentos do CDC. O primeiro e mais importante aspecto que o próprio microssistema aponta é que há obrigações, tanto de fornecedores como de consumidores, e ambos precisam agir com a máxima boa-fé objetiva.

O segundo é que a regra é a solidariedade no cumprimento da avença, quando o caso concreto assim permitir, a deixar claro, o CDC que o fornecedor responde pelos atos de seus prepostos ou representantes autônomos.

---

63. Se por um lado é importante navegar sobre o manto em que se sustenta a proteção contratual do consumidor, não se pode muito aprofundar, haja vista que o foco desta pesquisa é a informação nos contratos de consumo.
64. A garantia legal de adequação do produto ou serviço independe de termo expresso, vedada a exoneração contratual do fornecedor.
65. "Art. 26. O direito de reclamar pelos vícios aparentes ou de fácil constatação caduca em: I – trinta dias, tratando-se de fornecimento de serviço e de produtos não duráveis; II – noventa dias, tratando-se de fornecimento de serviço e de produtos duráveis. § 1º Inicia-se a contagem do prazo decadencial a partir da entrega efetiva do produto ou do término da execução dos serviços. § 2º Obstam a decadência: I – a reclamação comprovadamente formulada pelo consumidor perante o fornecedor de produtos e serviços até a resposta negativa correspondente, que deve ser transmitida de forma inequívoca; II – (Vetado). III – a instauração de inquérito civil, até seu encerramento. § 3º Tratando-se de vício oculto, o prazo decadencial inicia-se no momento em que ficar evidenciado o defeito".
66. Capítulo VI do CDC.

3.2 ANÁLISE ECONÔMICA DO DIREITO, MERCADO EFICIENTE, INFORMAÇÃO OBRIGATÓRIA AO CONSUMIDOR NO BRASIL E OS CUSTOS DE TRANSAÇÃO: QUAIS OS INCENTIVOS PARA O CUMPRIMENTO VOLUNTÁRIO DOS CONTRATOS DE CONSUMO NO BRASIL?

Ainda em 1992, Thierry Bourgoignie (1992)[67], já advertia que a "teoria econômica deveria nos ajudar, colocando em evidência as características da função de consumidor no centro do sistema econômico contemporâneo, melhor precisando a qualidade do sujeito de nossas preocupações". Nem a economia, nem a teoria econômica e muito menos a Análise Econômica do Direito – AED, não são inimigas da proteção do consumidor. Ao contrário. Tanto que a mesma ordem constitucional que colocou a defesa do consumidor com *status* de cláusula pétrea a inseriu como princípio da ordem econômica e o próprio CDC tem como princípio a compatibilização entre a defesa do consumidor e o necessário desenvolvimento econômico e tecnológico. Uma atividade econômica forte, exige um mercado de consumo forte, com consumidor com voz, informação, segurança e direito de escolha[68].

Como lembra Luiz Fux (2019, p.5), a AED é sobretudo, um novo sistema instrumental analítico hábil a fornecerão estudo do direito "recortes metodológicos, análises paradigmáticas e abordagens consequenciais para a construção de soluções e problemas juridicamente relevantes", a preconizar que "os institutos jurídicos devem estar direcionados à maximização do bem-estar social".

Ocorre que, como adverte Ivo Gico Jr. (2019, p.28), embora a AED seja a proposta metodológica mais promissora para cumprir o papel de "identificar, prever e explicar as consequências sociais das escolhas políticas imbuídas em legislações (*ex ante*) e decisões judiciais (*ex post*)", ela esbarra em uma dificuldade de diálogo entre economistas e juristas (os juristas não conhecem as técnicas necessárias nem os economistas são incentivados a explorar esse ramo de atuação). Ambos, em verdade, são resistentes ao diálogo, embora já tenha passado da hora "de os juristas descerem de suas torres de marfim, de suas faculdades distantes, e começarem a estudar a realidade" e do lado dos economistas "está na hora de olharem um pouco menos para suas fórmulas matemáticas esteticamente estonteantes e um pouco mais para a realidade brasileira", pois se estudam "demais os modelos estrangeiros e pouca coisa é feita para nossa realidade local", porquanto a "solução para questões brasileiras requer conhecimento local e criatividade" (GICO JR., 2019, p. 29-30).

Mas, embora quando se fale em análise econômica de direito, lembre-se de mercado e, quando se fale de mercado, lembre-se de consumidor, parece que, no que pese alguns conceitos – tal qual de assimetria de informações – adeque-se muito à realidade do con-

---

67. Professor norueguês com fortes laços acadêmicos com o Brasil, que vem contribuindo, principalmente por meio do diálogo constante com os Professores Cláudia Lima Marques e Antônio Herman Vasconcelos e Benjamin. Em julho de 2009, participei, em Montreal, Cana do Curso de Verão em Direito do Consumidor, organizado pelo Professor Thierry, na UQAM – Universidade de Quebec em Montreal.
68. Referência aos quatro pilares apresentados por John Kennedy no discurso que ficou conhecido como um marco importante na construção do direito do consumidor.

trato de consumo, os estudos sobre direito contratual e AED, em sua maioria, ainda não se debruçaram profundamente sobre a realidade diferenciada do contrato de consumo.

Uma exceção é Raquel Sztajn e Milton Barrosi Filho (2020), que reconhecem que de "todas as relações entre agentes econômicos em mercado, a relação de consumo entre produtor ou vendedor de um bem ou serviço e o comprador ou consumidor final talvez seja a mais relevante e frequente. Não é por outra razão que a referida relação econômica merece e demanda tutela jurídica" (SZTAJN; BARROSSI FILHO, 2020, p. 151). Outra exceção é Roberta Densa (2020, no prelo) a qual reflete:

> As assimetrias de informações podem ser interpretadas no Direito do Consumidor como sendo a vulnerabilidade do consumidor. O fornecedor, a colocar o produto no mercado, faz de forma consciente, sabendo todos os componentes que o forma, quais são os riscos a que o consumidor está exposto, qual a margem de lucro e os custos envolvidos.

> Reconhecer as vulnerabilidades e corrigir as assimetrias é fundamental para que se possa garantir o efetivo direito de liberdade de escolha do consumidor. Veremos, no próximo capítulo, que um Estado Liberal deve corrigir as assimetrias de mercado para garantir, justamente, a liberdade de escolha.

A utilização da AED para análise de um contrato de consumo não pode ser exatamente a mesma que para a análise de um contrato cível e comercial. São todos contratos, mas com grandes diferenças em suas motivação e estrutura, como visto na primeira metade deste capítulo. Tal "detalhe" pode fazer muita diferença na concretude dos resultados obtidos, principalmente ao se notar que, historicamente, conceitos como "assimetria de informações" surgem, em paralelo ao crescimento do direito do consumidor[69]. Será só uma coincidência? Ou seriam, em verdade, duas faces de uma mesma moeda?

Assim, apresenta-se um pouco do desenvolvimento da AED e dos seus principais aspectos e conceitos afetos à presente pesquisa, bem como, a partir dessa metodologia, se podem identificar os incentivos para o cumprimento voluntário dos contratos de consumo no Brasil.

3.2.1 A análise econômica do direito e os seus principais conceitos afetos à presente pesquisa

Para uma melhor organização das ideias, este tópico divide-se em duas partes contínuas e complementares. Inicialmente, analisam-se alguns aspectos gerais da AED para em seguida, tratar-se de seus principais conceitos.

3.2.1.1 Aspectos gerais

Para Ivo Gico Jr. (2020, p.13-14), a AED

> nada mais é que a aplicação do instrumental analítico e empírico da economia, em especial da microeconomia e da economia do bem-estar social, para se tentar compreender, explicar e prever as implicações fáticas do ordenamento jurídico, bem como da lógica (racionalidade) do próprio ordenamento jurídico,

ou em outras palavras, a "AED é a utilização da abordagem econômica para tentar compreender o direito no mundo e o mundo no direito" (GICO JR., 2020, p. 13-14). Para tanto, vale-se, principalmente da lógica de racionalidade econômica e da maximização de riquezas (OLIVEIRA; FERREIRA, 2012).

Erik Navarro Wolkart (2019) informa que os antecedentes históricos[70] da AED estão no Século XVIII, em que se destacam influências de David Hume, Adam Ferguson, Adam Smith que influenciaram e determinaram a Análise Econômica do Direito remonte ao século XVIII - com os estudos dos e mesmo Beccaria, que, no seu clássico "dos delitos e das penas" alertou para a "necessária relação entre o custo da pena e o benefício do crime como crucial para buscar a prevenção do comportamento criminoso, no sentido de que o mal da pena deva exceder o benefício do crime" (WOLKART, 2019, p. 96). Mas se a AED "tem um fundador, esse papel cabe a Ronald Coase" (WOLKART, 2019, p. 101), cujo *insight* inicial – decorrente de uma pesquisa[71] de 1937, resultou no artigo "*The nature of the Firm*", que se tornou conhecido como "teorema de Coase" – é que "a alocação inicial de recursos e direitos sempre pode ser modificada pelas transações de mercado" e que "se essas transações não tiverem custo, essa realocação será sempre a mais eficiente possível, ou seja, será aquela capaz de conferir o maior valor possível a esses direitos e recursos" (WOLKART, 2019, p. 102).

As ideias de Coase juntaram-se à escola de Chicago e desta soma decorreram as ideias de Posner e, depois a "doutrina de Guido Calabresi, que interpõe valores de justiça como um filtro para a ideia de eficiência", que passava a analisar não apenas o "bom funcionamento das engrenagens", mas também as falhas de mercado (WOLKART, 2019, p. 106)[72].

Em essência, tanto o direito como a economia têm, no comportamento humano, sua fonte e justificação. Como defendem Amanda Flávio Oliveira e Felipe Moreira dos Santos Ferreira (2012), pode-se concluir que "no Direito há um fundamento econômico, e que a toda ordem jurídica corresponde uma ordem econômica em constante comunicação" em busca do "equilíbrio entre os custos privados e custos sociais das normas e sua aplicação, no intuito de se promover o bem-estar social". Em outras palavras, mas no mesmo sentido, é o entendimento de Ivo Gico Jr. (2019, p. 1):

> O direito é, de uma perspectiva mais objetiva, a arte de regular o comportamento humano. A economia, por sua vez, é a ciência que estuda como o ser humano toma decisões e se comporta em um mundo de recursos escassos e suas consequências. A Análise Econômica do Direito (AED), portanto, é o campo do conhecimento humano que tem por objetivo empregar os variados ferramentais teóricos e empíricos econômicos e das ciências afins para expandir a compreensão e o alcance do direito e aperfeiçoar o desenvolvimento, a aplicação e a avaliação de normas jurídicas, principalmente com relação às suas consequências.

O fato é que esta metodologia vem, paulatinamente, sendo utilizada, direta ou indiretamente, na resposta do Direito aos conflitos brasileiros. Um desses indicadores é a própria menção expressa à AED nas decisões do STJ. Em 12/05/2020, ao decidir sobre a utilização de seguro como penhora em cumprimento de sentença, o STJ valeu-se da AED na conclusão de sua maior eficiência[73]; em 07/06/2018, deixou assentado que a AED, em que matérias com grande potencial de judicialização – como tributária e previdenciária – exigiam aporte de recursos que poderiam ser utilizados em políticas públicas de interesse social; em 07/04/2015, trata da AED como meio de exame do papel institucional e social que o direito contratual pode oferecer ao mercado, qual seja a segurança e previsibilidade nas operações econômicas e sociais capazes de proteger as expectativas dos agentes econômicos, por meio de instituições mais sólidas, que reforcem, ao contrário de minar, a estrutura do mercado.

Ao se tratar de contratos de consumo, é preocupante a chegada da AED na análise de contratos sem que antes se tenha superado a indispensável separação entre contrato cível e contrato de consumo. Revela-se, portanto, imprescindível que a questão da desigualdade no contrato de consumo seja cada vez mais evidenciada. Não para tutelar o consumidor ou tratá-lo como vítima, mas justamente para abrir caminho para o exercício consciente de sua liberdade de escolha, em benefício do próprio fornecedor e do equilíbrio do mercado de consumo. É tranquilizador, neste aspecto, o reconhecimento desta necessidade por Rachel Sztajn e Milton Barrosi Filho (2020):

> Portanto, pensar a relação de consumo, juridicamente, a partir dos fundamentos econômicos discutidos, exige, certamente, compreensão de que a mesma envolve uma distorção entre partes que atuam no mercado para além dos resultados tradicionais do modelo neoclássico. Primeiro, o produtor de bens e serviços não apenas é a parte que pode arcar com os riscos das falhas ou defeitos em bens e serviços, mas também é parte responsável em revelar o máximo de informação possível ao comprador ou consumidor, a parte mais frágil e vulnerável, do ponto de vista técnico, da relação.
>
> Insiste-se, essa vulnerabilidade é técnica e não econômica, pois mesmo consumidores de bens de luxo como iates e automóveis de marcas exclusivas estão sujeitos a esse tipo de efeito assimétrico, visto que desconhecem ou conhecem menos sobre os produtos do que os produtores dos mesmos.
>
> [...]
>
> Somos todos consumidores sendo boa parte de nossos contratos diários dessa natureza, consumo. Adquirimos produtos, utilizamos água, eletricidade, gás, transporte público, compramos entrada para teatro, cinema, ou outro tipo de espetáculo, reservamos apartamentos em hotéis, entre outras operações usuais mas raramente nos damos conta de que, nessas operações, o bem/serviço é excludente e rival e, portanto que, sem concorrência, o ofertante tenderá a aumentar preços ou impor condições que o favoreçam sem que o consumidor, salvo desistir do bem/serviço, tenha poder para 'negociar' melhores condições. (SZTAJN; BARROSI FILHO, 2020, p. 152-153).

Talvez falte justamente esse aprimoramento, a consciente utilização dessa premissa de desigualdade que marca o contrato de consumo tão profundamente que é a própria motivação da existência do microssistema consumerista, para uma convivência mais harmoniosa entre AED e direito do consumidor. É que, salvaguardada as análises de economia comportamental que, como se verá adiante, de certa forma é um desdobramento da AED a compreender que nem todas as escolhas podem ser racionais – normalmente o que se vê em livros, artigos, pesquisa em AED, é colocar o contrato de consumo no mesmo patamar do contrato cível, o que significa, na prática, ignorar todo o CDC.

A ausência de tal premissa é que faz com que, muitas vezes, se entenda a AED como contrária aos direitos dos consumidores[76] e, para tanto, é preciso que se deixe, cada vez mais clara, a peculiaridade do contrato de consumo. Essa é a premissa fundamental. E como lembra Cláudia Lima Marques (2019, p. 414-415):

> É justamente o movimento da análise econômica nos Estados Unidos que nos alerta para a falácia 'econômica' dos chamados 'serviços', 'utilidades' ou promessas 'gratuitas', o que não passaria de uma superada ficção jurídica. O que parece juridicamente gratuito, alertam mesmo os conservadores e

radicais autores deste movimento de Chicago, é economicamente baseado na certeza da remuneração indireta, na interdependência de prestares futuros e atuais (sinalagma escondido), no estado de cativided e de dependência a que um dos parceiros fica reduzido e no lucro direto e indireto do outro.

O próprio fundador do movimento, Richard A. Posner, em já famoso estudo, alerta: *'Why would 'economic man' ever make a promise without receiving in exchange something of value from the promisee, whether it be money, a promise of future performace beneficial to the promisor, or something else of value to him? It is temping to answer this question simply by involving 'interdependent utilities' [...]. The approach taken here is that a gratuitous promise, to the extent it actually commits the promisor the promised course of action (an essential qualification), creates utility for the promisor over and above the utility to him of the promised performance. At one level this proposition is a tautology: a promise would not be made unless it conferred utility on the promisor. The interesting question is how it does so. I shall argue that it does so by increasing the present value of an uncertain future stream of transfer.*

Ou seja, há espaço para uma soma produtiva e segura, em benefício tanto da defesa do consumidor como direito fundamental (art. 5, XXXII da CF/88) como da defesa do consumidor como princípio da ordem econômica (art. 170, V da CF/88). Romper este "mútuo preconceito" entre AED e direito do consumidor é um desafio que precisa ser vitorioso, sob pena de grande e desnecessário desperdício de conhecimento.

3.2.1.2 *Principais conceitos*

A AED parte da premissa de que "os objetivos e motivações do ser humano são formados a partir de uma função de utilidade. A escolha humana entre várias opções possíveis recai, segundo essa concepção, sobre aquela que possibilita sua própria maximização de riqueza." (OLIVEIRA; FERREIRA, 2012). A escolha não é gratuita, mas sempre onerosa – ainda que não valorizada pecuniariamente – pois carrega um "custo de oportunidade".

As pessoas respondem a incentivos e o mercado será tanto mais perfeito e eficiente quando se eliminarem desperdícios. Mas AED e economia não se confundem. Como lembra Ivo Gico Jr. (2019) há uma diferença entre valer-se, no curso de um processo, da teoria econômica para o cálculo de um dano ou fazer a perícia em um contrato objeto de ação revisional. Isso não é AED. A AED é justamente para "circunstâncias a que normalmente não se associam questões econômicas" (GICO JR., 2019, p. 14), tais quais a análise sobre ocorrência de estupros, a compreensão sobre a eficácia das leis – "porque algumas pegam e outras não", sobre as dificuldades para alugar um imóvel e também auxiliar "na concreção dos direitos fundamentais, que requerem decisões sobre recursos escassos" (GICO JR., 2019, p. 14).

É que, ao contrário do que se pensa à primeira vista, falar em economia não é exclusivamente falar em dinheiro, em moeda, em finanças. Mas em produção de riquezas, em potencialização de recursos, em escolhas conscientes. Em identificar incentivos a uma prática mais sustentável em determinado campo de aplicação. É uma questão de comportamento humano em relação aos recursos que lhe são disponíveis, mas que uma "questão de dinheiro". Tanto que nos últimos 5 anos, podem-se citar 3 teses ganhadoras do Prêmio Nobel de Economia que apontam uma preocupação com a maximização de riquezas para todos. Em 2019, a vencedora foi Esther Duflo, que trata de formas para redução da pobreza ao buscar desconstituir as "caricaturas e clichês" que dominam as visões sobre a pobreza (que pode também ser entendida como vulnerabilidade econômica)77. Em 2016, Oliver Hart e Bengt Holmstrom, sobre a compreensão dos contratos e instituições. Em 2015, Angus Deaton estuda o processo de tomada de decisões individuais de consumo. Como esclarece Ivo Gico Jr. (2019, p. 19), o método econômico estabelece-se em alguns postulados:

> Primeiro, os recursos da sociedade são escassos. Se os recursos não fossem escassos, não haveria problema econômico, pois todos poderiam satisfazer suas necessidades – sejam elas quais forem. Curiosamente, a mesma ideia, com outra roupagem, motiva o direito: se os recursos não fossem escassos, não haveria conflitos, sem conflitos não haveria necessidade do direito, pois todos cooperariam *ex moto proprio*. A escassez dos bens impõe à sociedade que escolha entre alternativas possíveis e excludentes (senão não seria uma escolha, não é mesmo?).
>
> Toda escolha pressupõe um custo, um *trade off*, que é exatamente a segunda alocação factível mais interessante para o recurso, mas que foi preterida. A esse custo chamamos de *custo de oportunidade*. Assim, por exemplo, se decidimos comprar caças para fortalecer nossa Aeronáutica, abdicamos de outra alocação que estes recursos poderiam ter (e.g., construir escolas). Se você opta por ler este capítulo, deixa de realizar outras atividades como estar com seus filhos, passear com sua namorada ou assistir televisão. A utilidade que cada um gozaria com uma dessas atividades é o seu custo de oportunidade, i.e., o preço implícito ou explícito que se paga pelo bem. Note que dizer que algo tem um custo não implica afirmar que tem valor pecuniário. Agora você sabe que há muita sabedoria no dito popular 'tudo na vida tem um preço', basta olhar para o lado. (Grifou-se).

Deve-se tratar o consumidor como agente econômico, vez que é em essência, efetivamente, o é. Tanto que a própria definição de consumidor em sentido estrito exige um conceito da economia, o do destinatário final fático e econômico. Porém não se pode analisar um contrato de consumo, repita-se, como as mesmas lentes e padrões com que se analisa um contrato cível. O que não quer dizer que não se possa valer da AED em contrato de consumo: tanto pode como deve, mas fazendo a indispensável distinção entre ambos.

E na análise do contrato de consumo, importante alguns conceitos da AED, entre os quais:

a) Externalidades, assimetrias de informação e custos de transação

Em AED as falhas de mercado – que levam a mercado ineficiente – consistem, em sua grande maioria, nas *externalidades, assimetrias de informação e custos de transação*. As externalidades seriam os impactos, positivos ou negativos, do contrato a terceiros. Segundo Luciano Bennetti Timm e João Francisco Menegol Guarisse (2019), o "direito pode exercer um importante papel de internalizar a externalidade, fazendo com que as partes arquem com os custos – no caso das externalidades negativas – ou se beneficiem nas externalidades positivas – dos efeitos que causam em terceiros." (TIMM; GUARISSE, 2019, p. 165).

Já a assimetria informacional – que ocorre quando uma parte contratual tem mais informações que a outra (situação típica de contrato de consumo) – causa, à luz da AED, dois problemas, a seleção adversa e o risco moral, os quais podem ou não ser cumulados.

A seleção adversa faz com que a má escolha em função do déficit informacional prejudique não só a pessoa que compra caro um produto ruim, como o vendedor que vende produtos bons a um preço menor que acaba, à falta de vendas, por sair do mercado. Há um prejuízo não apenas ao comprador e ao vendedor79. Já o risco moral diz respeito a uma conduta descuidada sobre o objeto do contrato, a exacerbar desnecessariamente seus riscos e custos. Como exemplo, pode-se citar o de uma

> pessoa que, após contratar um seguro para seu carro, perde incentivos para tomar cuidado, como trancar a porta, estacionar em locais seguros etc. As seguradoras estão conscientes nessa alteração de incentivos do segurado e, em consequência, exigem garantias de que isso não ocorrerá, introduzem prêmios ou simplesmente aumentam os seus preços (TIMM; GUARISSE, 2019, p. 165-166).

Sobre assimetria informacional (e, em consequência, seleção adversa e risco moral), assenta-se famoso artigo do economista, escrito em 1970, por George A. Akerlof denominado *"The Market for 'Lemons': Quality Uncertainty and the Market Mechanism"*. A partir da análise da experiência de compra de veículos novos e usados, Akerlof (1970) demonstra como a seleção adversa é uma falha de mercado prejudicial a quem compra e a quem vende, de modo que a intervenção estatal (tal qual por meio do CDC, no caso brasileiro) pode "aumentar o bem-estar de todas as partes" (AKERLOF, 1970, p. 488). Ressalte-se, inclusive, que uma das conclusões de Akerlof é que, para neutralizar os efeitos da incerteza da qualidade gerados pela seleção adversa, sejam justamente as garantias (expressamente tratadas no CDC, especialmente quando se trata de vício e de garantia contratual) e que o risco deve ser suportado pelo vendedor e não pelo comprador (responsabilidade objetiva do fornecedor no CDC).

Destaque-se ainda que o risco moral, representado por Akerlof na conduta desonesta, pode ser combatido com as ferramentas do CDC, principalmente a obrigatoriedade de boa-fé para consumidores e fornecedores. Para Raquel Sztajn e Milton Barossi Filho (2020, s.p.):

> Em sendo as escolhas fontes de transmissão de informações, a distribuição distorcida ou assimétrica do conhecimento sobre a qualidade dos bens e serviços negociados em mercado nem sempre leva a parte tecnicamente hipossuficiente a escolha ótima. [...] a capacidade de suportar e absorver os riscos de defeitos ou falhas nos produtos seja dos produtores, mas que estes também podem transmitir aos consumidores mais informações oferecendo garantias, ou, em tese, mecanismos de divulgação de mais informações. A falha de mercado resultante da admissão da incerteza, enquanto elemento que afeta os comportamentos individuais, é a assimetria da informação.

Os custos de transação, por sua vez, são os custos necessários à realização do negócio. Custos "que saem do bolso de uma das partes, mas não entram no bolso da outra" (TIMM; GUARISSE, 2019, p. 166), os quais, em regra não podem ter um uso útil posterior (como lavar o carro para apresentá-lo no mostruário de uma loja). Para Luciano Bennetti Timm e João Francisco Menegol Guarisse (2019), os custos de transação podem se apresentar como custos (a) de procura e obtenção de informações; (b) de negociação e (c) para garantir a execução do contrato, e explicam:

> Na presença de custos de transação, os mercados, sozinhos, não atingirão resultados eficientes sempre que o excedente econômico da transação seja menor que os custos de transação, de forma que não seja vantajoso para as partes concluírem o contrato. Ou seja, num mundo com custos de transação, há

menos transações do que o nível eficiente. Vale indicar também que, na ausência de custos de transação, problemas de externalidades seriam facilmente resolvidos pelas partes, visto que negociações a fim de atingir soluções eficientes teriam custo zero. Surge, assim, o chamado *Teorema de Coase*, que afirma que numa situação em que (i) as partes sejam racionais em relação ao seu interesse individual; (ii) não haja custos de transação; e (iii) haja um mercado para todas as mercadorias, envolvendo direitos de propriedade bem especificados, as transações de mercado levarão a uma alocação eficiente (maximizando o bem-estar total), independentemente da alocação inicial de direitos da propriedade (TIMM; GUARISSE, 2019, p. 166).

Raquel Sztajn e Milton Barossi Filho (2020, p.147) destacam, ainda, que "admitir que os estudos da natureza ao longo do tempo não fossem variáveis exatas ou deterministas foi a porta de entrada para a assimetria informacional".

Coincidência ou não, tais assimetrias se tornam mais evidentes e reconhecidas justamente quando da produção massificada e consequente criação do contrato por adesão – que, ainda, em 1964, Orlando Gomes já denunciasse a exigência de um cuidado especial para suplantar a desigualdade entre os seus sujeitos. É que primeiro, no contrato entre iguais – cíveis e comerciais – tinha-se uma "inquestionável suposição de que a informação era completa e perfeita" (SZTAJN; BAROSSI FILHO, 2020, p. 147) e justamente "quando os modelos econômicos de mercado, a partir da segunda metade do século XX, passaram a incorporar a possibilidade de que a distribuição de informações entre os agentes econômicos não fosse uniforme" (SZTAJN; BAROSSI FILHO, 2020, p. 147), coincide com o momento de reconhecimento da peculiaridade do contrato de consumo.

Em outras palavras, a percepção sobre assimetria informacional surgiu em paralelo ao contrato de consumo. Como o contrato de consumo demorou a ser reconhecido como objeto de tutela específica no direito e foi, por muito tempo, resolvido pelo CC – como bem demonstrado na primeira parte deste capítulo – e o surgimento da AED se deu em paralelo a este entrelaçamento, talvez não se tenha dado conta desse fato. Por óbvio que não apenas os contratos de consumo têm assimetrias informacionais, mas igualmente óbvio que, por ser naturalmente desigual, diante da vulnerabilidade do consumidor, o contrato de consumo é um terreno fértil para as assimetrias informacionais.

Nesta discussão, importante lembrar, como o faz Joseane Suzart Silva (2018, s.p.), que o visionário Orlando Gomes já advertia, bem antes da chegada do CDC:

> O contrato de consumo, verberava Orlando Gomes, serviria para remediar a desconfiança básica entre as pessoas, exercendo a função de instrumento social de alocação de riscos, para alcançar a maior segurança possível entre os envolvidos e viabilizar a realização dos objetivos almejados pelas partes fortes e fracas. A desigualdade material entre consumidores e fornecedores, já reconhecida pelo citado mestre baiano desde a década de 70, fez com que regras jurídicas mais incisivas regulamentassem os negócios jurídicos ajustados, exigindo-se mais transparência, informação e respeito à boa-fé objetiva.

Em suma, se o mercado será tanto mais perfeito, quanto mais simétricas forem as informações, certamente será tanto mais perfeito, quanto mais observar que as regras do CDC nada mais fazem do que buscar simetria de informações e, portanto, um mercado cada vez mais perfeito.

3.2.2 A economia comportamental e a informação ao consumidor: o reflexo na tomada de decisões pelo consumidor

O direito do consumidor tem ferramentas para enfrentar as falhas de mercado apontadas pela AED a se repercutirem no contrato e no mercado de consumo (o próprio combate ao risco moral se pode fazer mediante o controle da boa-fé objetiva). O reconhecimento da economia comportamental e seu impacto nas relações de consumo têm sido um aceno nesse sentido, mas ainda tímido e incompreendido. Inclusive, é nesse sentido o entendimento de Oliveira e Ferreira (2012, s.p.):

> Ao compreender e consagrar a concepção de que os consumidores, na realidade, não detêm conhecimentos técnicos suficientes sobre os diversos produtos e serviços (vulnerabilidade técnica), ainda que sejam cumpridos os deveres de informação, assim como ao admitir que, em muitos casos, eles se encontram em posição de desvantagem econômica, e que dificulta, indiscutivelmente, a sua autoproteção (vulnerabilidade econômica), por exemplo, essas leis aproximam-se fortemente das ideias básicas da Economia Comportamental.
>
> [...]
>
> Uma adequada abordagem econômica do Direito pode conduzir à descoberta de mecanismos eficientes e eficazes de condução de uma política nacional de defesa do consumidor. Especificamente no que concerne à proteção preventiva e a posteriori do consumidor em um cenário de crise ou recessão econômica, acredita-se que os estudos desenvolvidos pela Economia Comportamental podem contribuir essencialmente para uma adequada disciplina dos comportamentos humanos, com vistas ao bem-estar real da coletividade e com ganhos para todos os envolvidos.

A economia comportamental é tida como uma resposta a críticas feitas à AED. Os principais estudos sobre ela nasceram na Escola de Harvard e são criticados por muitos economistas justamente "por ter tradição em pesquisar áreas particulares e por priorizar métodos descritivos.". Entre os críticos, encontra-se

> Richard Posner, para quem o movimento teria a característica de ser 'subteorizada' (*undertheorized*). De acordo com Posner, em crítica formulada a artigo publicado por Christine Jolls, Cass Sunstein and Richar Thaler, 16 a Economia Comportamental seria 'puramente empírica' (*purely empirical*), com maior ênfase em seus sujeitos do que em um método propriamente dito, o que impossibilita a formulações de previsões (OLIVEIRA; FERREIRA, 2012, s.p.).

Ao responderem a pergunta se a incerteza e a informação seriam elementos fundamentais à evolução dos modelos econômicos de mercado de interesse do Direito, Raquel Sztajn e Milton Barrosi Filho (2020, p.157) respondem que "a incerteza, representada pela impossibilidade de se prever com acurácia probabilista todos os possíveis estados da natureza, tem como consequência imediata a imperfeição informacional no trato entre agentes econômicos".

Mas a que se referem exatamente ao falarem de "estado da natureza"? Será que poderia ser sobre as variadas formas como que a vulnerabilidade do consumidor se manifesta nas diversas pessoas? Se for, aponta-se, aqui, uma saída de (re) conciliação entre direito do consumidor e AED.

4
A INFORMAÇÃO E O ADIMPLEMENTO DOS CONTRATOS DE CONSUMO: EM BUSCA DA TÉCNICA EFICIENTE PARA A COMPREENSÃO EFICAZ DA INFORMAÇÃO PELO CONSUMIDOR

Ante os peculiares contornos do contrato de consumo, exaustivamente estudados nos capítulos 2 e 3, importante é sublinhar, no arcabouço constitucional brasileiro, o papel fundamental da informação em todo processo de formação válida e exigível da vontade do consumidor. Ficou claro que a obrigação do consumidor é tanto mais forte quanto mais eficaz e eficiente for a informação que lhe influenciou a decisão.

Esse processo é ainda mais desafiador quando se enxergam as mudanças do campo social que foram apresentadas no capítulo[1]. Assim, urge a tarefa de identificar, a partir da prática real e concreta, atual e contemporânea, caminhos para a efetivação da eficaz compreensão da informação pelo consumidor. De quem é a responsabilidade? Do fornecedor ao prestá-la? Do consumidor ao exigi-la? Do mercado ao compreender sua importância? Do Sistema Nacional de Defesa do Consumidor – e de todos os órgãos e instituições que o integram em pautar esta necessidade?

Acredita-se que a informação eficiente incentiva o maior cumprimento voluntário dos contratos de consumo, a diminuir a sua judicialização e a reduzir os custos de transação (que são arcados, ao fim, pelo próprio consumidor). Essa é a razão condutora deste estudo: delinear o papel concreto da informação no contrato de consumo, em um Estado fundado na ideia-força da dignidade humana, com o objetivo expresso de combate às desigualdades e que coloca a defesa do consumidor como direito fundamental e como princípio da ordem econômica.

Como demonstrado nos capítulos anteriores, contrato de consumo se define por seus sujeitos – e não por seu objeto ou instrumento contratual – e é regulado pelo microssistema consumerista, que tem na proteção da pessoa consumidora – e não no ato de consumo – a sua meta; para tanto, confere *status* especial para a informação ao consumidor. Tanto que o contrato de consumo não se resume ao instrumento contratual, mas se materializa em todo o processo de formação da vontade

---
1. "Art. 48. O Congresso Nacional, dentro de cento e vinte dias da promulgação da Constituição, elaborará código de defesa do consumidor.".

do consumidor. Mas ainda que a CF88 tenha sido cuidadosa com a efetivação da defesa do consumidor (a ponto de deixar expresso nos ADCT a determinação de prazo para a elaboração do CDC), persiste dificuldade de distinção entre contrato de consumo e contrato civil.

Por outro lado, não se pode esquecer que os direitos têm um custo. Os direitos não compreendidos custam ainda mais. Há um custo para gerar uma informação que não chega efetivamente ao consumidor e um outro custo quando da procedência de uma ação judicial movida em face da deficiência da informação, sendo, portanto, de imensa importância a investigação de ferramentas hábeis a identificar meios de construção da informação eficiente em um contrato de consumo. E na busca desse caminho, é preciso examinar o campo concreto e real de aplicação do direito do consumidor no Brasil hoje, para se tentar responder, no mínimo, às seguintes questões:

a) A (def) eficiência da informação, de fato tem impacto nas reclamações dos consumidores, bem como nas demandas judicializadas sobre direito do consumidor?

b) Há relação entre a (def) eficiência da informação e o grau de vulnerabilidade do consumidor?

c) Tem sentido acreditar que a devida prestação da informação reduziria o número de conflitos de consumo, reduzindo os custos de transação?

d) Qual seria um parâmetro eficiente para a maior compreensão da informação pelo consumidor a se refletir na redução da assimetria informacional e dos custos de transação?

Para responder estas e outras questões, a partir das diretrizes da jurimetria, foram identificadas 3 (três)[2] bases para análise de dados, do extrajudicial para o judicial, do Brasil para o Ceará, durante o ano de 2019[3], com os seguintes passos:

- Primeiro, examinar-se-ão os dados disponíveis no "Consumidor.gov.br", plataforma oficial do SNDC que busca receber e resolver demandas extrajudiciais de consumidores. Neste campo se examina *qual a maior razão das reclamações dos consumidores*. No âmbito do Ceará, o Consumidor.gov.br é gerido pelo PROCON–CE (órgão do Ministério Público do Estado do Ceará), que disponibilizou seus dados a presente pesquisa.

- Segundo, verificar-se-á, as demandas sobre direito do consumidor no âmbito do Superior Tribunal de Justiça – STJ, com foco naquelas em que a questão da informação foi levada em conta na decisão.

- Terceiro, análise das ações ajuizadas pelo Núcleo de Defesa do Consumidor da Defensoria Pública do Estado do Ceará – NUDECON-CE. A análise não

---

2. A princípio, seriam 5 bases – CONSUMIDOR.GOV.BR, CNJ, STJ, TJCE e NUDECON/DPGE–CE. Todavia, os dados abertos já disponibilizados pelo CNJ abrangem apenas até o ano de 2018, porquanto o marco temporal deste estudo seja 2019.

3. A metodologia utilizada para analisar os dados de 2019 poderá ser posteriormente replicada nos próximos anos e se poderá analisar se existiu ou não impacto do "novo normal" pós-pandemia nas contratações de consumo.

é dos atendimentos e mediações, mas das questões não resolvidas que foram judicializadas.

4.1 JURIMETRIA E PESQUISA JURÍDICA

Cada vez mais percebe-se que as pesquisas acadêmicas carecem de sentido se não servirem para melhorar, de qualquer forma – direta ou indireta, imediata ou mediata, subjetiva ou objetiva – a vida em sociedade. Não é diferente no Direito[4]. Mas nele é mais desafiador, pois, historicamente, a ciência jurídica tem um distanciamento entre o real concreto e o ideal desejado. Como lembra Carlos Ayres Britto (2007, p.43), "mesmo um excelente referencial normativo para o concreto agir humano ainda não é o concreto agir humano.".

O próprio processo de construção das normas jurídicas – como já analisado nos capítulos anteriores – parte, quase sempre, do olhar de setores não vulneráveis (ou pouco vulneráveis), para ser aplicado a um universo de muitos vulneráveis. O exemplo do direito de laje (tratado no capítulo 2) exemplifica bem essa questão. É a distância entre "o país legal" e o "país real" há muito denunciada por Oliveira Viana[5].

Nesse contexto, é bem-vindo o fortalecimento da Jurimetria como disciplina jurídica[6] no Brasil. Ao aliar Direito com estatística, abre caminhos, se bem embasados por uma doutrina sólida de valores constitucionais e republicanos, para uma melhor e mais eficaz prática do Direito. Como lembra Christoph Engel (2019, s.p.), "o Direito não é (apenas) outra Ciência Social. Para o Direito, sofisticação não é um valor *per se*, nem elegância, ou a surpreendente capacidade de resolver um problema estatístico aparentemente intratável. O Direito governa a vida das pessoas". E o direito do consumidor, por sua vez, é presença concreta no cotidiano de praticamente todas as pessoas, que todos os dias – consciente ou inconscientemente – firmam inúmeros contratos de consumo. Direito do consumidor é, pois, um direito do cotidiano, com impacto direto na vida das pessoas.

4.1.1 Noções gerais

A disseminação da Jurimetria no Brasil muito se deve a Marcelo Guedes Nunes, que, sob a orientação do Professor Fábio Ulhoa Coelho, valeu-se dela para a construção de sua tese de doutorado (que versava sobre direito comercial). Daí nasceu a Associação Brasileira de Jurimetria – ABJ a propagar que não basta se saber o que os juristas pensam

---

4. Carlos Ayres de Britto (2007, p.39) lembram que o "Direito é o mais engenhoso esquema que a humanidade até hoje concebeu para viabilizar o absolutamente necessário 'estado de sociedade'". "Uma cultura política que exprime a trama verdadeira de uma sociedade ainda tradicional, tecida ao longo de sua história" (ALMEIDA, 2001, p. 295).
5. Como explica Maria Hermínia Tavares de Almeida (2001, p. 295), a principal obra de Oliveira Viana, Instituições políticas brasileiras, tem por tema "o desencontro das regras que tratam de organizar a vida política, cristalizadas nos princípios liberais das constituições brasileiras – desde 1824, e os comportamentos efetivos, moldados por uma cultura política que exprime a trama verdadeira de uma sociedade ainda tradicional, tecida ao longo de sua história".
6. O PPGD/UNIFOR é um dos primeiros cursos no Brasil a oferecer jurimetria como disciplina.

sobre a leis, mas é também preciso verificar as consequências práticas produzidas por elas de modo que um "esforço científico sério precisa primeiro investigar a realidade para depois propor soluções" (GUEDES, 2020, p. 22-25). Nesse contexto, Marcelo Guedes (2020) chama a atenção para a relevância de alguns "detalhes":

Quem atua nos tribunais sabe o quão sensível é a dinâmica de julgamento e como o resultado de um processo pode ser afetado por ocorrências aparentemente irrelevantes. Uma pesquisa realizada pela Universidade Columbia em Nova Iorque e pela Universidade Bem Gurion em Tel Aviv durante dez meses analisou 1.112 decisões proferidas por oito juízes em Israel sobre liberdade condicional. Para classificação das decisões, o dia de cada juiz foi dividido em três períodos como dois intervalos para refeição: um almoço e um lanche. Os resultados indicaram que, logo após os intervalos para refeição, os juízes concediam aproximadamente 65% dos pedidos, percentual que caía para próximo de zero à medida que o juiz ficava sem comer, voltando aos 65% originais após o segundo intervalo. Como os casos eram apreciados na ordem aleatória de chegada dos advogados, sem uma organização por uma cultura política que exprime a trama verdadeira de uma sociedade ainda tradicional, tecida ao longo de sua história (ALMEIDA, 2001, p. 295), complexidade ou gravidade, a conclusão do estudo é que os réus com pedidos apreciados, logo após o juiz ter se alimentado, tinham uma vantagem sobre os demais.

Essa pesquisa, apesar de surpreendente na forma de quantificação do viés, ilustra aquilo que todo advogado experiente sabe. Um julgamento é um evento de alta complexidade que pode ter seu resultado por mínimos detalhes aparentemente irrelevantes. Uma resposta atravessada, um choro na hora certa, um atraso ou uma gravata extravagante podem alterar o resultado de um julgamento. Essa complexa interação entre fatos, percepções, personalidades e crenças eleva o grau de complexidade do processo e, por consequência, torna, em última análise, incerto o sentido de qualquer decisão judicial, neste sentido importante lembrar que "Diante da impossibilidade de se extirpar a incerteza do Direito, restava então tentar controlá-la". (NUNES, 2019, p. 80–81).

Um "detalhe" importante nesta pesquisa é justamente se o contrato de consumo vem sendo vem sendo tratado – e julgado – em conformidade com a peculiaridade de sua identidade – que coloca a informação em um lugar fundamental de modo que mais importante que o instrumento contratual em si é a compreensão da informação pelo consumidor. O "detalhe" se materializa no entendimento que contrato de consumo não se confunde com contrato civil. Mas, voltando à Jurimetria, ela, etimologicamente, foi criada pelo advogado americano Lee Loevinger, admirador do realismo jurídico, das relações entre Direito e novas tecnologias e da metodologia de pesquisa em direito. Foi por ele utilizada, pela primeira vez, em artigo científico de 1953 (NUNES, 2019, p. 92-93). Entre os sucessores de Loevinger, destaca-se Hans Baade. No Brasil, a Jurimetria chegou por meio do Professor Miguel Reale que, enquanto Reitor da USP, em 1973, recebeu o professor italiano Mario Losano para palestra sobre juscibernética (NUNES, 2019, p. 97-100).

Mas Jurimetria não é apenas base de dados e sistemas, não é números e estatística. É "uma metodologia poderosa, capaz de transformar esses dados em informação útil para a tomada de decisões" (NUNES, 2019, p. 103). E o mais encantador, necessário e inovador na Jurimetria é que ela "propõe um giro epistemológico, análogo àquele proposto pelos realistas, deslocando o centro de interesse da pesquisa do plano abstrato para o plano concreto" (NUNES, 2019, p. 108), pois para a Jurimetria "é no plano concreto que o Direito se revela" (NUNES, 2019, p. 109) e, por isso, ela tanto interessa a este trabalho que tem por foco a aplicação concreta e efetiva do direito do consumidor.

Mas qual a definição de Jurimetria? Para Marcelo Guedes Nunes (2019, p.111), é:

> [...] a disciplina do conhecimento que utiliza a metodologia estatística para investigar o funcionamento de uma ordem jurídica. A partir dela, fica claro que a Jurimetria se distingue das demais disciplinas jurídicas tanto pelo objeto como pela metodologia empregada na sua análise, de uma perspectiva objetiva, o objeto da Jurimetria não é a norma jurídica isoladamente considerada, mas, sim, a norma jurídica articulada, de um lado como resultado (efeito) do comportamento dos reguladores e, de outro, como estímulo (causa) no comportamento de seus destinatários.

Surge, então, como uma ferramenta importante na aproximação entre conhecimento jurídico e a realidade da prática jurídica. Em se tratando especificamente de direito do consumidor, como lembram Fábio Costa Soares e Roberto Senise Lisboa (2016), a Jurimetria oferece reflexões para a construção de sistemas capazes de estimular uma maior harmonia nas relações de consumo, e o próprio diálogo entre direito do consumidor e direito econômico. De certa forma, "sua importância assemelha-se à de uma boa estrada de rodagem para o sucesso econômico das localidades." (SOARES; LISBOA, 2016). É que "se as leis são os medicamentos para os males da convivência social, temos de estar bastante atentos para os tribunais que são os hospitais onde elas se manifestam" (GUEDES, 2020, p. 169).

Há de esclarecer, ainda, que na Jurimetria, diante do uso da metodologia empírica, "um pesquisador apresenta sua suposição sobre alguma característica da ordem jurídica e depois vai a campo coletar dados para confirmá-la ou rejeitá-la", de modo que é o "confronto entre os dados empíricos e a suposição do pesquisador que faz nascer o conhecimento" (NUNES, 2019, p. 119).

Aqui, valendo-se da Jurimetria, supõe-se que a não observância da autonomia do microssistema consumerista no trato do contrato de consumo aumenta a judicialização da demanda e não incentiva o fornecedor a necessária mudança de atitude na prestação da informação ao consumidor, deixando mercado cada vez mais imperfeito, com informações assimétricas, alto custo de transação e uma série de externalidades, em prejuízo de consumidores e fornecedores. E é para testar todas as suposições feitas nos capítulos anteriores que se analisará os dados seguintes.

4.1.2 A Aplicação do método

A aplicação da Jurimetria, vai abranger a análise de 3 (três) campos concretos, partindo do mais genérico para o mais específico, quais sejam: a) Consumidor.gov.br; b) Superior Tribunal de Justiça – STJ e e) Defensoria Pública do Estado do Ceará, por meio de seu Núcleo de Defesa do Consumidor – NUDECON-DPGE.

Nas três plataformas pesquisadas, observou-se o mesmo período – o ano de 2019 (de 01.01 a 31.12.2019) – e, em essência o mesmo critério de busca. Fala-se em essência, vez que, será demonstrado adiante na apresentação de cada campo de análise, buscou-se aferir, conforme a peculiaridade de cada uma, a incidência da informação no conflito de consumo, bem como a singularidade do contrato de consumo.

Considera-se o Consumidor.gov.br como o mais genérico, pois abrange uma etapa extrajudicial, uma etapa mais aberta e ampla. Após, o STJ, na perspectiva da sua responsabilidade constitucional de uniformizar interpretação de leis infraconstitucionais, tal qual o CDC. Ambos apresentam um panorama nacional, mas, como a pesquisa objetiva contribuir para o desenvolvimento local, por coerência, deve-se analisar os dados disponíveis no NUDECON-DPGE. Tudo sob o mesmo marco temporal e o mesmo objetivo: analisar o impacto da (des) informação na formação da vontade do consumidor e no cumprimento dos contratos.

4.1.2.1 Consumidor.gov.br

O Consumidor.gov.br é um "serviço público que permite a interlocução direta entre consumidores e empresas para solução de conflitos de consumo pela Internet.". É monitorado pela "Secretaria Nacional do Consumidor – Senacon – do Ministério da Justiça, Procons, Defensorias, Ministérios Públicos e também por toda a sociedade" (BOLETIM [...], 2019). Foi lançado oficialmente pelo Ministério da Justiça por sua Secretaria Nacional do Consumidor, em 27.06.2014. Integra, portanto, o campo de resolução extrajudicial dos conflitos de consumo – como determina o artigo 4º, V do CDC[7] – sendo uma opção[8], jamais uma obrigatoriedade, de caminho do consumidor na solução para a lesão a seus direitos. Há um cada vez maior rol de empresas que aderem ao termo de participação na plataforma, a qual funciona, em suma da seguinte forma:

> [...] o consumidor verifica se a empresa contra a qual quer reclamar está cadastrada no site. Em caso positivo, registra sua reclamação e, a partir daí, inicia-se a contagem do prazo de 10 dias para manifestação da empresa. Durante esse prazo, a empresa tem a oportunidade de interagir com o consumidor antes da postagem de sua resposta final. Após a manifestação da empresa, é garantida ao consumidor a chance de comentar a resposta recebida, classificar a demanda como *Resolvida* ou *Não Resolvida*, e, ainda, indicar o grau de satisfação com o atendimento recebido (BOLETIM [...], 2019, p. 3).

---

7. Art. 4º A Política Nacional das Relações de Consumo tem por objetivo o atendimento das necessidades dos consumidores, o respeito à sua dignidade, saúde e segurança, a proteção de seus interesses econômicos, a melhoria da sua qualidade de vida, bem como a transparência e harmonia das relações de consumo, atendidos os seguintes princípios: [...]. V – incentivo à criação pelos fornecedores de meios eficientes de controle de qualidade e segurança de produtos e serviços, assim como de mecanismos alternativos de solução de conflitos de consumo;".
8. Como esclarece a publicação Consumidor.gov.br, a despeito de todas as parcerias, destaca-se que o Consumidor.gov.br é um serviço público alternativo para solução de conflitos de consumo. Ele não se confunde nem substitui o serviço prestado pelos Órgãos de Defesa do Consumidor. Sendo assim, a utilização desse serviço pelos consumidores se dá sem prejuízo ao atendimento realizado pelos canais tradicionais de atendimento providos pelos Procons, pelas Defensorias Públicas, pelo Ministério Público e pelo Juizados Especiais Cíveis (BOLETIM [...] , 2019, p. 4).

Tem trazido excelentes resultados e sua procura cresce ano a ano, já estando com 2.953.729 reclamações finalizadas desde o seu início, em 2014, com 2.166.920 usuários s e 849 empresas cadastradas[9]:

Figura 4 – Total de reclamações finalizadas

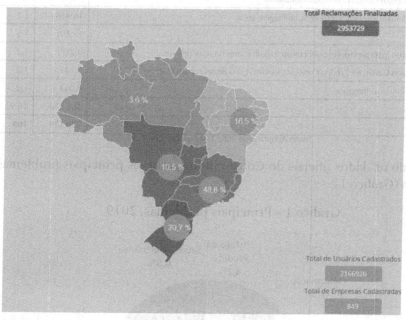

Fonte: Adaptado de (BRASIL, 2020).

A plataforma organiza as reclamações por assuntos, sendo os mais reclamados (Tabela 1):

Tabela 1 – Total de reclamações por assunto, 2019

Assunto	Total	%
Cartão de Crédito/Cartão de Débito/Cartão de Loja	71.162	9,1
Banco de Dados e Cadastros de Consumidores (SPC, Serasa, ACPC etc.)	66.510	8,5
Telefonia Móvel Pós-paga	66.133	8,5
Pacote de Serviços (Combo)	53.268	6,8
Transporte Aéreo	46.408	5,9
Aparelho celular	41.388	5,3
Internet Fixa	37.711	4,8
TV por Assinatura	30.677	3,9
Telefonia Móvel Pré-paga	26.371	3,4
Conta Corrente/Salário/ Poupança/Conta Aposentadoria	23.876	3,1

---

9. Dados atualizados até o dia 21.06.2020, conforme informações disponíveis em: https://consumidor.gov.br/pages/indicador/infografico/abrir.

Crédito Pessoal e Demais Empréstimos (exceto financiamento de imóveis e veículos)	22.739	2,9
Crédito Consignando (Empréstimo descontado em folha de pagamento)	21.338	2,7
Telefonia Fixa	18.874	2,4
Internet Móvel	18.496	2,4
Serviço de pagamento online/via celular/maquininha	16.718	2,1
Programas de Fidelidade/Benefícios (pontos, milhagem etc.)	16.428	2,1
Energia Elétrica	11.891	1,5
Crédito Consignado (para servidores públicos ou trabalhadores do setor privado)	9.217	1,2
Crédito Consignado/Cartão de Crédito Consignado/RMC (para beneficiários do INSS)	9.133	1,2
Aparelho de telefone fixo/Interfone	9.063	1,2
Demais assuntos	162.778	20,9
Total	780.179	100

Fonte: Adaptado de BOLETIM [...] (2019, p. 6).

Segundo os dados oficiais do Consumidor.gov.br, os principais problemas em 2019, foram (Gráfico 1):

Gráfico 1 – Principais problemas, 2019

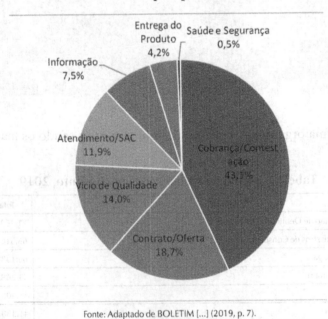

Fonte: Adaptado de BOLETIM [...] (2019, p. 7).

Na plataforma, há uma categorização entre área (por exemplo, serviços financeiros), assunto (por exemplo, cartão de crédito) e problema (cobrança indevida, por exemplo).

Em "informação", na organização dos dados oficiais do Consumidor.gov.br, parecem estar apenas os problemas relacionados aos dados pessoais do consumidor (tanto que contrato/oferta e atendimento/SAC estão em categorias autônomas, porquanto mantenham, como demonstrado nos capítulos anteriores, estreita relação com a informação).

Ou seja, parece-se abranger apenas uma pequena parte das questões relacionadas a informação.

4.1.2.2 A construção dos marcadores para a pesquisa

Parte-se da premissa da proteção integral e efetiva da informação ao consumidor, o que abrange os atos necessários à construção de sua confiança, abarcando tudo o que contribui para a sua decisão de aquisição do produto ou serviço, seja por ação ou por omissão do ato de informar. Leva-se em conta, portanto como faz o CDC, a compreensão do consumidor, uma clareza semântica – e não apenas literal – a ser avaliada conforme seu grau de conhecimento sobre o produto e serviço. Por tal princípio, a construção dos marcadores, seguiu o seguinte caminho:

- Em dados abertos da plataforma consumidor.gov.br, teve-se acesso a todos os relatórios de atendimento de 2019 (em janeiro de 2019, por exemplo, foram 60.558 reclamações em todo o Brasil);
- Foi feito o *download* de todos os 12 relatórios mensais de 2019;
- Compilou-se em uma só planilha, todos os relatórios de 2019 (totalizaram 780.179 reclamações)[10].

Cada relatório tem as seguintes informações: região, unidade federativa, cidade, sexo, faixa etária, data da finalização, tempo de resposta, nome da empresa, segmento de atuação, área, grupo de problema, problema, como contratou, se procurou o fornecedor, se a reclamação foi respondida, a situação da reclamação, se foi ou não resolvida e a nota do consumidor ao serviço. Interessam a presente pesquisa apenas os dados sobre quais os 1) problemas reclamados; 2) a região; 3) a unidade federativa; 4) cidade[11]; 5) o sexo; 6) a faixa etária e 7) a forma de contratação.

Importaram-se os dados da planilha (Excel) com as reclamações de 2019 para o programa *Power BI Desktop*[12], em que os dados foram transformados e criado, a partir deles, um novo modelo de análise, da seguinte forma:

- Foram removidas as colunas de cidade, data da finalização, tempo de resposta, nome do fornecedor, segmento, área, assunto, grupo de problema, se procurou o fornecedor, se foi respondida, a situação atual e a avaliação do consumidor. Permaneceram apenas: 1) problemas reclamados; 2) a

---

10. Registre-se o apoio fundamental à presente pesquisa de Marcelo Vasconcellos, da ADINS-DPGE-CE (Assessoria de Desenvolvimento de Institucional da Defensoria Pública do Estado do Ceará).
11. Cidade interessa apenas no propósito de filtrar os dados de Fortaleza, para que se pudesse compará-los com os dados do NUDECON-DPGE/GE que tem Fortaleza como base territorial.
12. Trata-se de "um aplicativo gratuito que pode ser instalado no computador local e que permite que você se conecte aos seus dados, transforme-os e visualize-os. Com o Power BI Desktop, você pode se conectar a várias fontes de dados diferentes e combiná-las (geralmente chamado de *modelagem*) em um modelo de dados. Esse modelo de dados permite que você crie visuais e coleções de visuais que podem ser compartilhados como relatórios com outras pessoas em sua organização. A maioria dos usuários que trabalha em projetos de business intelligence usa o Power BI Desktop para criar relatórios e, em seguida, usa o *serviço do Power BI* para compartilhar os relatórios com outras pessoas." Disponível em: https://docs.microsoft.com/pt-br/power-bi/fundamentals/desktop-what-is-desktop#:~:text=O%20 Power%20BI%20Desktop%20%C3%A9,%2Dos%20e%20visualize. Acesso em: 23 jun. 2020.

região; 3) a unidade federativa; 4) cidade); 5) o sexo; 6) a faixa etária e 7) a forma de contratação;

- As sete colunas que permaneceram foram renomeadas da seguinte forma: 1) problema; 2) região; 3) UF; 4) cidade; 5) gênero; 6) idade e 7) contratação.

Passou-se a uma categorização dos problemas, de modo que foram criadas três categorias ligadas à informação (informação geral, informação pós venda/comunicação com o fornecedor e informações sobre dados pessoais), uma sobre insegurança do produto ou serviço e outra sobre vício do produto e serviço, da seguinte forma:

1. COLUNA "PROBLEMA"
I – INFORMAÇÃO GERAL

Aqui, foram inseridos todos os "problemas" (termo utilizado na planilha do consumidor.gov.br) diretamente relacionados à informação, de uma maneira geral. Essa categoria, assim, passou a absorver os seguintes problemas:

1) Dificuldade para obter boleto de quitação ou informações acerca de cálculos, pagamentos, saldo devedor;
2) Oferta não cumprida/serviço não fornecido/venda enganosa/publicidade enganosa;
3) Cálculo de juros, saldo devedor (contestação, solicitação de histórico, dúvidas);
4) Má qualidade no atendimento (descortesia/despreparo/constrangimento);
5) Reajuste – Discordância/dúvida;
6) Fidelização indevida (multa não permitida, acima do prazo, não informada);
7) Produto entregue incompleto/diferente do pedido;
8) Cobrança de tarifas, taxas, valores não previstos/não informados;
9) Cobrança adicional não informada previamente (frete, montagem, taxas);
10) Não entrega do contrato ou documentação relacionada ao serviço;
11) Publicidade abusiva/ofensiva/discriminatória;
12) Plano/ serviço extinto sem substituto equivalente;
13) Informações incompletas/inadequadas sobre o produto (na oferta ou no manual);
14) Alteração de plano/contrato sem solicitação ou aviso prévio;
15) Cancelamento indevido da passagem de volta;
16) Falta de acesso à comunicação, alimentação, acomodação e/ou traslado em caso de atraso, cancelamento ou interrupção de voo;
17) Cobrança de valor para a devolução do produto;
18) Cobrança indevida por excesso de bagagem;
19) Alteração/rescisão de contrato sem solicitação/aviso prévio;

20) Falta de informação sobre atraso, cancelamento ou interrupção de voo;
21) Informações incompletas/inadequadas sobre o serviço;
22) Recall – descumprimento, dúvida;
23) Cláusulas irregulares/abusivas/de interpretação dúbia;
24) Cobrança de valores não previstos/não informados (multa, encargos, honorários etc.);
25) Não fornecimento da conta detalhada;
26) Alteração da apólice sem solicitação/aviso prévio;
27) Ausência/Divergência de Preço;
28) Contrato – Cláusulas irregulares/abusivas/de interpretação dúbia;
29) Data de validade vencida, ilegível, inexistente ou adulterada;
30) Descredenciamento de prestadores (médicos, hospitais, clínicas, laboratórios etc.);
31) Dificuldade na inclusão em tarifa social – recusa/falta de informação;
32) Divergência de peso, volume e quantidade;
33) Imposição de multa indevida/abusiva (não prevista em contrato ou em valor diverso do contratado)
34) Negativação indevida referente à tarifa, taxas não previstas no contrato/serviço;
35) Produto sem inspeção/sem registro/registro falso;
36) Reajuste – dúvida ou discordância (exceto idoso);
37) Contestação do valor de resgate;
38) Não fornecimento de nota fiscal/recibo;
39) Produto entregue incompleto/diferente do contratado;
40) Meia entrada – recusa/falta de informação;
41) Informação nutricional falsa/incompleta/inadequada sobre o produto;
42) Imóvel entregue incompleto/diferente do contratado;
43) Informações incompletas/inadequadas sobre o imóvel.

II – INFORMAÇÃO PÓS VENDA/COMUNICAÇÃO COM O FORNECEDOR

Aqui, foram inseridos todos os "problemas" que a comunicação com o fornecedor poderia ter suprido, vez que, essencialmente, relacionados a dados que o fornecedor dispõe. Essa categoria abrange os seguintes "problemas":

1) SAC – Dificuldade para cancelar o serviço;
2) Cobrança após cancelamento do serviço;
3) Cobrança por serviço/produto não contratado/não reconhecido/não solicitado;
4) SAC – Demanda não resolvida/não respondida/respondida após o prazo;

5) Cobrança por serviço não fornecido/em desacordo com a utilização/fora do prazo;
6) Dificuldade para alterar ou cancelar o contrato/serviço;
7) Informações incompletas/inadequadas sobre o serviço, plano, promoção etc.;
8) Cobrança indevida/abusiva para alterar ou cancelar o contrato;
9) Renegociação/parcelamento de dívida;
10) Negativa de cobertura/Demora injustificada ou Divergência na indenização;
11) Dificuldade para contratar/recusa injustificada;
12) Produto danificado/não funciona – Dificuldade em trocar ou consertar no prazo de garantia;
13) Dificuldade/demora para alterar o nome do passageiro;
14) Dificuldade para rescindir o contrato/cancelar o serviço;
15) Não envio/atraso do boleto ou fatura/dificuldade com o pagamento;
16) Dificuldade de contato ou acesso aos serviços – caixa eletrônico, agência, Internet banking;
17) Cartão não solicitado – Envio ou cobrança;
18) Dificuldade para alterar/ativar serviços;
19) SAC – Dificuldade de contato/acesso;
20) Cartão não solicitado – Envio ou cobrança;
21) Produto danificado/não funciona – Falta de assistência técnica/falta de informações sobre assistência técnica;
22) Dificuldade/atraso na devolução de valores pagos/reembolso/retenção de valores;
23) Dificuldades com Programas de Fidelidade/Pontuação (resgate, alteração, transferência etc.);
24) SAC – Dificuldade em obter protocolo, gravação ou histórico;
25) Dificuldade de contato/acesso a outros canais (exceto SAC);
26) Dificuldade na recarga de créditos (não inserida, não revalidada);
27) Má qualidade no atendimento presencial ou outros canais (exceto SAC);
28) Produto falsificado;
29) Negativação indevida – desconhece motivo e/ou fornecedor;
30) Dificuldade de cancelamento/exclusão do cadastro;
31) Serviço indisponível para a região ou sem previsão;
32) SAC – Descortesia/despreparo/demora;
33) Dificuldade de pagamento, saque, depósito, transferência;
34) Dificuldade/demora para cancelar o serviço;
35) Dificuldade/demora para alterar o contrato de serviço (alteração de voo);

36) Dificuldade para contratar o serviço (problema operacionais, acesso aos canais de venda etc.);

37) Atraso/Cancelamento do serviço;

38) Informações incompletas/inadequadas sobre o imóvel ou financiamento;

39) Não entrega/demora na entrega do imóvel;

40) Não recebimento de justificativa por escrito da negativa de cobertura.

III – INFORMAÇÕES PESSOAIS – DADOS PESSOAIS

Aqui, foram inseridos todos os "problemas" relacionados a dados ou informações pessoais da pessoa consumidora, absorvendo esta categoria, os seguintes "problemas":

1) Dados pessoais ou financeiros consultados, coletados, publicados ou repassados sem autorização;
2) Dificuldade de acesso a dados pessoais ou financeiros (score);
3) Dados pessoais incorretos – dificuldade de retificação.

IV – INSEGURANÇA PRODUTO OU SERVIÇO

Aqui, foram inseridos todos os "problemas" relacionados a fato[13] do produto ou do serviço real ou potencial, absorvendo esta categoria, os seguintes "problemas":

1) Risco, dano físico ou mal-estar decorrente da prestação do serviço/utilização do produto;
2) Negativação indevida referente a pagamento já efetuado;
3) Negativação indevida (SPC, Serasa, SCPC etc.);
4) Cobrança submetendo à ofensa, a constrangimento ou à ameaça;
5) Clonagem, fraude, furto e roubo;
6) Negativação indevida (não cumprimento de acordo de parcelamento);
7) Negativação indevida referente à cobrança não reconhecida;
8) Extravio/avaria de bagagem, carga, correspondência (ressarcimento, indenizações);
9) Descumprimento do estatuto do idoso;
10) Alteração de odor, sabor e aspecto da água;
11) Alteração de odor, sabor, aspecto ou composição química;
12) Ausência do profissional de saúde/responsável técnico;
13) Danos materiais causados por falha na prestação do serviço (queima de aparelhos elétricos);
14) Falha de segurança (furto, roubo, violação);
15) Falta de acessibilidade ao idoso ou à pessoa com deficiência;

---

13. Considerou-se como fato os desrespeitos ao Estatuto do Idoso, diante da hipervulnerabilidade da pessoa idosa.

16) Falta de acessibilidade ou de atendimento prioritário;

17) Inadequação dos serviços a pessoas com necessidade de assistência especial (embarque, assento, equipamentos etc.);

18) Negativação indevida sem contratação do serviço – fraude bancária;

19) Presença de sujidades, insetos ou objetos estranhos;

20) Problemas na estrutura/Problemas na construção não reparados;

21) Reajuste – descumprimento do estatuto do idoso;

22) Recusa/Dificuldade de atendimento emergencial;

23) Falta de atendimento prioritário.

V – VÍCIO PRODUTO OU SERVIÇO

Aqui, foram inseridos todos os "problemas" relacionados a vícios[14] do problema e do serviço, absorvendo esta categoria, os seguintes "problemas":

1) Funcionamento inadequado do serviço (má qualidade do sinal, instabilidade, queda);

2) Suspensão ou desligamento indevido do serviço;

3) Fila em banco;

4) Não entrega/demora na entrega do produto;

5) Má qualidade do serviço;

6) Venda casada;

7) Interrupção/instabilidade do fornecimento;

8) Cobrança em duplicidade/Cobrança referente a pagamento já efetuado;

9) Cancelamento de voo;

10) Portabilidade não efetivada;

11) Recusa em cancelar compra/serviço no prazo de arrependimento (compra fora do estabelecimento);

12) Dificuldade para embarque com bagagem de mão;

13) Negativa de embarque de passageiro (preterição/*overbooking*);

14) Embalagem danificada/violada;

15) Bloqueio/Suspensão indevida do serviço;

16) Margem consignável – bloqueio/contestação;

17) Atraso de voo;

18) Funcionamento inadequado do serviço;

19) Não entrega de cartão;

20) Cobrança de compra/saque não reconhecido;

---

14. Entende-se aqui, por vício, conforme Paulo de Tarso Sanseverino (1999), que, na prática, o vício, em verdade, diz mais respeito ao adimplemento contratual que a responsabilidade civil do fornecedor.

21) Falta de peça de reposição;

22) Adaptação de plano não efetivada;

23) Negativa de cobertura total ou parcial/Demora injustificada;

24) Busca e apreensão indevida;

25) Cobrança irregular de taxa de corretagem;

26) Demora na montagem/montagem incorreta/incompleta;

27) Descumprimento de prazo para consulta/exames;

28) Dificuldade na manutenção do plano – aposentado/demitido;

29) Dificuldade na utilização de telefone público (danificado, créditos, falta de conservação, sem funcionamento, ausência);

30) Dificuldade/recusa de resgate;

31) Inadequação das instalações/acomodações;

32) Serviço não realizado no prazo ou incompleto;

33) Imposição de seguro, empréstimo, título de capitalização etc.;

34) Cobrança irregular de taxa condominial;

35) Fechamento da instituição (descontinuidade do serviço);

36) Capitalização indevida de juros antes da entrega do imóvel;

37) Inadequação das instalações/condições sanitárias;

38) Imposição de caução;

39) Não entrega de diploma, histórico ou outros documentos escolares;

40) Não execução de obras de infraestrutura e benfeitorias.

2. COLUNA "FAIXA ETÁRIA"

O relatório Consumidor.gov.br, categoriza as seguintes faixas etárias: até 20 anos, entre 21 e 30 anos, entre 31 e 40 anos, entre 41 e 50 anos, entre 51 e 60 anos, entre 61 e 70 anos e acima de 70 anos. Para adequar os dados ao propósito deste estudo, transformou-as em apenas duas: idoso (todos acima de 60 anos) e não é idoso (abaixo de 60 anos).

Como acima de 60 anos é idoso, a informação pode conter pequenos erros, vez que vai computar como idoso acima de 61 anos e não acima de 60 anos, como o faz o Estatuto do Idoso. Todavia, para efeitos de aferir a hipervulnerabilidade, tal margem de erro não é prejudicial ao resultado esperado.

3. COLUNA "COMO COMPROU"

O relatório Consumidor.gov.br categoriza a forma de contratação como: Internet, telefone, loja física, não comprei/contratei, domicílio, ganhei de presente, catálogo, SMS/mensagem de texto e *stand*, feiras e eventos.

Para adequar os dados aos fins desta pesquisa, a categoria foi transformada em: virtual, física, utiliza (presente) e *bystander (fraude)*. A categoria virtual absorveu compras pela Internet, telefone, catálogo, SMS e domicílio[15]. A física, loja física, bem como *stands*, feiras e eventos. Quem ganhou como presente, uma vez que se insere como consumidor por utilizar o produto ou serviço[16], é categorizado como utiliza e quem não comprou, como *bystander*[17] (que se vale do CDC justamente para dizer que não contratou, que foi vítima de um acidente de consumo, vítima de uma contratação feita sem os cuidados devidos que acabou atingindo quem não contratou).

4.1.2.2.1 Os resultados

O primeiro movimento foi identificar a proporção de reclamações que tenham relação com (def) eficiência de informação no processo de construção da vontade do consumidor. Alcançou-se o seguinte resultado (Gráfico 2):

Gráfico 2 – Proporção de reclamações em relação ao tipo, 2019

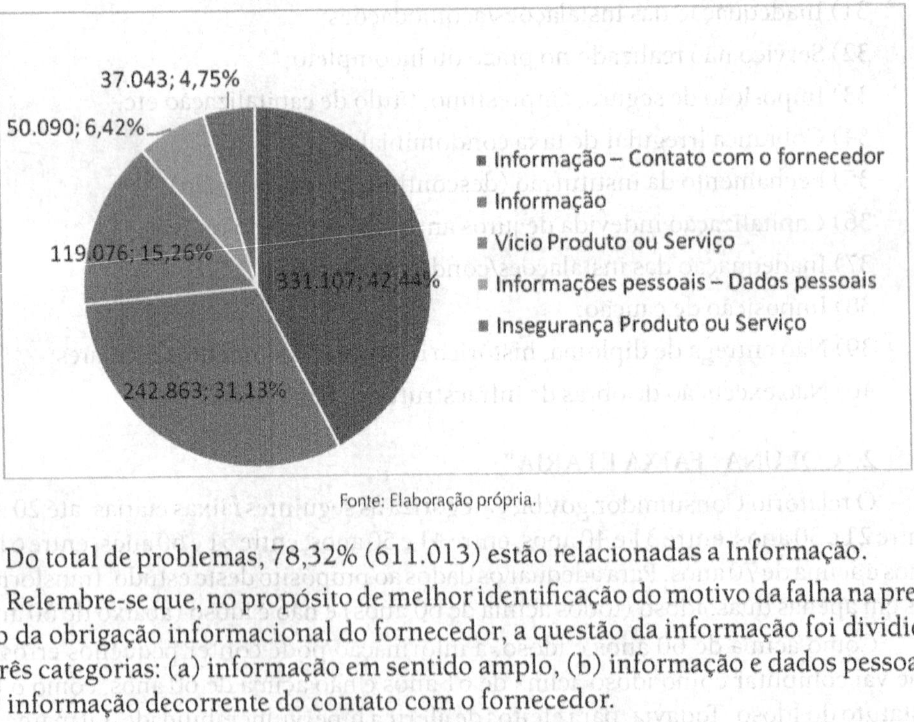

- 37.043; 4,75% — Informação – Contato com o fornecedor
- 50.090; 6,42%
- 119.076; 15,26% — Informação
- 331.107; 42,44% — Vício Produto ou Serviço
- 242.863; 31,13% — Informações pessoais – Dados pessoais
- Insegurança Produto ou Serviço

Fonte: Elaboração própria.

Do total de problemas, 78,32% (611.013) estão relacionadas a Informação.

Relembre-se que, no propósito de melhor identificação do motivo da falha na prestação da obrigação informacional do fornecedor, a questão da informação foi dividida em três categorias: (a) informação em sentido amplo, (b) informação e dados pessoais e (c) informação decorrente do contato com o fornecedor.

O primeiro resultado, assim, traz dois dados relevantes a presente pesquisa: o alto percentual de problemas ligados à informação (78,32%[18]) e que, das três categorias da

---

15. Categorizar domicílio como virtual se deve à premissa da formação da vontade, à facilitação da compra. Do mesmo modo que nas compras por Internet, telefone, SMS e catálogo, em domicílio, o consumidor não precisa deslocar-se fisicamente para a aquisição do produto. Tal raciocínio inspira-se também nos parâmetros do artigo 49 para o direito de arrependimento, quando o ambiente é mais propício à compra por impulso.
16. "Art. 2º Consumidor é toda pessoa física ou jurídica que adquire ou utiliza produto ou serviço como destinatário final.".
17. "Art. 17. Para os efeitos desta Seção, equiparam-se aos consumidores todas as vítimas do evento".
18. Essa soma é resultado dos problemas relacionado à informação em sentido amplo (31,13%), informação no pós-venda relacionada a contato com o fornecedor (42,44%) e informação atrelada a dados pessoais (4,75%).

informação, a que teve mais reclamação foi a relacionada a contato do consumidor com o fornecedor (principalmente no pós venda), com 42,44% do total de reclamações. Tais problemas poderiam, em tese, ser evitados a partir de uma melhor comunicação pós-venda do fornecedor com o consumidor.

Examine-se, agora, a proporção de idade, gênero, Região do país e forma de contratação: Das 780.179 reclamações, 9,86% (76.912) foram propostas por idosos e 90,14% (703.267) por não idosos.

Das 780.179 reclamações, 57,78% (450.804) foram propostas por homens e 42,22% (329.375) por mulheres (Gráfico 3).

Gráfico 3 – Proporção de reclamações por gênero, 2019

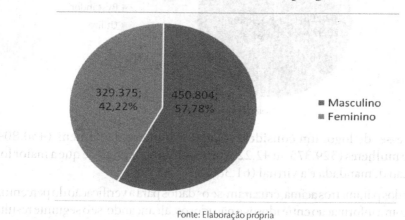

Fonte: Elaboração própria

Das 780.179 reclamações, 47,55% (370.982) Sudeste, 21,05% (164.241) Sul, 16,80% (131.106) Nordeste, 11,07% (86.352) Centro–Oeste e 3,53%% (27.542) Norte (Gráfico 4).

Gráfico 4 – Proporção de reclamações por Região, 2019

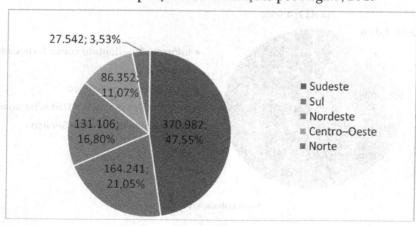

Fonte: Elaboração própria

Do total de reclamações, 61,38% (478.899) contrataram virtualmente, 20,92% (163.208) fisicamente, 17,22% (134.314) não reconhecem o contrato e 0,48% (3.745) não contrataram (ganharam de presente) (Gráfico 5).

Gráfico 5 – Proporção de reclamações por forma de contratação, 2019

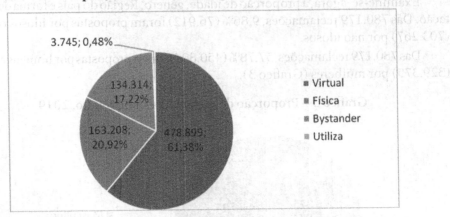

Fonte: Elaboração própria

Registre-se, de logo, um considerável maior número de homens (450.804 ou 57,78%) que mulheres (329.375 ou 42,22%) acessando ao serviço[19] e que a maior forma de contratação demandada é a virtual (61,38%).

A partir dos parâmetros acima, cruzaram-se os dados para a verificação do percentual de dificuldade com a informação entre idosos e não idosos, alcançando-se o seguinte resultado:

Dos 72,53% consumidores não idosos têm dificuldade com informação (Gráfico 6).

Gráfico 6 – Percentual de dificuldade com a informação entre não idosos, 2019

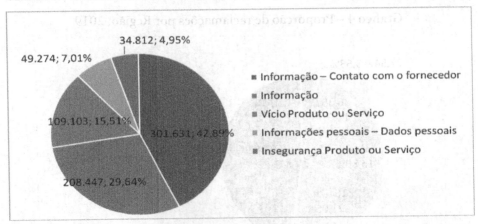

Fonte: Elaboração própria.

---

19. Uma hipótese que será analisada sobre a razão da diferença é a relacionada a natureza do direito, vez que, como apresentado no primeiro capítulo, as mulheres são as que mais acessam os serviços de primeira e segunda dimensão de direitos.

Dos 83,20% consumidores idosos têm dificuldade com informação

Gráfico 7 – Percentual de dificuldade com a informação entre idosos, 2019

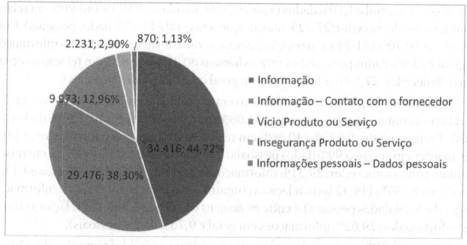

Fonte: Elaboração própria.

Tais dados demonstram que os idosos (hipervulneráveis) têm mais problemas em relação à informação que os não idosos (6,65% a mais de idosos que de não idosos).

O dado que mais chama a atenção, entretanto, é que a maioria dos idosos tem mais problemas em relação à informação em si do que em relação ao contato com o fornecedor (o que talvez se dê em face da obrigatoriedade de atendimento prioritário). Um cuidado maior em relação ao consumidor idoso – principalmente nas informações gerais – poderá, portanto, contribuir para o maior cumprimento voluntário do contrato.

Entre idosas mulheres, 84,29% tiveram problemas relacionados à informação, e idosos homens, 83,96%, sendo irrelevante a diferença em relação ao gênero e idade: *ambos os gêneros de idosos tiveram similares dificuldades*. Um pouco mais relevante foi a diferença entre homens em geral (que 76,77% tiveram problema com a informação) e mulheres em geral (que 79,94% tiveram problema com a informação), em relação à informação.

Analisando entre as regiões do país, verificou-se que:

No Centro–Oeste, 82,22% consumidores tiveram problema com a informação (41,58% em relação a contato com o fornecedor; 35,23 informações em geral e 5,41% dados pessoais). Entre os *idosos*, 90,95% (24,82% em relação a contato com o fornecedor; 65,76% informações em geral e 0,37% dados pessoais). e os *não idosos* 81,12% (43,67% em relação a contato com o fornecedor; 31,41% informações em geral e 6.04% dados pessoais). Entre as *mulheres* 82,96% (42,38% em relação a contato com o fornecedor; 37,27% informações em geral e 3,31% dados pessoais) e entre os *homens* 81,7% (41,01% em relação a contato com o fornecedor; 33,82% informações em geral e 6,87% dados pessoais).

No Norte, 80,09% consumidores tiveram problema com a informação (40,35% em relação a contato com o fornecedor; 29,27% informações em geral e 10,47% dados pessoais). Entre os *idosos*, 81,71% (33,27% em relação a contato com o fornecedor; 47,25% informações em geral e 1,19% dados pessoais) e os *não idosos* 79,95% (40,96% em relação a contato com o fornecedor; 27,72% informações em geral e 11,27% dados pessoais). Entre as *mulheres* 79,70% (41,24% em relação a contato com o fornecedor; 31,42% informações em geral e 7,04% dados pessoais) e entre os *homens* 80,33% (39,82% em relação a contato com o fornecedor; 27,99% informações em geral e 12,52% dados pessoais).

No Nordeste, 82,19% consumidores tiveram problema com a informação (43,14% em relação a contato com o fornecedor; 31,08% informações em geral e 7,97% dados pessoais). Entre os *idosos*, 87,25% (40,36% em relação a contato com o fornecedor; 45,90% informações em geral e 0,99% dados pessoais) e os *não idosos* 81,58% (43,47% em relação a contato com o fornecedor; 29,31% informações em geral e 8,8% dados pessoais). Entre as *mulheres* 82,97% (44,42% em relação a contato com o fornecedor; 33,25% informações em geral e 5,3% dados pessoais) e entre os *homens* 81,66% (42,28% em relação a contato com o fornecedor; 29,62% informações em geral e 9,76% dados pessoais).

No Sul, 78,71% consumidores tiveram problema com a informação (41,65% em relação a contato com o fornecedor; 49,37% informações em geral e 3,71% dados pessoais). Entre os *idosos*, 86,73% (35,25% em relação a contato com o fornecedor; 49,37% informações em geral e 2,11% dados pessoais) e os *não idosos* 77,72% (42,60% em relação a contato com o fornecedor; 30,95% informações em geral e 4,17% dados pessoais). Entre as *mulheres* 79,17% (42% em relação a contato com o fornecedor; 34,63% informações em geral e 2,54% dados pessoais) e entre os *homens* 80,33% (41,35% em relação a contato com o fornecedor; 32,26% informações em geral e 4,7% dados pessoais).

No Sudeste, 79,26% consumidores tiveram problema com a informação (42,90% em relação a contato com o fornecedor; 29,35% informações em geral e 7,01% dados pessoais). Entre os *idosos*, 79,79% (44,3% em relação a contato com o fornecedor; 33,91% informações em geral e 1,58% dados pessoais) e os *não idosos* 79,21% (42,78% em relação a contato com o fornecedor; 28,95% informações em geral e 7,48% dados pessoais). Entre as *mulheres* 78,61% (44,16% em relação a contato com o fornecedor; 29,3% informações em geral e 5,15% dados pessoais) e entre *os homens* 79,72% (41,99% em relação a contato com o fornecedor; 29,38% informações em geral e 8,35% dados pessoais).

Em geral, os dados permanecem os mesmos que a média nacional, o que aponta a ausência de impactos regionais para a natureza da reclamação do consumidor.

Observe-se que se manteve a maior dificuldade do idoso em relação às informações gerais e menor dificuldade no contato com o fornecedor (com exceção dos idosos do sudeste, que a maior dificuldade também foi de informação por contato com o fornecedor). Outra exceção foi que o grau de dificuldade entre idosos e não idosos no Centro-Oeste e no Sul é maior que a média nacional (nacional é 6,65% e lá é, respectivamente em 9,83% e 9,01%) e que no sudeste e no norte a diferença é bem menor que a média nacional (nacional é 6,65% e lá, respectivamente, de 0,58% e 1,76%).

Entre os gêneros, não se verificou diferenças relevantes, em relação aos problemas com informação. Todavia, permanece relevante sobre a questão estrutural de gênero, a questão do acesso ao serviço (57,78% de homens e 42,22% de mulheres), porquanto, em direitos de primeira dimensão, como se verá adiante, o acesso de mulheres tem sido maior

Antes de passar-se à análise do outro campo (Superior Tribunal de Justiça), importante examinar a relação entre as dificuldades com informação e o tipo de contratação. Dos 69,79% que contratam virtualmente têm dificuldade com informação (Gráfico 8).

Gráfico 8 – Percentual de dificuldades com informação em relação aos que contratam virtualmente, 2019

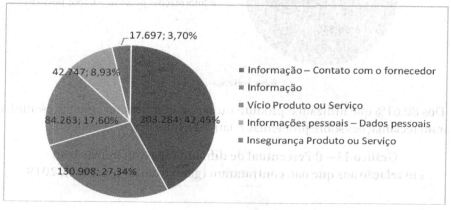

Fonte: Elaboração própria.

Dos 74,96% que contratam virtualmente têm dificuldade com informação (Gráfico 9).

Gráfico 9 – Percentual de dificuldades com informação em relação aos que contrataram fisicamente, 2019

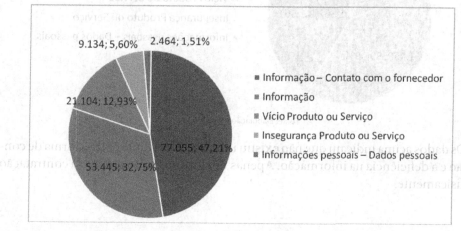

Fonte: Elaboração própria.

Dos 79,11% que não reconhecem o contrato apresentaram reclamações sobre problemas relativos à informação (Gráfico 10).

Gráfico 10 – Percentual de dificuldades com informação em relação aos que não reconhecem o contrato, 2019

Fonte: Elaboração própria.

Dos 80,61% que utilizam o produto ou serviço (ganharam como presente) apresentaram reclamações sobre problemas relativos à informação (Gráfico 11).

Gráfico 11 – 0 Percentual de dificuldades com informação em relação aos que não contrataram (ganharam de presente), 2019

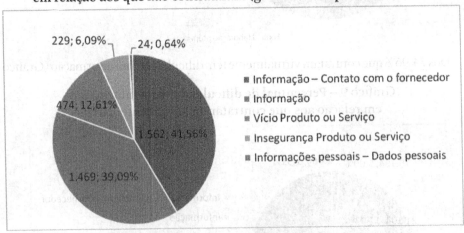

Fonte: Elaboração própria.

Os dados acima indicam que não existiu influência relevante entre a forma de contratação e a deficiência na informação. Apenas um leve aumento quando a contratação se dá fisicamente.

Por fim, uma vez que um dos campos de pesquisa é o NUDECON-DPGE/CE, oportuno realizar-se um filtro das informações acima em Fortaleza, alcançando-se 14.130 reclamações. Obteve-se o seguinte resultado em relação ao objeto da reclamação:

Dos 75,17% das reclamações em Fortaleza-CE são relacionados à informação (Gráfico 12).

Gráfico 12 – Percentual de dificuldades com informação do município de Fortaleza – CE, 2019

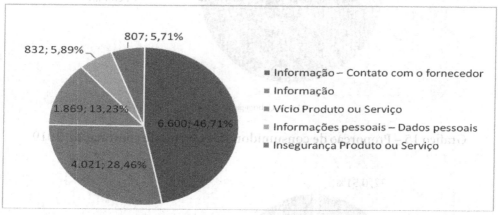

Fonte: Elaboração própria.

Na busca de (re) conhecer este consumidor, verificou-se idade, gênero e forma de contratação:

Gráfico 13 – Proporção de consumidores por idade, 2019

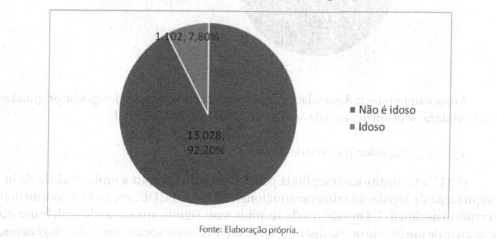

Fonte: Elaboração própria.

Gráfico 14 – Proporção de consumidores por gênero, 2019

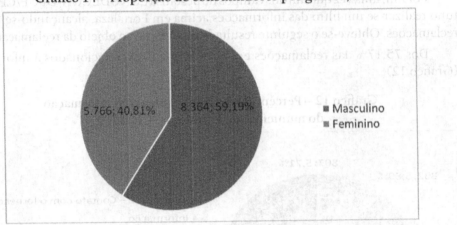

Fonte: Elaboração própria.

Gráfico 15 – Proporção de consumidores por forma de contratação, 2019

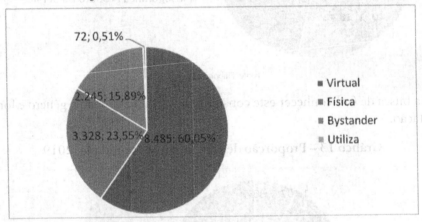

Fonte: Elaboração própria.

A maior importância desses dados de reclamações do Consumidor.gov.br, originadas em Fortaleza, será em quando da análise do NUDECON-DPGE/CE.

4.1.2.2.2 Superior Tribunal de Justiça

O STJ foi a instituição escolhida pela CF/88 para garantir a uniformidade da interpretação de legislação infraconstitucional, tal qual o CDC, em todo o continental território nacional. Tal missão revela-se ainda mais significativa quando se debruça no exercício de um direito que se distribui em todas as classes sociais, em todos os gêneros, em todas as raças, vez que o contrato de consumo, na atualidade, é meio até mesmo para realização do mínimo vital de cada pessoa: não se consegue viver em uma bolha, não se consegue viver sem consumir[20]. Veio da jurisprudência do STJ muito da consolidação do direito do consumidor[21] e uma análise da realidade concreta da defesa do consumidor, assim, não pode prescindir do STJ.

Para tanto, igualmente com foco no ano de 2019, localizaram-se todos os acórdãos que atenderam ao verbete "consumidor não penal não tributário"[22], o que resultou em 799 decisões. Acrescendo-se a este filtro a palavra informação, obteve-se 583 decisões, o que é indicador de 72,96% dos acórdãos em matéria de consumo terem relação com a (def) eficiência da informação.

Construiu-se, então, um arquivo no aplicativo *Google docs* para melhor análise das decisões que tem relação com a informação. Os dados extraídos desta planilha foram tratados no programa *Power BI*, em que foram feitas as seguintes relações:

Fundamento normativo do acordão (Gráfico 16):

Gráfico 16 – Fundamento normativo, 2019

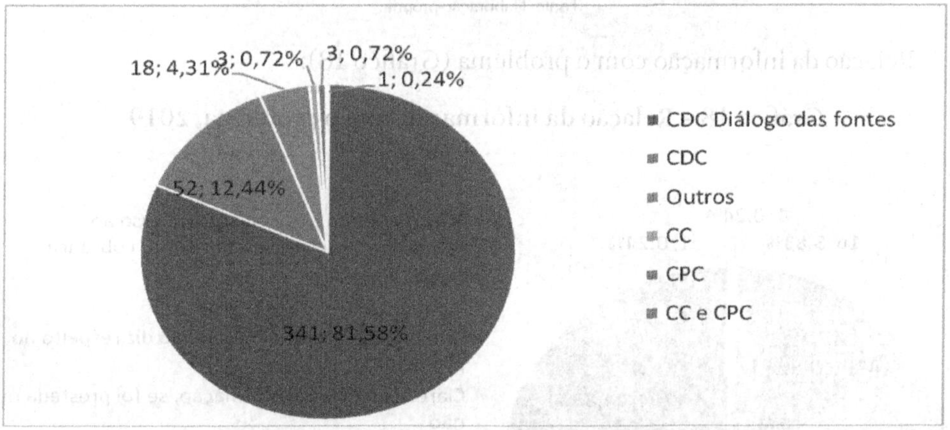

Fonte: Elaboração própria.

Constatou-se que 81,58% das decisões parecem reconhecer a autonomia do direito do consumidor, vez que tiveram, no CDC, o principal fundamento, valendo-se da interpretação sistêmica de outras normas pelo caminho de harmonização traçado pelo CDC (artigo 7º do CDC).

---

20. Um exemplo atual e interessante sobre o direito ao consumo é o auxílio emergencial disponibilizado pelo Governo Federal nesta pandemia: rápida pesquisa na Internet aponta o movimento de vários supermercados aceitando o benefício como meio de pagamento.
21. E não se pode esquecer, ainda, do papel do BRASILCON, criado após o STJ e o CDC e ao longo de quase trinta anos vem possibilitando análises sérias e plúrimas sobre os desafios da defesa do consumidor.
22. O "não penal não tributário" é para exclusão dos acórdãos que mencionem consumidor, mas tenham por objeto matéria penal ou tributária. Percebeu-se tal necessidade quando da pesquisa para o artigo: CAMINHA, Uinie; ROCHA, Amélia Soares da. Informação ao consumidor nas decisões do Superior Tribunal de Justiça: a identificação da informação relevante e os custos de transação. *Revista de Direito do Consumidor*, São Paulo, v. 115, n. 27, p. 447-475, jan./fev. 2018.

Gráfico 17 – Natureza do problema, 2019

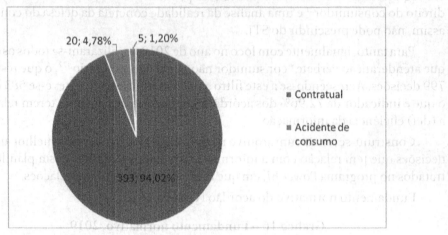

Fonte: Elaboração própria.

Relação da informação com o problema (Gráfico 18):

Gráfico 18 – Relação da informação com o problema, 2019

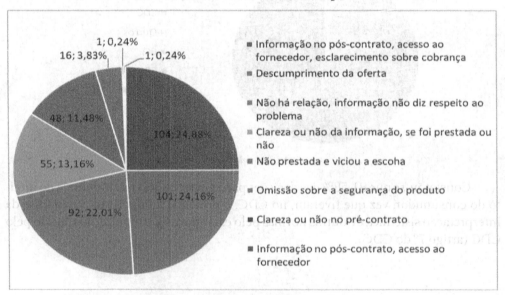

Fonte: Elaboração própria.

Demanda coletiva ou individual (Gráfico 19):

Gráfico 19 – Demanda coletiva ou individual, 2019

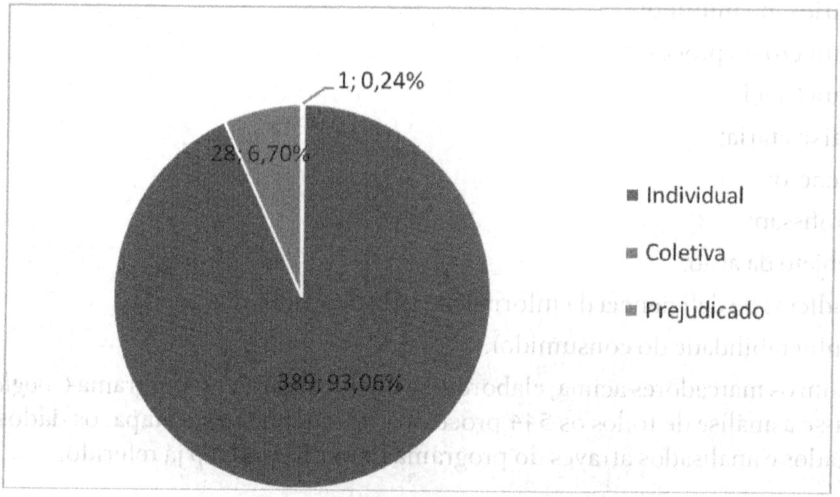

- 1; 0,24%
- 28; 6,70%
- 389; 93,06%

- Individual
- Coletiva
- Prejudicado

Fonte: Elaboração própria.

Percebe-se, portanto, que os dados do STJ, confirmam as principais hipóteses desta pesquisa. Todavia, é importante frisar que, especialmente diante da ainda não implementação da Emenda Constitucional n. 80/2014 – que determina a presença da Defensoria Pública em todas as unidades jurisdicionais – muitas lesões a direitos consumeristas ainda não chegam ao STJ.

4.1.2.2.3 Núcleo do Consumidor da Defensoria Pública do Estado do Ceará

O Núcleo de Defesa do Consumidor da Defensoria Pública do Ceará – NUDECON, ainda não está regulamentado por meio de resolução, mas a organização interna da Defensoria Pública do Estado do Ceará – DPGE[23] cria dois órgãos de atuação defensorial para trabalho exclusivo na defesa do consumidor, quais sejam a 1ª Defensoria do Núcleo de Defesa do Consumidor e a 2ª Defensoria do Núcleo de Defesa do Consumidor.

O NUDECON–DPGE–CE atua na proteção e defesa individual e coletiva do consumidor, judicial e extrajudicialmente. Tem assento de representação em conselhos e órgãos afetos à matéria, desenvolvendo teses em prol da defesa do consumidor.

4.1.2.2.3.1 Definição da amostra e construção dos marcadores

Para a análise dos dados, optou-se pelo período de 01.01 a 31.12.2019 e, para tanto, foi requerido, à Corregedoria Geral da Defensoria Pública do Estado do Ceará, o encaminhamento da lista de ações iniciais propostas em tal período no município de Fortaleza – CE para as varas cíveis (não incluem as propostas aos Juizados Especiais) pelo NUDECON–DPGE–CE, pedido prontamente atendido. Após, passou-se a análise

---

23. Resolução n. 91/2013 do Egrégio Conselho Superior da Defensoria Pública.

das principais informações a serem extraídas dos processos, apurando-se que seriam necessários, no mínimo:

Número do processo;

Vara Cível;

Faixa etária;

Gênero;

Profissão;

Objeto da ação;

Indícios de deficiência da informação pela descrição dos fatos;

Vulnerabilidade do consumidor.

Com os marcadores acima, elaborou-se um formulário no programa *Google docs* e passou-se à análise de todos os 544 processos[24]. Concluída esta etapa, os dados foram formatados e analisados através do programa *Power BI Desktop* já referido.

4.1.2.2.3.2 Resultados

A primeira análise deu-se sobre o objeto da ação (se motivado por questões contratuais ou relativas a acidente de consumo), bem como sobre idade e gênero, obtendo-se o seguinte resultado (Gráficos 20 a 21):

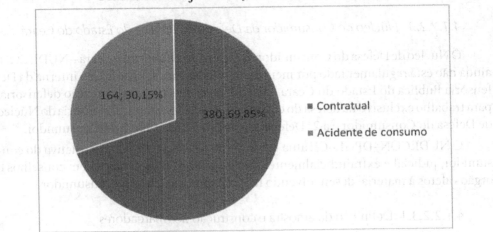

Gráfico 20 – Objeto da ação. Fortaleza, CE, 2019

Fonte: Elaboração própria.

---

24. O preenchimento foi feito pela autora e por sua ex-orientanda, hoje advogada, Thaís Aragão.

Gráfico 21 – Se idoso. Fortaleza, CE, 2019

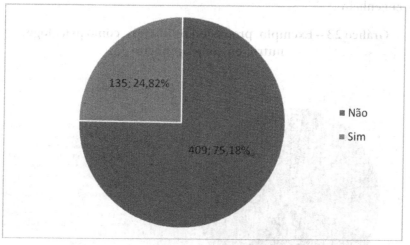

Fonte: Elaboração própria.

Gráfico 22 – Gênero. Fortaleza, CE, 2019

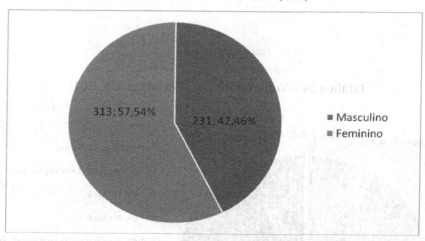

Fonte: Elaboração própria.

Observa-se de logo que, enquanto no Consumidor.gov.br (âmbito extrajudicial), o maior acesso aos serviços foi de homens[25], no NUDECON-DPGE–CE (âmbito judicial), foi de mulheres. E que, enquanto no Consumidor.Gov.br se teve 7,8% de idosos, no NUDECON-DPGE–CE, teve-se 24,82% de idosos. Nessa mesma esteira de informações gerais, apresenta-se a profissão e as vulnerabilidades. Tentou-se um agrupamento das profissões por similitude, haja vista a inexistência de uma padronização nas petições.

---

25. Observe-se que no filtro do Consumidor.gov.br apenas de demandas de Fortaleza, permanece o maior acesso ao serviço por homens, porquanto no NUDECON-DPGE–CE o maior acesso é de mulheres.

Nesse sentido, agrupou-se, por exemplo, profissionais liberais, como psicólogo, nutricionista, engenheiro.

Gráfico 23 – Exemplo, profissionais liberais, como psicólogo, nutricionista, engenheiro.

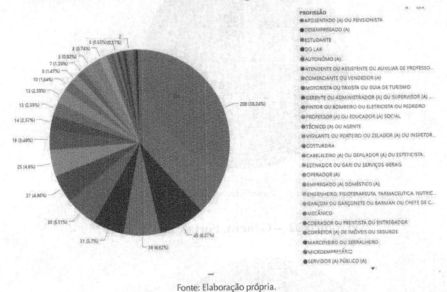

Fonte: Elaboração própria.

Gráfico 24 – Vulnerabilidade. Fortaleza, CE, 2019

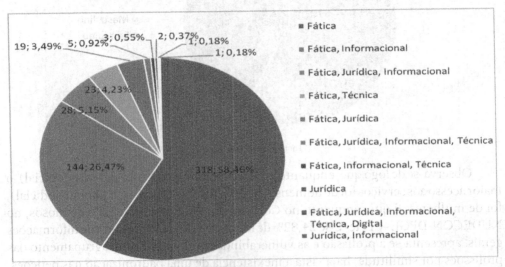

Fonte: Elaboração própria.

Registre-se que a identificação da vulnerabilidade se deu de maneira artesanal, a partir da observação dos fatos e do objeto da demanda. A fática ou econômica está presente na grande maioria dos casos, o que certamente se justifica pelo recorte do atendimento da Defensoria Pública, que exige a impossibilidade de acesso aos recursos a defesa do consumidor (que, no mais das vezes, manifesta-se, prioritariamente, no aspecto econômico ou fático) como requisito do atendimento individual.

Testou-se a relação entre o tipo de profissão e a vulnerabilidade mais evidente nos autos. Todavia, como se vê abaixo, a relação é bem difusa e não permite uma relação segura, o que nos leva a confirmar a hipótese de que a vulnerabilidade no caso concreto depende muito menos das circunstâncias pessoais do indivíduo e muito mais das peculiaridades do produto ou do serviço, das condições do fornecedor, como se pode comprovar nos gráficos seguintes:

Gráfico 25 – Vulnerabilidade fática diante da profissão

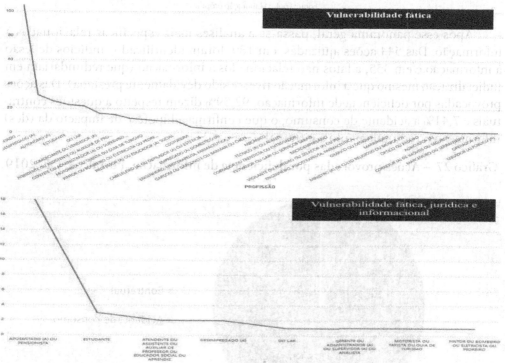

Fonte: Fonte: Elaboração própria.

Gráfico 26 – Vulnerabilidade fática e técnica diante da profissão

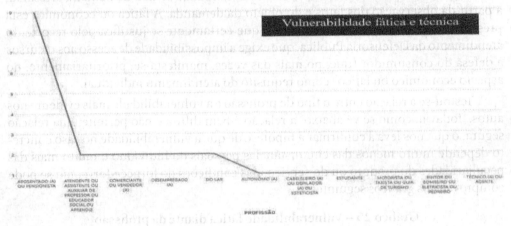

Fonte: Fonte: Elaboração própria.

Após esse panorama geral, passa-se a análises mais específicas relacionadas à informação. Das 544 ações ajuizadas, em 189, foram identificados indícios de lesão à informação e em 355, a fatos não relacionados à informação (que redundariam em judicialização mesmo que a informação tivesse sido devidamente prestada), Das ações provocadas por deficiência de informação, 92,59% dizem respeito a questões contratuais e 7,41% a acidente de consumo, o que confirma a hipótese de impacto da (des)informação no adimplemento contratual (Gráfico 27).

Gráfico 27 – Ações provocadas por deficiência de informação. Fortaleza, CE, 2019

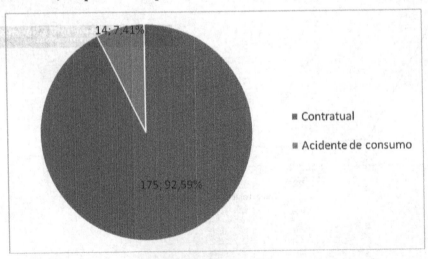

Fonte: Fonte: Elaboração própria.

Filtrando apenas nas ações que discutem contratos, verifica-se que 53,95% relacionam-se à informação:

Gráfico 28 – Ações que discutem contratos. Fortaleza, CE, 2019

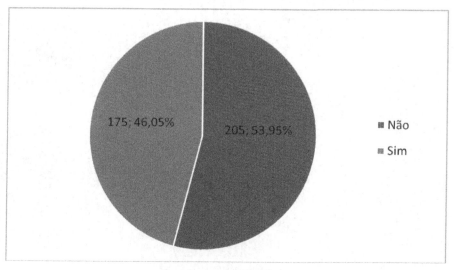

Fonte: Fonte: Elaboração própria.

Daí, verificou-se quantos com indício de deficiência de informação estão relacionados com cada tipo de vulnerabilidade (Tabela 2):

Tabela 2 – Número de deficiência de informação por tipo de vulnerabilidade. Fortaleza, CE, 2019.

Tipo	n.
Fática, Informacional	132
Fática, Jurídica, Informacional	27
Fática	19
Fática, Jurídica, Informacional, Técnica	4
Fática, Informacional, Técnica	3
Fática, Técnica	2
Fática, Jurídica	1
Jurídica, Informacional	1
Total	**189**

Verifica-se, portanto, que a análise à vulnerabilidade não é suficiente para aferir-se a prestação da informação, afastando-se uma das hipóteses deste trabalho no sentido de que a informação deve ser fornecida conforme a vulnerabilidade. Ou seja, se não há como identificar claramente a vulnerabilidade no contrato, não há como setorizar a distribuição de tal informação.

CONCLUSÃO

A defesa do consumidor, desde a segunda metade do século passado, constitui razão de estudo em todo o mundo. Sua promoção e defesa passou a constar em instrumentos internacionais e tornou-se direito fundamental e princípio da ordem econômica no Brasil. Preocupou-se a CF/88 em fazer constar a defesa do consumidor também no ADCT, estabelecendo prazo para que o Congresso Nacional aprovasse o CDC. O prazo não foi cumprido, mas em menos de dois anos, foi promulgado o CDC que impactou em todo o direito privado brasileiro.

Tal impacto muito se deve à criação, também pela CF/88, do STJ, que responsável pela uniformização da interpretação das normas infraconstitucionais – tal qual a Lei 8.078/90 (CDC) – principalmente nas duas primeiras décadas de direito do consumidor no Brasil, consolidou interpretações importantes sobre seu campo de aplicação e efetividade, bem como pela criação do BRASILCON, no que concerne a doutrina especializada. Em paralelo ao nascimento e consolidação do direito do consumidor, a AED começou a ser difundida a partir do direito econômico e do direito comercial. Trata-se de uma metodologia que aponta externalidades, assimetria informacional (que se manifesta principalmente pela seleção adversa e pelo risco moral) como falhas de mercado a impedirem um mercado perfeito. Não obstante, como demonstrado no terceiro capítulo, terem o mercado como campo de atuação e o comportamento humano como objeto, a EAD e o direito do consumidor pouco têm caminhado juntos.

O direito do consumidor e a AED nasceram em uma sociedade diferente da atual. Esta sociedade contemporânea se manifesta em rede, tem a virtualização como uma manifestação da vida, baseia-se em formas de contratação fluidas – a refletirem-se num complexo processo de formação da vontade da pessoa consumidora – que tem a informação como maior insumo econômico e maior vetor político-eleitoral. Tal campo social é afetado pela pandemia COVID-19, que acelerou o processo de virtualização da vida e dos contratos, como também revelou, ainda mais, a desigualdade existente no mundo e no Brasil, que acaba por repercutir na vida de todos, no que as restrições e cuidados para transmissão do coronavírus é apenas o exemplo mais visível.

Mas atento a esses desafios, o poder constituinte originário brasileiro fez uma CF/88 de bases humanistas, que tem, na dignidade da pessoa humana e nos valores sociais do trabalho e da livre iniciativa (art. 1º, III e IV) seus fundamentos; no desenvolvimento nacional e redução de desigualdades, seus objetivos e na defesa do consumidor, direito fundamental e princípio da ordem econômica.

A sociedade contemporânea, com sua organização em redes e baseada no informacionalismo como modo de desenvolvimento, foi o tema que ocupou o primeiro capítulo desta obra, resultando na confirmação de que as formas contratuais estão mais fluidas e o processo de formação da confiança da pessoa consumidora funda-se nas informações, as quais obedecem a um complexo processo de compreensão do consumidor em suas múltiplas vulnerabilidades. Das relações de definição – conceito de Ulrich Beck apresentado naquele primeiro capítulo – não participam as pessoas que por ela são impactadas e lhes são, em regra, subtraídas o direito de escolher correr ou não um risco, pois sequer avisadas de sua existência.

Os impactos da interseccionalidade entre raça, gênero e classe apresentados, no primeiro capítulo, como características da sociedade contemporânea vem se confirmar, como se viu no quarto capítulo, no acesso aos serviços de defesa do consumidor (os homens têm maior acesso aos direitos de terceira dimensão, como os de consumidor, enquanto mulheres lideram os de primeira dimensão). Com a maior virtualização dos variados aspectos da vida – fenômeno acelerado pela pandemia COVID-19, acentua-se a desigualdade e com ela a vulnerabilidade da pessoa consumidora, de cuja superação depende a recuperação da economia e o cumprimento dos contratos. Há dúvidas, como demonstrado neste capítulo, sobre a capacidade do sistema jurídico lidar com tanta fluidez e incertezas, mas não há dúvida sobre a necessidade de resposta a tal necessidade social.

O segundo capítulo cuidou da apresentação dos fundamentos, organização e funcionamento da defesa do consumidor no Brasil. Com aporte, no princípio da igualdade – cuja materialização pressupõe a liberdade – o fundamento do reconhecimento da vulnerabilidade da pessoa consumidora no mercado de consumo foi explicado como ferramenta para a diminuição da assimetria informacional, ao implicar o tratamento desigual a desiguais. Foram apresentados os parâmetros normativos e jurisprudenciais para o reconhecimento da relação de consumo – e em consequência – do contrato de consumo, com a peculiar e sistêmica responsabilidade extracontratual do fornecedor, sempre exemplificando com a vivência concreta do consumidor carente a partir da experiência da Defensoria Pública. Não se trata de um conceito estanque, mas dinâmico que se configura e reconfigura a cada relação a exigir uma lente específica a um contrato entre desiguais, em um direito privado dedicado e experimentado na relação entre iguais.

Conclui-se, neste aspecto, que nesta sociedade em rede, com tantos nós e conexões, o processo decisório da pessoa consumidora é afetado. Não é simples sim ou não. Não é um acordo de vontades com duas pessoas sentadas à mesma mesa e nas mesmas condições, mas é um processo de convencimento sutil que permeia os mais diversos meios de comunicação e linguagem, os signos diversos – e aqui inclui-se patrocínios de filmes e congêneres – as fragilidades, idiossincrasias, egoísmos, contradições e amores humanos, tudo no afã da conquista da confiança da pessoa consumidora. Por tal premissa, e para testar a hipótese da falta que faz o reconhecimento da autonomia do direito do consumidor – que não se confunde com direito civil ou comercial – é que se demonstrou que o processo decisório da pessoa consumidora, a formação de sua confiança esbarra-se nas linguagens, nos distintos lugares de fala, nos preconceitos e pré-compreensões com espaço para a arte como meio de ligação. Tal desafio pode ser superado com a compreensão (e aplicação) de que o contrato de consumo não se resume ao instrumento contratual (e até a conversa com o vendedor no *whatsapp* o integra, admitindo execução especifica da obrigação e interpretação mais favorável à pessoa consumidora)

CONCLUSÃO

Não nos faltam, portanto, boas normas, mas, sim, persistência, metodologia e foco para tirá-las do plano formal e trazê-las para a realidade concreta. As relações de consumo – *strictu* ou *lato sensu* – fazem parte da vida cotidiana e são elemento estruturante da atividade econômica, mas ainda não se priorizou a efetivação do artigo 5º do CDC, pressuposto concreto para a realização da PNRC constante dos artigos 4º e 5º do CDC, mediante a especialização do sistema de justiça para as relações de consumo, peculiares e complexas que são. Essa é uma das razões, como como aqui se conclui – principalmente a partir da experiência do TJRJ – para a permanência de uma assimetria informacional tão grande e dispendiosa no Brasil. Observe-se que a PNRC não depende exclusivamente do Estado, mas necessita de sociedade civil organizada na defesa do consumidor e tem por princípio expresso o equilíbrio das relações de consumo e a educação de consumidores e fornecedores.

Todavia, a especialização que aqui se conclui é muito menos estrutural e muito mais de exercício da consciência da peculiaridade do contrato de consumo. Foi fartamente demonstrado que contrato de consumo não se confunde com contrato cível e com contrato empresarial, de modo que sistemicamente, o comando dos artigos 4º e 5º deve ser entendido como especialidade de tratamento, como obrigação de que contrato de consumo não seja tratado como contrato cível ou empresarial.

Confirmam-se, ainda, as amplas e múltiplas possibilidades do SNDC e ao mesmo tempo a subutilização de ferramentas importantes, tal qual a convenção coletiva de consumo. Comprova-se o papel da Defensoria Pública, enquanto mais nova das instituições jurídicas brasileiras, de pautar de forma qualificada e concreta a realidade dos consumidores, vulneráveis organizacionais em essência, nas instâncias de poder. Percebeu-se, portanto, o lugar fundamental da informação no contrato de consumo, bem como na responsabilidade não apenas do fornecedor ao prestá-la, mas também do SNDC ao exigi-la e incentivá-la, bem como na maior capacitação do consumidor para reivindicá-la.

Com a verificação de tais aspectos da defesa do consumidor no Brasil, construiu-se o alicerce um objetivo estratégico: a averiguação da identidade do contrato de consumo e as razões por, passados quase três décadas da vigência do CDC, ainda ser confundido com contrato cível. Tal dificuldade é responsável pelo desperdício de ferramentas importantes a redução das assimetrias informacionais e dos custos de transação. Assim, no terceiro capítulo, enfrenta-se as razões objetivas e subjetivas para ainda não se ter reconhecida a identidade do contrato de consumo – cuja análise não comporta as lentes do direito civil e tampouco do direito comercial, as convergências e divergências entre CC e CDC, a transição do ajuste mútuo de vontades à adesão por confiança, bem como a importância do diálogo das fontes neste processo.

O terceiro capítulo possibilitou, portanto, a apresentação das normas gerais do contrato de consumo trazidas expressamente no CDC – e, até hoje, na maioria dos casos usadas como se opcionais fossem, porquanto não o sejam –, bem como os parâmetros para os tipos mais comuns de contratação e a responsabilidade pelo cumprimento do contrato. Responsabilidade esta que o CDC se preocupou em tornar efetiva ao garantir expressamente, entre outros aspectos, a rescisão do contrato, pelo consumidor – sem qualquer ônus e sem prejuízo de perdas e danos – diante de eventual descumprimento da oferta. Neste mesmo capítulo, apresentou-se a AED e a necessidade de que a metodologia diferencie contrato civil de contrato consumo e permita-se no CDC enxergar caminho de superação da maioria das assimetrias informacionais (e em consequência lógica, redução dos custos de transação trazidos pela deficiência informacional). Permitiu, também, revelar-se a importância da economia comportamental para compreensão do processo decisório do consumidor. Demonstrou-se, portanto, que a não observância da autonomia do microssistema consumerista na análise do contrato de consumo aumenta a judicialização da demanda e não incentiva o fornecedor à necessária mudança de atitude na prestação da informação ao consumidor, deixando o mercado cada vez mais imperfeito, com informações assimétricas, alto custo de transação e uma série de externalidades, em prejuízo de consumidores e fornecedores. É exatamente nessa perspectiva que o capítulo quarto foi elaborado, para a constituição de paradigmas específicos para a compreensão do lugar da informação no contrato de consumo e, em consequência, no nascedouro dos mais diversos conflitos de consumo; para, em seguida, propor-se parâmetros para a melhor prestação da informação ao consumidor.

Assim, a partir da jurimetria, tomando-se por base o ano passado de 2019 – imediatamente anterior ao atual e antes da pandemia COVID-19, o que pode no futuro possibilitar um panorama importante de pesquisa – passou-se à análise de todas as reclamações apresentadas ao Ministério da Justiça por meio do serviço "Consumidor.gov.br". Foram 780.179 reclamações sobre 150 problemas diversos. Estes foram organizados em cinco categorias, três ligadas à informação (informação por contato com o fornecedor, informação em sentido amplo e informações relacionadas a dados pessoais), uma, a vicio do produto ou serviço e outra, à insegurança do produto ou serviço não relacionados à informação. A opção pelo "Consumidor.gov.br" deu-se pela sua amplitude (são reclamações de todas as regiões do país). Uma vez que a questão da informação é transversal e envolve vários aspectos do conflito de consumo – como se pode visualizar na categorização dos problemas propostos – é preciso que se enxergue seu impacto em tais conflitos.

Após a análise de dados do "Consumidor.gov.br", foram estudados os acórdãos julgados pelo STJ durante o ano de 2019 que atenderam ao verbete "consumidor e informação", resultando no estudo de 583 decisões (no mesmo período, atenderam ao verbete consumidor 799 acórdãos). Com foco na importância da análise da realidade local, foram analisados, também, 544 ações ajuizadas pelo NUDECON/DPGE-CE em 2019.

A pesquisa empírica permitiu a confirmação da primeira hipótese, de que a maioria dos conflitos de consumo nasciam de questões ligadas à informação, pois 78,32% (ou 611.013) reclamações do Consumidor.gov.br originaram-se de deficiência da informação. No STJ, 72,96% das demandas que responderam ao verbete consumidor mencionaram informação no acórdão. No NUDECON/DPGE-CE, apenas 34,74% das ações tiveram relação com informação, mas como se verá adiante, tal dado não afasta a hipótese deste estudo diante do recorte econômico dos usuários individuais do NUDECON/DPGE-CE.

Os dados detalhados em todo o capítulo quarto, em suma, demonstram que a deficiência da informação é a maior motivação das reclamações dos consumidores no Brasil, que o contato com o fornecedor no pós-venda pode reduzir significativamente as reclamações e propiciar maior cumprimento voluntário dos contratos e que a especialização do sistema de justiça – como determinado no artigo 5º do CDC com a ressalva de que a especialização é mais de se levar em conta a peculiaridade do contrato de consumo do que se estabelecer estruturas especializadas – é um caminho ainda não efetivado para melhor compreensão de que o direito do consumidor tem ferramentas para a redução da assimetria informacional (bem como os custos de transação).

Também se comprovou a hipótese do impacto da interseccionalidade de raça, classe e gênero para o acesso dos direitos de terceira dimensão (como o de direito do consumidor), vez que os homens disparam no acesso, enquanto as mulheres ainda estão no topo do acesso dos direitos de primeira e segunda dimensão, mas com menor acesso aos de terceira dimensão.

Por outro lado, ficou prejudicada uma resposta segura sobre a relação entre (def) eficiência da informação e o grau de vulnerabilidade do consumidor, pois os dados do NUDECON-DPGE/CE, em sua grande maioria, pressupõem a vulnerabilidade fática (a atrair outras vulnerabilidades e confundir a análise), e as informações constantes das reclamações do consumidor.gov.br, nos acórdãos do STJ, não permitem uma análise de vulnerabilidade. Todavia, os dados empíricos detalhados, no quarto capítulo, permitem responder que devida prestação da informação reduziria a judicialização, o que por si só já é um dado relevante para diminuir os custos de transação. Nota-se, também, a partir de tais dados, que tal qual a individualização da mídia tratada no primeiro capítulo, há uma necessidade, ainda latente, de individualização dos contratos de consumo.

Consegue-se, portanto, responder a pergunta central desta pesquisa, sobre parâmetro eficiente para a maior compreensão da informação pelo consumidor a se refletir na redução da assimetria informacional e dos custos de transação, confirmando-se a hipótese de que não se precisa de novas normas, mas apenas um esforço para efetivar as existentes, no caso, o CDC. A resposta está nos artigos 4º e 5º do CDC e sua metodologia objetiva e subjetiva, a exigir um empenho na compreensão da especificidade da relação de consumo (a partir da estratégia do artigo 4º do CDC que parte da premissa da vulnerabilidade do consumidor, acentua a necessidade de ação governamental integrada, enfatiza a interdependência entre defesa do consumidor e ordem econômica, fomenta meios de educação dos consumidores e fornecedores, assinala a importância do atendimento pós-contratual ao consumidor e exige o estudo constante das modificações do mercado de consumo) e da necessidade de uma estrutura material que consiga realizar e compreender tal especificidade (artigo 5º do CDC).

Ou seja, é preciso a diferenciação efetiva entre contrato de consumo, contrato cível contrato comercial e a clareza das ferramentas de manuseio de cada um, que, por nenhuma hipótese, se confundem.

É preciso, também, a compreensão de que AED precisa enxergar a peculiaridade do contrato de consumo – e não o trate como contrato entre iguais – e perceber que

O CDC, ao estabelecer o lugar nuclear da informação para a configuração válida da obrigação ao consumidor, o fez na perspectiva de incentivar atos e atitudes de clareza e solidariedade necessários à superação das assimetrias informacionais e consequente redução dos custos de transação.

Não se diga que cumprir o CDC custa caro, pois mais caro está custando não cumpri-lo: atualmente, gasta-se para gerar uma informação que não chega ao consumidor e leva não apenas a adimplemento contratual, mas a despesas com indenizações (porquanto parte significativa das reclamações, como demonstrado no quarto capítulo, possa ser suprida com um reforço no pós-venda já previsto, desde 1990, no artigo 4º, V do CDC). AED e defesa do consumidor são duas faces de uma mesma moeda. Em verdade, a busca da superação da assimetria informacional é a mesma busca pela "equidade informacional" defendida pela doutrina consumerista.

Além disso, constatou-se que essa responsabilidade não é apenas do fornecedor, mas também do SNDC e das instituições e órgãos – públicos e privados – que o compõem, inclusive no que concerne à capacitação continuada para a percepção das variadas vulnerabilidades dos consumidores agravadas na realidade contemporânea, mas, sobretudo, na fiscalização do fornecedor sobre tal prestação e na capacitação do consumidor sobre seu direito de exigir a informação clara, adequada e compreensível, incentivando-o a um comportamento ativo.

Objetivamente, conclui-se, também que seria oportuno deixar-se claro, no âmbito do artigo 421 do Código Civil que ele não se aplica ao contrato de consumo, que tem regulamentação própria. Da mesma forma, conclusões desta pesquisa seriam úteis ao Projeto de Lei 3414/2015, em trâmite no Congresso Nacional.

Se a pessoa é consumidora, naquele contrato é vulnerável e por tal razão as obrigações dele decorrentes dependerão não do instrumento contratual, mas das informações que lhe motivaram a contratação. E esta percepção não vem fácil. É um burilar contínuo e trabalhoso, quase que – parafraseando os sambas brasileiros imortalizados por Alcione e Jorge Aragão – semelhante à luta do rochedo com o mar, em que o mais valente não discute o talento e sim o argumento, pois, para pisar no terreiro, é preciso primeiro lembrar de quem está na linha de frente de toda essa história, a pessoa consumidora.

REFERÊNCIAS

AGRELA, Lucas. O aplicativo de mensagens é mais usado pelos brasileiros, diz estudo. *Exame Abril*, 2020. Disponível em: https://exame.abril.com.br/tecnologia/este-e-o-habito-mais-comum-dos-brasileiros-no-whatsapp/. Acesso em: 11 jan. 2020.

AGUIAR JR., Ruy Rosado de. Biografia do Autor. [Entrevista concedida a] Jorge Cesa Ferreira da Silva. *Revista de Direito Civil Contemporâneo*, São Paulo: Ed. RT, v. 3, n. 2, p. 353-374, abr./jun. 2015. Disponível em: http://ojs.direitocivilcontemporaneo.com/index.php/rdcc/article/. Acesso em: 11 jan. 2020.

AKERLOF, George A. The market for "lemons": quality uncertainty and the market mechanism. *The Quarterly Journal of Economics*, v 84, Issue 3, p. 488–500, 1970. Available from: https://doi.org/10.2307/1879431.

ANDRADE, Carlos Drummond de. *A rosa do povo*. Rio de Janeiro: Record, 1984.

BARROSO, Luis Roberto. *Curso de direito constitucional*: os conceitos fundamentais e a construção do novo modelo. 5. ed. São Paulo: Saraiva, 2016.

BASTOS, Márcio Thomaz. Apresentação. In: BRASIL. Ministério da Justiça. *Estudo Diagnóstico Defensoria Pública no Brasil*. Brasília: MJ, 2004. Disponível em: http://bibliotecadigital.seplan.planejamento.gov.br/bitstream/handle/iditem/192/Diag_defensoria.pdf?sequence=3&isAllowed=y. Acesso em: 11 jan. 2020.

BAUMAN, Zygmunt. *Modernidade Líquida*. São Paulo: Zahar, 2001.

BECK, Ulrich. *A metamorfose do mundo*: novos conceitos para uma nova realidade. Rio de Janeiro: Zahar, 2018.

BECK, Ulrich. *Liberdade ou capitalismo*: Ulrich Beck conversa com Johannes Willms. São Paulo: UNESP, 2003.

BECK, Ulrich. *Sociedade de risco*: rumo a uma outra modernidade. Trad. Sebastião Nascimento. São Paulo: Editora 34, 2010.

BENJAMIN, Antonio Herman de Vasconcellos e. Apresentação. In: MARQUES, Claudia Lima. *Contratos no Código de Defesa do Consumidor*: o novo regime das relações contratuais. 9. ed. São Paulo: Ed. RT, 2019.

BENJAMIN, Antonio Herman V.; MARQUES, Claudia Lima. A teoria do diálogo das fontes e seu impacto no Brasil: uma homenagem a Erik Jaime. *Revista de Direito do Consumidor*, São Paulo, v. 27, n. 115, p. 21-40, jan./fev. 2018. Disponível em: http://bdjur.tjdft.jus.br/xmlui/handle/tjdft/39394. Acesso em: 8 jan. 2020.

BOLETIM CONSUMIDOR.gov.br – 2019. *Consumidor.gov.br*, 14 jun. 2020. Disponível em: https://consumidor.gov.br/pages/publicacao/externo/. Acesso em: 11 jan. 2020.

BONNA, Alexandre Pereira. Direitos de danos, políticas públicas e a Covid-19: a pandemia que exige um novo conceito de responsabilidade civil. In: MONTEIRO FILHO, Carlos Edison do Rêgo; ROSENVALD, Nelson; DENSA, Roberta. *Coronavírus e responsabilidade civil*: Impactos contratuais e extracontratuais. Indaiatuba, SP: Foco, 2020.

BOURGOIGNIE, Thierry. O conceito jurídico de consumidor. *Revista de Direito do Consumidor*, São Paulo, v. 2, p. 7-51, abr./jun. 1992. ePUB (biblioteca digital UNIFOR).

BRAGA NETTO, Felipe. Coronavírus e deveres estatais: o perfil dos novos tempos. In: MONTEIRO FILHO, Carlos Edison do Rêgo; ROSENVALD, Nelson; DENSA, Roberta (Coord.). *Coronavírus e responsabilidade civil*: Impactos contratuais e extracontratuais. Indaiatuba, SP: Foco, 2020, p. 235-248, ePUB.

BRASIL. [Constituição (1824)]. *Constituição Política do Império do Brazil, de 25 de março de 1824*. Constituição Política do Império do Brasil, elaborada por um Conselho de Estado e outorgada pelo Imperador D. Pedro I, em 25.03.1824. Disponível em: http://www.planalto.gov.br/ccivil_03/Constituicao/Constituicao24. Acesso em: 17 maio 2020.

BRASIL. [Constituição (1891)]. Constituição da República dos Estados Unidos do Brasil, de 24 de fevereiro de 1891. Nós, os representantes do povo brasileiro, reunidos em Congresso Constituinte, para organizar um regime livre e democrático, estabelecemos, decretamos e promulgamos a seguinte. *Diário Oficial da União*, Brasília, DF, 24 fev. 1891. Disponível em: http://www.planalto.gov.br/ccivil_03/Constituicao/. Acesso em: 17 maio 2020.

BRASIL. [Constituição (1937)]. Constituição dos Estados Unidos do Brasil, de 10 de novembro de 1937. *Diário Oficial da União*, Brasília, DF, 10 nov. 1937, republicada em 11.11.1937, republicado 18.11.1937 e republicado 19.11.1937. Disponível em: http://www.planalto.gov.br/ccivil_03/Constituicao/Constituicao37. Acesso em: 17 maio 2020.

BRASIL. [Constituição (1967)]. Constituição da República Federativa do Brasil de 1967. *Diário Oficial da União*, Brasília, DF, 24 jan. 1967. Disponível em: http://www.planalto.gov.br/ccivil_03/Constituicao/Constituicao67. Acesso em: 17 maio 2020.

BRASIL. [Constituição (1988)]. *Constituição da República Federativa do Brasil de 1988*. Brasília, 5 de outubro de 1988. Disponível em: http://www.planalto.gov.br/ccivil_03/constituicao/constituicao. Acesso em: 17 maio 2020.

BRASIL. Emenda Constitucional n. 1, de 17 de outubro de 1969. Edita o novo texto da Constituição Federal de 24 de janeiro de 1967. *Diário Oficial da União*, Brasília, DF, 20 out. 1969, retificado em 21.10.1969 e republicado em 30.10.1969. Disponível em: http://www.planalto.gov.br/ccivil_03/Constituicao/Emendas/Emc_anterior1988/emc01- 69.htm. Acesso em: 17 maio 2020.

BRASIL. Lei complementar n. 132, de 7 de outubro de 2009. Altera dispositivos da Lei Complementar 80, de 12 de janeiro de 1994, que organiza a Defensoria Pública da União, do Distrito Federal e dos Territórios e prescreve normas gerais para sua organização nos Estados, e da Lei 1.060, de 5 de fevereiro de 1950, e dá outras providências. *Diário Oficial da União*, Brasília, DF, 8 out. 2009. Disponível em: http://www.planalto.gov.br/ccivil_03/leis/lcp/Lcp132.htm. Acesso em: 17 maio 2020.

BRASIL. Lei n. 11.795, de 8 de outubro de 2008. Dispõe sobre o Sistema de Consórcio. *Diário Oficial da União*, Brasília, DF, 9 out. 2008. Disponível em: http://www.planalto.gov.br/ccivil_03/_Ato2007-2010/2008/Lei/. Acesso em: 17 maio 2020.

BRASIL. Lei n. 13.465, de 11 de julho de 2017. Dispõe sobre a regularização fundiária rural e urbana, sobre a liquidação de créditos concedidos aos assentados da reforma agrária e sobre a regularização fundiária no âmbito da Amazônia Legal; institui mecanismos para aprimorar a eficiência dos procedimentos de alienação de imóveis da União; altera as Leis 8.629, de 25 de fevereiro de 1993 , 13.001, de 20 de junho de 2014 , 11.952, de 25 de junho de 2009, 13.340, de 28 de setembro de 2016, 8.666, de 21 de junho de 1993, 6.015, de 31 de dezembro de 1973, 12.512, de 14 de outubro de 2011 , 10.406, de 10 de janeiro de 2002 (Código Civil), 13.105, de 16 de março de 2015 (Código de Processo Civil), 11.977, de 7 de julho de 2009, 9.514, de 20 de novembro de 1997, 11.124, de 16 de junho de 2005, 6.766, de 19 de dezembro de 1979, 10.257, de 10 de julho de 2001, 12.651, de 25 de maio de 2012,

13.240, de 30 de dezembro de 2015, 9.636, de 15 de maio de 1998, 8.036, de 11 de maio de 1990, 13.139, de 26 de junho de 2015, 11.483, de 31 de maio de 2007, e a 12.712, de 30 de agosto de 2012, a Medida Provisória nº 2.220, de 4 de setembro de 2001, e os ecretos-Leis n° 2.398, de 21 de dezembro de 1987, 1.876, de 15 de julho de 1981, 9.760, de 5 de setembro de 1946, e 3.365, de 21 de junho de 1941; revoga dispositivos da Lei Complementar nº 76, de 6 de julho de 1993, e da Lei nº 13.347, de 10 de outubro de 2016; e dá outras providências. *Diário Oficial da União*, Brasília, DF, 8 set. 2017. Disponível em: http://www.planalto.gov.br/ccivil_03/_Ato2015-2018/2017/Lei/. Acesso em: 17 maio 2020.

BRASIL. Lei n. 7347, de 24 de julho de 1985. Disciplina a ação civil pública de responsabilidade por danos causados ao meio ambiente, ao consumidor, a bens e direitos de valor artístico, estético, histórico, turístico e paisagístico (Vetado) e dá outras providências. *Diário Oficial da União*, Brasília, DF, 25 jul. 1985. Disponível em: https://www2.camara.leg.br/legin/fed/lei/1980-1987/lei-7347-24-julho-1985-356939- publicacaooriginal-1-pl.html. Acesso em: 17 maio 2020.

BRASIL. Ministério da Justiça e Segurança Pública. *Nota Técnica n. 2/2017/GAB- DPDC/DPDC/SENACON*. Trata-se a respeito da diferenciação de preços por gênero nos ingressos de boates e casas noturnas em geral, realizada pelo Departamento de Proteção e Defesa do Consumidor em 2017. Brasília: Ministério da Justiça e segurança Pública, 2017. Disponível em: https://www.defesadoconsumidor.gov.br/images/Legisla%C3%A7%C3%A3o/nota-tecnica-2- 2017.pdf. Acesso em: 17 maio 2020.

BRASIL. Ministério da Justiça e Segurança Pública. *Nota Técnica n. 11/2019/CGEMM/DPDC/SENACON/MJ*. Brasília: Ministério da Justiça e Segurança Pública, 2019. Disponível em: https://www.justica.gov.br/seus-direitos/consumidor/notas- tecnicas/anexos/11-2019.pdf. Acesso em: 17 maio 2020.

BRASIL. Superior Tribunal de Justiça. *Recurso Especial 1163283/RS – Rio Grande do Sul*. Recurso Especial. Processual civil. Contratos de financiamento imobiliário. Sistema financeiro de habitação. Lei 10.931/2004. Inovação. Requisitos para petição inicial. Aplicação a todos os contratos de financiamento. Relator: Ministro Luís Felipe Salomão, 26 de outubro de 2009. Disponível em: https://ww2.stj.jus.br/processo/revista/documento/mediado/?componente=ITA&sequencial=1 396655&num_registro=200902066576&data=20150504&formato. Acesso em: 17 maio 2020.

BRASIL. Superior Tribunal de Justiça. *Recurso Especial 1262132/SP – São Paulo*. Direito processual civil e do consumidor. Juntada de documentos em grau de apelação. Excepcionalidade. Consumidor. Hipossuficiêcia informacional. Relator: Ministro Luís Felipe Salomão, 30 de junho de 2011. Disponível em: https://ww2.stj.jus.br/processo/revista/documento/mediado/?componente=ITA&sequencial=1 363898&num_registro=201100808749&data=20150203&formato. Acesso em: 17 maio 2020.

BRASIL. Superior Tribunal de Justiça. *Recurso Especial 1288008/MG – Minas Gerais*. Recurso Especial. Civil e processo civil. Responsabilidade civil. Acidente de consumo. Explosão de garrafa perfurando o olho esquerdo do consumidor. Nexo causal. Defeito do produto. Ônus da prova. Procedência do pedido. Restabelecimento da sentença. Recurso especial provido. Relator: Ministro Paulo de Tarso Sanseverino, 17 outubro de 2011. Disponível em: https://ww2.stj.jus.br/processo/revista/documento/mediado/?componente=ITA&sequencial=1218415&num_registro=201102481429&-data=20130411&formato. Acesso em: 17 maio 2020.

BRASIL. Superior Tribunal de Justiça. *Recurso Especial 1326592/GO – Goiás*. Recurso Especial. Ação indenizatória. Danos materiais e morais. Investimento de risco realizado pelo banco sem autorização expressa dos correntistas. Dever qualificado do fornecedor de prestar informação adequada e transparente. Inobservância. Consentimento tácito previsto no código civil. Inaplicabilidade. Relator: Ministro Luis Felipe Salomão, 13 de junho de 2012. Disponível em: https://ww2.stj.jus.br/processo/revista/documento/mediado/?componente=ITA&sequencial=1791868&num_registro=201201134754&data=20190806&formato. Acesso em: 15 jan. 2020.

BRASIL. Superior Tribunal de Justiça. *Recurso Especial 1349188/RJ – Rio de Janeiro*. Recurso Especial. Ação civil pública. Consumidor. Pessoa portadora de deficiência visual. Hipervulnerável. Contratos bancários. Confecção no método Braille. Necessidade. Dever de informação plena e adequada. Efeitos da sentença. Tutela de interesses difusos e coletivos stricto sensu. Sentença que produz efeitos em relação a todos os consumidores portadores de deficiência visual que estabeleceram ou venham a firmar relação contratual com a instituição financeira demandada em todo o território nacional. Indivisibilidade do direito tutelado. Dano moral coletivo. Inocorrência. Relator: Ministro Luis Felipe Salomão, 1 de setembro de 2011. Disponível em: https://ww2.stj.jus.br/processo/revista/documento/mediado/?componente=ITA&sequencial=1504664&num_registro=201102175967&data=20160622&formato. Acesso em: 17 maio 2020.

BRASIL. Superior Tribunal de Justiça. *Recurso Especial 1352053/AL – Alagoas*. Recurso Especial. Direito civil e do consumidor. Responsabilidade civil. Internet. Portal de notícias. Relação de consumo. Ofensas postadas por usuários. Ausência de controle por parte da empresa jornalística. Defeito na prestação do serviço. Responsabilidade solidária perante a vítima. Valor da indenização. Relator: Ministro Paulo de Tarso Sanseverino, 25 de maio de 2015. Disponível em: https://ww2.stj.jus.br/processo/revista/documento/mediado/?componente=ITA&sequencial=1394836&num_registro=201202318369&data=20150330&formato. Acesso em: 17 maio 2020.

BRASIL. Superior Tribunal de Justiça. *Recurso Especial 1574784/RJ – Rio de Janeiro*. Processual civil e consumidor. Recurso Especial. Ação de indenização de danos materiais e compensação de danos morais. Embargos de declaração. Omissão, contradição ou obscuridade. Não indicação. Súmula 284/STF. Fato do produto ou do serviço. Consumidor por equiparação. Bystander. Aplicação. Cdc. Responsabilidade civil. Solidariedade. Cadeia produtiva ou de fornecimento. Relator: Ministra Nancy Andrighui, 28 de janeiro de 2015. Disponível em: https://ww2.stj.jus.br/processo/revista/documento/mediado/?componente=ITA&sequencial=1725564&num_registro=201403373946&data=20180625&formato. Acesso em: 17 maio 2020.

BRASIL. Superior Tribunal de Justiça. *Recurso Especial 1678429/SP – São Paulo*. Recurso Especial. Responsabilidade civil de transportador aéreo perante terceiros em superfície. Pretensão de ressarcimento por danos materiais e morais. Prazo prescricional. Aparente antinomia entre normas. Código civil de 1916. Código brasileiro de aeronáutica. Código de defesa do consumidor. Prescrição quinquenal. Julgamento: cpc/73. Relator: Ministra Nancy Andrighui, 18 de agosto de 2015. Disponível em: https://ww2.stj.jus.br/processo/revista/documento/mediado/?componente=ITA&sequencial=1741132&num_registro=201501949588&data=20180917&formato. Acesso em: 17 maio 2020.

BRASIL. Superior Tribunal de Justiça. *Recurso Especial 1719090/MS – Mato Grosso do Sul*. Agravo interno no Recurso Especial. Ação declaratória de inexistência de débito C/C pedido condenatório. Decisão monocrática que negou provimento ao pelo extremo. Irresignação do réu. Relator: Ministro Marco Buzzi, 22 de janeiro de 2018. Disponível em: https://ww2.stj.jus.br/processo/revista/documento/mediado/?componente=ITA&sequencial=1843941&num_registro=201800092930&data=20190628&formato. Acesso em: 17 maio 2020.

BRASIL. Superior Tribunal de Justiça. *Recurso Especial 1734733/PE – Pernambuco*. Tributário e processual civil. Repetição de indébito. Ausência de requerimento administrativo. Interesse processual. Inexistência de resistência da administração fazendária. Relator: Ministro Herman Benjamin, 13 de abril de 2018. Disponível em: https://ww2.stj.jus.br/processo/revista/documento/mediado/?componente=ITA&sequencial=1721379&num_registro=201800822561&data=20181128&formato. Acesso em: 17 maio 2020.

BRASIL. Superior Tribunal de Justiça. *Recurso Especial 1774372/RS – Rio Grande do Sul*. Recurso Especial. Ação de indenização por danos materiais e compensação do dano moral. Morte da parte autora antes da interposição do recurso. Desconhecimento do fato pelos advogados e ausência de demonstração da má-fé. Sucessão processual requerida pelo espólio e regularização da representação processual. Validade dos atos processuais. Negativa de prestação jurisdicional. Ausência. Risco inerente ao medicamento. Dever de informar qualificado do fabricante. Violação. Defeito do produto. Risco do desenvolvimento. Defeito de concepção. Fortuito interno. Responsabilidade objetiva do fabricante configurada. Culpa concorrente do consumidor afastada. Comprovação dos danos emergentes e dos lucros cessantes. Necessidade de liquidação da sentença. Reexame de fatos e provas. Súmula 7/stj. Dano moral. Majoração da verba fixada. Verba alimentar recebida em antecipação de tutela. Natureza irrepetível. Compensação inviável. Incidente de falsidade julgado improcedente. Ônus da sucumbência que recai sobre a parte vencida. Julgamento: CPC/15. Relator: Ministra Nancy Andrighui, 17 de outubro de 2018. Disponível em: https://ww2.stj.jus.br/processo/revista/documento/mediado/?componente=ITA&sequencial=1936328&num_registro=201802726913&data=20200518&format. Acesso em: 17 maio 2020.

BRASIL. Superior Tribunal de Justiça. *Recurso Especial 1837434/SP – São Paulo*. Civil. Recurso Especial. Ação de cobrança de indenização securitária cumulada com compensação de danos morais e reparação de danos materiais. Contrato de seguro. Cláusula contratual que prevê a cobertura securitária para roubo e furto qualificado. Ocorrência de furto simples. Cláusula limitativa de cobertura securitária. Cláusula contratual abusiva. Falha no dever de informação ao consumidor. Indenização devida. Compensação por danos morais. Não configurado. Alegação genérica de ofensa à Lei. Súmula 284/STF. Relator: Ministra Nancy Andrighui, 28 de julho de 2019. Disponível em: https://ww2.stj.jus.br/processo/revista/documento/mediado/?componente=ITA&sequencial=1894931&num_registro=201902119395&data=20191205&for. Acesso em: 17 maio 2020.

BRASIL. Superior Tribunal de Justiça. *Recurso Especial 1838837/SP – São Paulo*. Recurso Especial. Processual civil. Impugnação ao cumprimento de sentença. Seguro-garantia judicial. Indicação. Possibilidade. Equiparação a dinheiro. Princípio da menor onerosidade para o devedor e princípio da máxima eficácia da execução para o credor. Compatibilização. Proteção às duas partes do processo. Relator: Ministra Nancy Andrigui. Relator para acordão: Ricardo Villas Bôas Cueva, 16 de abril de 2019. Disponível em: https://ww2.stj.jus.br/processo/revista/documento/mediado/?componente=ITA&sequencial=1936329&num_registro=201900975133&data=20200521&formato. Acesso em: 17 maio 2020.

BRASIL. Superior Tribunal de Justiça. *Recurso Especial 540922/PR – Paraná*. Civil e processual. Doação de sangue. Exames equivocados que atribuíram à doadora doença inexistente. Cadastramento negativo em bancos de sangue. Ação de indenização por dano moral. Ajuizamento na comarca de domicílio da autora. Exceção de incompetência acolhida. Relação de consumo caracterizada. Prestação de serviço. Destinatário final. CDC, Arts. 2º, 3º, § 2º, e 101, I. Exegese. Relator: Ministro Aldir Passarinho Júnio, 9 de junho de 2003. Disponível em: https://ww2.stj.jus.br/processo/revista/documento/mediado/?componente=ITA&sequencial=908098&num_registro=200300725796&data=20091013. Acesso em: 17 maio 2020.

BRASIL. Superior Tribunal de Justiça. *Recurso Especial 814060/RJ – Rio de Janeiro*. Consumidor. Seguro empresarial contra roubo e furto contratado por pessoa jurídica. Microempresa que se enquadra no conceito de consumidor. Cláusula limitativa que restringe a cobertura a furto qualificado. Reprodução da letra da lei. Informação precária. Incidência do art. 54, § 4º, do CDC. Relator: Ministro Luis Felipe Salomão, 2 de fevereiro de 2006. Disponível em: https://ww2.stj.jus.br/processo/revista/documento/mediado/?componente=ITA&sequencial=959331&num_registro=200600146060&data=20100413&format. Acesso em: 17 maio 2020.

BRISTOR, Julia M.; FISCHER, Eileen. Feminist thought: Implications for consumer research. *Journal of Consumer Research*, v. 19, n. 4, p. 518-536, 1993. Available from: https://www.jstor.org/stable/2489438?seq=1. Access en: 17 maio 2020.

BRITTO, Carlos Ayres de. *O humanismo como categoria constitucional*. Belo Horizonte: Fórum, 2007.

BROSSARD, Paulo. Prefácio. In: GRINOVER, Ada Pellegrini et al. *Código Brasileiro de Defesa do Consumidor*: comentado pelos autores do anteprojeto. 8. ed. Rio de Janeiro: Forense Universitária, 2005.

BURGER, Adriana Fagundes; ROCHA, Amélia Soares da. *Cartografia del acesso a la justicia em el Mercosul*. Porto Alegre, RS: ADPERGS, 2012.

BUTLER, Judith. Judith Butler sobre a Covid-19: O capitalismo tem seus limites. Trad. Artur Renzo. *Blog da Boitempo*, 20 mar. 2020. Disponível em: https://blogdaboitempo.com.br/2020/03/20/judith-butler-sobre-o-covid-19-o-capitalismo-tem-seus-limites/. Acesso em: 17 maio 2020.

BUTLER, Judith. Judith Butler: O luto é um ato político em meio à pandemia e suas disparidades [Entrevista concedida a] George Yancy. *Carta Maior*, 4 maio 2020. Disponível em: https://www.cartamaior.com.br/?/Editoria/Pelo-Mundo/Judith-Butler-O-luto-e-um-ato-politico-em-meio-a-pandemia-e-suas-disparidades/6/47390. Acesso em: 23 fev. 2020.

CAMINHA, Uinie; ROCHA, Amélia Soares da. Informação ao consumidor nas decisões do Superior Tribunal de Justiça: a identificação da informação relevante e os custos de transação. *Revista de Direito do Consumidor*, São Paulo, v. 115, n. 27, p. 447-475, jan./fev. 2018. Disponível em: https://revistadedireitodoconsumidor.emnuvens.com.br/rdc/article/view/1070/938. Acesso em: 17 maio 2020.

CAMPOS, Carmen Hein de; SEVERI, Fabiana Cristina; CASTILHO, Ela Wiecko Volkmer de. Críticas feministas ao direito: uma análise sobre a produção acadêmica no Brasil. In: CONSÓRCIO LEI MARIA DA PENHA (Org.). *Tecendo fios das críticas feministas ao Direito no Brasil*. Ribeirão Preto, SP: FDRP/USP, 2019.

CANTO, Rodrigo Eidelvein do. *A vulnerabilidade dos consumidores no comércio eletrônico*: reconstrução da confiança na atualização do Código de Defesa do Consumidor. São Paulo: Ed. RT, 2015.

CAPPELLETTI, Mauro; GARTH, Bryant. *Acesso à justiça*. Trad. Ellen Gracie Northfleet. Porto Alegre, RS: Sergio Antônio Fabris Editor, 1988. Reimpresso em 2002.

CAPRI, Marcos. Contratos em rede e racionalidade judicial. *Revista de Direito do Consumidor*, São Paulo, v. 113, p. 299-334, set./out. 2017. Disponível em: https://revistadedireitodoconsumidor.emnuvens.com.br/rdc/article/view/1009/891. Acesso em: 15 jan. 2020.

CARDOSO, Fernando Henrique. Prefácio. In: CASTELLS, Manuel. *A sociedade em rede*. Trad. Carlos Nelson Coutinho, Leandro Konder. 18. ed. (A era da informação: economia, sociedade e cultura). São Paulo: Paz e Terra, 2017. v. I.

CARDOSO, Luciana Zaffalon Leme. *Uma fenda na justiça*: a Defensoria Pública e a construção de inovações democráticas. São Paulo: Hucitec, 2010. (Coleção "Estudos brasileiros").

CARDOSO, Ruth. Prefácio. In: CASTELLS, Manuel. *O poder da identidade*. Trad. Klauss Brandini Gerhardt. (A era da informação: economia, sociedade e cultura). São Paulo: Paz e Terra, 2018. v. II..

CARVALHO, Alexander Perazo Nunes; SOUSA, Raphaella Prado Aragão. A influência da psicopolítica digital nas contratações virtuais e seus reflexos no aumento da vulnerabilidade do consumidor. *Revista de Direito do Consumidor*, São Paulo, v. 123, p. 289-309, maio/jun. 2019. ePUB (biblioteca digital UNIFOR).

CARVALHO, Luis Gustavo Grandinetti Castanho de. A informação como bem de consumo. In: MARQUES, Cláudia Lima; MIRAGEM, Bruno. *Doutrinas Essenciais Direito do Consumidor*. São Paulo: Ed. RT, v. II, p. 549-560, 2011.

CASAGRANDE, Renato. Apresentação. In: BRASIL. Senado Federal. Câmara dos Deputados. *Relatório Código de Defesa do Consumidor*. Versão final. Brasília: Senado Federal/Câmara dos Deputados, 2010. Disponível em: http://legis.senado.leg.br/sdleg-getter/documento/download/5fb8f6d0-ab-82-4213-b43b-7c8c0fa. Acesso em: 15 jan. 2020.

CASTELLS, Manuel. "A mudança está na cabeça das pessoas" [Entrevista concedida a] Luís Antônio Giron. *Época*, 11 out. 2013. Disponível em: https://epoca.globo.com/ideias/noticia/2013/10/bmanuel-castellsb-mudanca-esta-na-cabeca-das-pessoas.html. Acesso em: 15 jan. 2020.

CASTELLS, Manuel. *A galáxia da internet*: reflexões sobre a internet, os negócios e a sociedade. Trad. M. Luiza X. de A. Borges; revisão Paulo Vaz. Rio de Janeiro: Zahar, 2003.

CASTELLS, Manuel. *A sociedade em rede*. Trad. Carlos Nelson C., Leandro Konder. 18. ed. (A era da informação: Economia, Sociedade e Cultura). São Paulo: Paz e Terra, 2017. v. I.

CASTELLS, Manuel. *O poder da identidade*. Trad. Klauss Brandini Gerhardt. (A era da informação: Economia, Sociedade e Cultura). São Paulo: Paz e Terra, 2018. v. II.

CATALAN, Marcos. *A morte da culpa na responsabilidade contratual*. Indaiatuba, São Paulo: Foco, 2019.

CATTERALL, Miriam; MACLARAN, Pauline; STEVENS, Lorna. The transformative potential of feminist critique in consumer research. *ACR North American Advances*, v. 33, p. 222-226, 2006. Available from: https://www.acrwebsite.org/volumes/12285/volumes/v33/NA-33?. Access en: 28 abr. 2020.

CEARÁ. Defensoria Pública do Estado do Ceará. *Resolução n. 91/2013*. [Cria os órgãos de atuação da Defensoria Pública Geral do Estado e dá outras providências]. Conselho Superior da Defensoria Pública Geral do Estado do Ceará, em Fortaleza (CE), 09 de janeiro de 2014. Disponível em: http://www.defensoria.ce.def.br/wp-content/uploads/downloads/2019/11/RESOLU----O-N---91-altera-da---ltima-vers--o-dia-05- de-novembro-de-2019.pdf. Acesso em: 04 maio 2020.

CONHEÇA o Brasil – População: quantidade de homens e mulheres. *IBGE*, 2012–2019. Disponível em: https://educa.ibge.gov.br/jovens/conheca-o-brasil/populacao/18320-quantidade-de-homens--e-mulheres.html. Acesso em: 04 maio 2020.

COSTA, Geraldo de Farias Martins da. *Superendividamento*: a proteção do consumidor de crédito em direito comparado brasileiro e francês. São Paulo: Ed. RT, 2006.

COUTORE, Eduardo J. *Introdução ao processo civil*. Rio de Janeiro: Forense, 2001.

DAVIS, Ângela. *Mulheres, raça e classe*. Trad. Heci Regina Candiani. São Paulo: Boitempo, 2016.

DENSA, Roberta. *Direito do consumidor*. 9. ed. São Paulo: Atlas, 2014.

DENSA, Roberta. *Mercado de limões*. São Paulo, 2020. No prelo.

DENSA, Roberta. *Proteção jurídica da criança consumidora*: entretenimento, classificação indicativa, filmes, jogos, jogos eletrônicos, exposição de arte. São Paulo: Foco, 2018.

DESCUBRA o que é o Uber e saiba como ele funciona. *Uber*, 16 set. 2018. Disponível em: https://www.uber.com/pt-BR/blog/o-que-e-uber/ Acesso em: 15 jan. 2020.

DOUZINAS, Costa. *O fim dos direitos humanos*. Trad. Luzia Araújo. São Leopoldo, RS: Unisinos, 2009.

DUPRAT, Deborah. Igualdade de gênero, cidadania e direitos humanos. In: FERRAZ, Carolina Valença; LEITE, Glauber Salomão (Coord.). *Direito à diversidade*. São Paulo: Atlas, 2015. p. 163-175.

ENGEL, Christoph. Apresentação. In: NUNES, Marcelo Guedes. *Jurimetria*: como a estatística pode reinventar o direito. 2. ed. São Paulo: Ed. RT, 2019.

FALEIROS JUNIOR, José Luiz de Moura. Coronavírus e deveres estatais: o perfil dos novos tempos. In: MONTEIRO FILHO, Carlos Edison do Rêgo; ROSENVALD, Nelson; DENSA, Roberta. *Coronavírus e responsabilidade civil*: impactos contratuais e extracontratuais. Indaiatuba, SP: Foco, 2020.

FEFERBAUM, Marina; SILVA, Alexandre P. Direito e mudanças tecnológicas: automação, inteligência, artificial e os novos desafios do ensino jurídico. *Revista de Direito e as Novas Tecnologias*, São Paulo, v. 1, p. 69-91, out./dez. 2018. ePUB (biblioteca digital UNIFOR).

FERIATO, Juliana Marteli Fais. Antropologia do consumo: estudo da publicidade como meio limitante da liberdade. *Revista de Direito do Consumidor*, São Paulo, v. 26, n. 114, p. 101–124, nov./dez. 2017. ePUB (biblioteca digital UNIFOR).

FILOMENO, José Geraldo Brito. ("Disposições gerais"). In: GRINOVER, Ada Pellegrini et al. *Código Brasileiro de Defesa do Consumidor*: comentado pelos autores do anteprojeto. 8. ed. Rio de Janeiro: Forense Universitária, 2005.

FONSECA, Patrícia Galindo. *Direito do consumidor*. Niterói, RJ: Eduff; Editora da Universidade Federal Fluminense, 2017.

FRITZ, Karina Nunes. Entrevista com Maria Celina Bodin de Moraes. *Revista de Direito Civil Contemporâneo*. São Paulo: Ed. RT, v. 6, n. 3, p. 279-296, jan./mar. 2016. Disponível em: http://ojs.direitocivilcontemporaneo.com/index.php/rdcc/article/. Acesso em: 04 maio 2020.

FUX, Luiz. Prefácio. In: WOLKART, Erik Navarro. *Análise econômica do processo civil*: como a economia, o direito e a psicologia podem vencer a tragédia da justiça. São Paulo: Ed. RT, 2019.

GAIO JR., Antônio Pereira. A dimensão internacional do consumo: ONU e a proteção ao consumidor. *Diritto.it*, 10 aprile 2008. Disponibile in: https://www.diritto.it/a-dimensao-internacional-do-consumo-onu-e-a-protecao-ao-consumidor/#_. Accesso in: 30 maio 2020.

GICO JR., Ivo. Introdução ao direito e economia. In: CATEB, Alexandre Bueno et al; TIMM, Luciano Benetti (Coord.). *Direito e economia no Brasil*: estudos sobre a análise econômica do direito. 3. ed. Indaiatuba, SP: Foco, 2019. p. 1–32.

GIDDENS, Anthony; LASH, Scott; BECK, Ulrich. *Modernização reflexiva*: política, tradição e estética na ordem social moderna. 2. ed. São Paulo: UNESP, 2012.

GLEICK, James. *A informação*: uma história, uma teoria, uma enxurrada. Trad. Augusto Calil. São Paulo: Companhia das Letras, 2013.

GOMES, Orlando (Coord.). *Introdução ao direito civil*. Atualizadores Edivaldo Brito e Reginalda Paranhos de Brito. 22. ed. Rio de Janeiro: Forense, 2019.

GOMES, Orlando. A caminho dos microssistemas. *Novos temas de direito civil*. São Paulo: Saraiva, 1983.

GOMES, Orlando. *Raízes históricas e sociológicas do Código Civil brasileiro*. 2. ed. São Paulo, SP: Martins Fontes, 2006.

GONÇALVES FILHO, Edilson Santana. *Defensoria pública e a tutela coletiva dos direitos* – Teoria e prática. 2. ed. rev. atual. e ampl. Salvador, BA: JusPodivm, 2016.

GRINOVER, Ada Pelegrini; BENJAMIN, Antonio Herman de Vasconcellos e. Introdução. In: GRINOVER, Ada Pellegrini et al. *Código Brasileiro de Defesa do Consumidor*: comentado pelos autores do anteprojeto. 8. ed. Rio de Janeiro: Forense Universitária, 2005.

HAN, Byung-Chul. *Sociedade da transparência*. Petrópolis – RJ: Vozes, 2017.

HILBERT, Martin; LÓPEZ, Priscila. The world's technological capacity to store, communicate, and compute information. *Science*, v. 332, Issue 6025, p. 60-65, 2011. Available from: https://science.sciencemag.org/content/332/6025/60.abstract. Access en: 10 may 2020.

IBGE. *População do Brasil*: projeção. 2018. Disponível em: https://www.ibge.gov.br/apps/populacao/projecao/box_popclock. Acesso em: 13 ago. 2018.

JAYME, Erik. O direito internacional privado do novo milênio: a proteção da pessoa humana face à globalização (2000). *Cadernos do Programa de Pós-Graduação em Direito – PPGDir./UFRGS*, Porto Alegre, v. 1, n. 1, p. 133–146, 2003. Disponível em: https://seer.ufrgs.br/ppgdir/article/view/43490/27368. Acesso em: 04 maio 2020.

JAYME, Erik. Visões para uma teoria pós-moderna do direito comparado. *Revista dos Tribunais*, São Paulo, v. 88, n. 759, p. 24-40, 1999. ePUB (biblioteca digital UNIFOR).

JUNTE-SE ao WhatsApp. *WhatsApp*, [20-]. Disponível em: https://www.whatsapp.com/join/?lang=pt_br. Acesso em: 11 jan. 2020.

JUSTIÇA em números. *CNJ*, 2018. Disponível em: https://paineis.cnj.jus.br/QvAJAXZfc/opendoc.htm?document=qvw_l%2FPainelCNJ.qvw&host=QVS%40neodimio03&anonymous=true&sheet=shResumo. Acesso em: 04 maio 2020.

KELSEN, Hans. *O problema da justiça*. 5. ed. São Paulo: Martins Fortes, 2011.

KIRCHNER, Felipe. Prefácio. In: COSTA, Domingo Barroso da; GODOY, Arion Escorsin de. *Educação em direitos e Defensoria Pública*: cidadania, democracia e atuação nos processos de transformação política, social e subjetiva. Curitiba: Juruá, 2014.

KRETZMANN, Renata Pozzi. *Informação nas relações de consumo*: o dever de informar do fornecedor e suas repercussões jurídicas. Belo Horizonte, MG: Casa do Direito, 2019.

LEAL, Saul Tourinho. *Direito à felicidade*. São Paulo, SP: Almedina, 2017.

LÉVY, Pierre. *O que é o virtual?* Trad. Paulo Neves. São Paulo: Editora 34, 1996.

LIMA, Fernanda da Silva; BORGES, Gustavo. Publicidade e racismo reverso: o que uma campanha publicitária tem a revelar sobre o racismo no Brasil. *Revista de Direito do Consumidor*, São Paulo, v. 123, n. 28, p. 37–76, maio/jun. 2019. Disponível em: https://revistadedireitodoconsumidor.emnuvens.com.br/rdc/article/view/1155/1059. Acesso em: 04 maio 2020.

LIMA, Julliana Nogueira Andrade. *Direito juvenil e neurociências*: fato e responsabilização. Rio de Janeiro: Lumen Juris, 2019.

LIMA, Mariana Carvalho de Paula de. Vulnerabilidade, desativação do direito e reinvenção por intermédio da Defensoria Pública. In: SIMÕES, Lucas Diz; MORAIS, Flávia Marcelle Torres Ferreira de; FRANCISQUINI, Diego Escobar. *Defensoria pública e a tutela estratégica dos coletivamente vulnerabilizados*. Belo Horizonte: D'Placido, 2019.

LORENZETTI, Ricardo Luís. *Comércio eletrônico*. São Paulo: Ed. RT, 2004.

MAIA, Maurílio Casas. A facilitação da defesa do consumidor em juízo na formação de precedentes e um novo interveniente processual em favor do vulnerável: a Defensoria Pública enquanto custo vulnerabilis. *Revista de Direito do Consumidor*, São Paulo, v. 29, n. 127, p. 407–435, jan./fev. 2020a. Disponível em: http://bdjur.tjdft.jus.br/xmlui/handle/tjdft/46977. Acesso em: 04 maio 2020.

MAIA, Maurílio Casas. *O ciclo jurídico da vulnerabilidade e a legitimidade institucional da Defensoria Pública limitador ou amplificador constitucional do âmbito jurídico integral*. 2020. Tese (Doutorado em Direito Constitucional) – Universidade de Fortaleza– UNIFOR, Fortaleza, 2020b.

MARQUES, Claudia Lima. 25 anos de Código de Defesa do Consumidor e as sugestões traçadas pela revisão de 2015 das diretrizes da ONU de proteção dos consumidores para a atualização. In: MIRAGEM, Bruno; MARQUES, Claudia Lima; OLIVEIRA, Amanda Flávio. *25 anos do Código de Defesa do Consumidor*: trajetória e perspectivas. São Paulo: Ed. RT, 2016.

MARQUES, Claudia Lima. A nova noção de fornecedor no consumo compartilhado: um estudo sobre as correlações do pluralismo contratual e o acesso ao consumo. *Revista de Direito do Consumidor*, São Paulo, v. 111, p. 247–268, maio/jun. 2017. ePUB (biblioteca digital UNIFOR).

MARQUES, Claudia Lima. A proteção dos consumidores em um mundo globalizado: *studium generale* sobre o consumidor como *homo novus*. *Revista de Direito do Consumidor*, São Paulo, v. 22, n. 85, p. 25–63, jan./mar. 2013. Disponível em: http://bdjur.tjdft.jus.br/xmlui/handle/tjdft/18648. Acesso em: 04 maio 2020.

MARQUES, Claudia Lima. *Confiança no comércio eletrônico e a proteção do consumidor*: um estudo dos negócios jurídicos de consumo no comércio eletrônico. São Paulo: Ed. RT, 2004.

MARQUES, Claudia Lima. Contratos bancários em tempos pós-modernos – primeiras reflexões. *Revista da Faculdade de Direito da UFRGS*, Porto Alegre, v. 15, p. 33–53, 1998. Disponível em: https://seer.ufrgs.br/revfacdir/article/view/70387. Acesso em: 04 maio 2020.

MARQUES, Claudia Lima. Contratos de time-sharing e a proteção dos consumidores: crítica ao direito civil em tempos pós-modernos. *Revista de Direito do Consumidor*, São Paulo, n. 22, p. 64–86, abr./jun. 1997. ePUB (biblioteca digital UNIFOR).

MARQUES, Claudia Lima. *Contratos no Código de Defesa do Consumidor*: o novo regime das relações contratuais. 9. ed. São Paulo: Ed. RT, 2019.

MARQUES, Claudia Lima. Diálogo entre o Código de Defesa do Consumidor e o novo Código Civil – Do "diálogo das fontes" no combate às cláusulas abusivas. *Revista de Direito do Consumidor*, São Paulo, n. 45, p. 71-99, jan./mar. 2003. ePUB (biblioteca digital UNIFOR).

MARQUES, Caudia Lima. Estudo sobre a vulnerabilidade dos analfabetos na sociedade de consumo: o caso do crédito consignado a consumidores analfabetos. *Revista de Direito do Consumidor*, São Paulo, v. 23, n. 95, p. 99-145, set./out. 2014. ePUB (biblioteca digital UNIFOR).

MARQUES, Claudia Lima. Mulheres, idosos e superendividamento dos consumidores: cinco anos de dados empíricos do projeto-piloto em Porto Alegre. *Revista de Direito do Consumidor*, São Paulo, v. 24, n. 100, p. 393-423, jul./ago. 2015. ePUB (biblioteca digital UNIFOR).

MARQUES, Claudia Lima. Novas regras sobre a proteção do consumidor nas relações contratuais. *Revista de Direito do Consumidor*, São Paulo, n. 1, p. 27-54, mar. 1992. ePUB (biblioteca digital UNIFOR).

MARQUES, Claudia Lima. Prefácio. In: NOVAIS, Alinne Arquette Leite. *A teoria contratual e o Código de Defesa do Consumidor*. São Paulo: Ed. RT, 2001.

MARQUES, Claudia Lima. Proteção do consumidor no comércio eletrônico e a chamada nova crise do contrato: por um direito do consumidor aprofundado. *Revista de Direito do Consumidor*, São Paulo, v. 15, n. 57, p. 9–59, jan./mar. 2006. ePUB (biblioteca digital UNIFOR).

MARQUES, Claudia Lima. Superação das antinomias pelo diálogo das fontes: o modelo brasileiro de coexistência entre o Código de Defesa do Consumidor e o Código Civil de 2002. *Revista de Direito do Consumidor*, São Paulo, n. 51, p. 34-67, jul./set. 2004. ePUB (biblioteca digital UNIFOR).

MARQUES, Claudia Lima; BENJAMIN, Antonio Herman V.; BESSA, Leonardo Roscoe. *Manual de direito do consumidor*. 8. ed. São Paulo: Ed. RT, 2017.

MARQUES, Claudia Lima; BENJAMIN, Antônio Herman V.; MIRAGEM, Bruno. *Comentários ao Código de defesa do consumidor*. 4. ed. rev. atual. e ampl. São Paulo: Ed. RT, 2013.

MARQUES, Cláudia Lima; MIRAGEM, Bruno. *O novo direito privado e a proteção dos vulneráveis*. 2. ed. São Paulo: Ed. RT, 2014.

MARQUES, Sabrina Durigon. Defensoria e democracia. *Defensoria pública de São Paulo*, [20-]. Disponível em: https://www.defensoria.sp.def.br/dpesp/repositorio/31/documentos/defensoria%20e%20democracial.pdf. Acesso em: 3 mar. 2013.

MARTINELLI, Andréa. Angela Davis: "Quando as mulheres negras forem finalmente livres, o mundo será livre". *HuffPost*, 21 out. 2019. Disponível em: https://www.huffpostbrasil.com/entry/angela-davis-no-brasil_br_5daddd7ce4b0f34e3a7a6b67. Acesso em: 04 maio 2020.

MARTINS, Fernando Rodrigues; LIMA, Thainá Lopes Gomes. Da vulnerabilidade digital à curiosa "vulnerabilidade empresarial": polarização da vida e responsabilidade civil do impulsionador de conteúdos falsos e odiosos na "idade" da liberdade econômica. *Revista de Direito do Consumidor*, São Paulo, n. 128, p. 119–161, mar./abr. 2020. Disponível em: https://dspace.almg.gov.br/handle/11037/37525. Acesso em: 04 maio 2020.

MARTINS, Guilherme Magalhães (Coord.). *Direito privado e internet*. São Paulo: Atlas, 2014.

MARTINS, Leonardo. Direito fundamental à igualdade. In: CANOTILHO, J. J. Gomes; MENDES, Gilmar Ferreira; SARLET, Ingo Wolfgang; STRECK, Lênio (Coord. científica); LEONCY, Léo Ferreira (Coord. executiva). *Comentários à constituição do Brasil*. São Paulo: Saraiva, 2013.

MÉO, Letícia Caroline. *Greenwashing e o direito do consumidor*: como prevenir (ou reprimir) o *marketing* ambiental ilícito. São Paulo: Ed. RT, 2019.

MINISTRO Sanseverino traça cenário da jurisprudência do STJ sobre responsabilidade civil no CDC. *STJ*, 16 nov. 2015. Disponível em: http://www.stj.jus.br/sites/portalp/Paginas/Comunicacao/Noticias-antigas/2015/2015-11-16_19-39_Ministro-Sanseverino-traca-cenario-da-jurisprudencia-do--STJ-sobre- responsabilidade-civil-no-CDC.aspx Acesso em: 21 maio 2020.

MIRAGEM, Bruno. *Curso de direito do consumidor*. 6. ed. São Paulo: Ed. RT, 2016.

MIRAGEM, Bruno. Novo paradigma tecnológico, mercado de consumo digital e o direito do consumidor. *Revista de Direito do Consumidor*, São Paulo, v. 125, n. 28, p. 17-62, set./out. 2019. Disponível em: https://revistadedireitodoconsumidor.emnuvens.com.br/rdc/article/view/1243/1168. Acesso em: 04 maio 2020.

MONTESQUIEU, Charles. *Do espírito das leis*. Trad. Heitor Afonso de Gusmão Sobrinho. eBook Kindle: Amazon, 2015.

MORAES, Maria Celina Bodin de. *Na medida da pessoa humana*: estudos de direito civil –constitucional. Rio de Janeiro: Renovar, 2010.

MORAES, Paulo Valerio Dal Pai. Segurança jurídica – Protagonismo judicial e a neurobiologia do (a) julgador (a). In: REGO, Werson (Coord.). *Segurança jurídica e protagonismo judicial*: desafios em tempos de incertezas - Estudos jurídicos em homenagem ao Ministro Carlos Mario da Silva Velloso. Rio de Janeiro: GZ, 2017. p. 835-874.

NEVES, Vitor. Brasil tem 55 milhões de pessoas abaixo da linha da pobreza. *Jornal da USP*, São Paulo, 2 jan. 2019. Disponível em: https://jornal.usp.br/atualidades/brasil-tem-55- milhoes-de-pessoas-abaixo-da-linha-da- pobreza/#:~:text=De%20acordo%20com%20pesquisa%20da,crit%C3%A9rios%20 adotados% 20pelo%20Banco%20Mundial. Acesso em: 04 maio 2020.

NOJIRI, Sergio (Coord.). *Direito, psicologia e neurociência*. Ribeirão Preto, SP: IELD JUS, 2016.

NUNES, Marcelo Guedes. *Jurimetria*: como a estatística pode reinventar o direito. 2. ed. São Paulo: Ed. RT, 2019.

NUNES, Rizzatto. Art. 5º, XXXII – O Estado promoverá, nos termos da lei, a defesa do consumidor. In: CANOTILHO, J. J. Gomes; MENDES, Gilmar Ferreira; SARLET, Ingo Wolfgang; STRECK, Lênio (Coord. científica); LEONCY, Léo Ferreira (Coord. executiva). *Comentários à constituição do Brasil*. São Paulo: Saraiva, 2013.

O JURI. Dirigido por: Gary Fleder. Inspirado em livro de John Grisham. Lançamento: 17 de outubro de 2003. EUA.

O QUE É o Airbnb e como ele funciona. *Airbnb*, 2020. Disponível em: https://www.airbnb.com.br/help/article/2503/o-que-%C3%A9-o-airbnb-e-como-ele-funciona. Acesso em: 15 jan. 2020.

O QUE é o Power BI Desktop? *Microsoft*, 16 dez. 2019. Disponível em: https://docs.microsoft.com/pt-br/power-bi/fundamentals/desktop-what-is- desktop#:~:text=O%20Power%20BI%20Desktop%20 %C3%A9,%2Dos%20e%20visualize% 2Dos. Acesso em: 23 jun. 2020.

OLIVEIRA, Amanda Flávio; CARVALHO, Diógenes Faria. Vulnerabilidade comportamental do consumidor: por que é preciso proteger a pessoa endividada. In: MIRAGEM, Bruno; MARQUES,

Cláudia Lima; OLIVEIRA, Amanda Flávio. *25 anos do Código de Defesa do Consumidor*: trajetória e perspectivas. São Paulo: Ed. RT, 2016.

OLIVEIRA, Amanda Flávio; FERREIRA, Felipe Moreira dos Santos. Análise econômica do direito do consumidor em períodos de recessão: uma abordagem a partir da economia comportamental. *Revista de Direito do Consumidor*, São Paulo, v. 21, n. 81, p. 13-38, jan./mar. 2012. Disponível em: http://bdjur.tjdft.jus.br/xmlui/handle/tjdft/22123. Acesso em: 04 maio 2020.

OLIVEIRA, James Eduardo. *Código de Defesa do Consumidor* – Anotado e comentado, doutrina e jurisprudência. 5. ed. São Paulo: Atlas, 2011.

ORGANIZAÇÃO DAS NAÇÕES UNIDAS. *Relatório de desenvolvimento humano do PNUD destaca altos índices de desigualdade no Brasil*. Nações Unidas, 9 dez. 2019. Disponível em: https://nacoesunidas.org/relatorio-de-desenvolvimento-humano-do-pnud-destaca-altos-indices-de-desigualdade-no-brasil/. Acesso em: 04 maio 2020.

PAISANT, Gilles. El covid-9 y la situación jurídica de los consumidores: una mirada desde Francia. *Revista de Direito do Consumidor*, São Paulo: Ed. RT, v. 130, p. 17-26, jul./ago. 2020.

PASQUALOTTO, Adalberto. O Código de Defesa do Consumidor em face do novo Código Civil. *Revista de Direito do Consumidor*, São Paulo, n. 42, p. 49–85, abr./jun. 2002. ePUB (biblioteca digital UNIFOR).

PORTANOVA, Rui. *Motivações ideológicas da sentença*. 3. ed. Porto Alegre, RS: Livraria do Advogado, 1997.

PORTO, José Cláudio Diógenes. Direito/dever de explicação nos contratos de adesão. In: LIMA, Luiz Sávio Aguiar. *Estudos contemporâneos de direito do consumidor*. Rio de Janeiro: Lumen Juris, 2018. p. 95-107.

PRADO, Marco Aurélio Máximo; MACHADO, Frederico Viana. *Preconceito contra homossexualidades*: a hierarquia da invisibilidade. 2. ed. São Paulo: Cortez, 2012.

PRIVACIDADE hackeada mostra os bastidores do escândalo Cambridge analítica e facebook. *O Globo*, Rio de Janeiro, 20 jul. 2019. Disponível em: https://oglobo.globo.com/economia/privacidade-hackeada-mostra-os-bastidores-do-escandalo-cambridge-analytica-facebook-23822076. Acesso em: 04 maio 2020.

QUASE 90% dos parentes de referência que buscam a Rede Acolhe são mulheres. *Defensoria Pública do Estado do Ceará*, 20 nov. 2019. Disponível em: http://www.defensoria.ce.def.br/noticia/quase-90-dos-parentes-de-referencia-que-buscam-a-rede-acolhe-sao-mulheres/. Acesso em: 04 maio 2020.

RÉ, Aluísio Iunes Monti Ruggeri; REIS, Gustavo Augusto Soares do (Org.). *Temas aprofundados defensoria pública*. Salvador: Juspodivm, 2014. v. II.

REINO Unido anuncia multa a Facebook por vazamento da Cambridge Analytica. *Folha de S. Paulo*, 10 jul. 2018. Disponível em: https://www1.folha.uol.com.br/mundo/2018/07/reino-unido-anuncia-multa-a-facebook-por-vazamento-da-cambridge-anayltica.shtml. Acesso em: 14 ago. 2018.

REIS, Emanuel. O que é uma live? Saiba tudo sobre as transmissões ao vivo na Internet. *TecTudo*, 24 mar. 2020. Disponível em: https://www.techtudo.com.br/noticias/2020/03/o-que-e-uma-live-saiba-tudo-sobre-as-transmissoes-ao-vivo-na-. Acesso em: 24 jun. 2020.

REIS, Tiago. Grupo Safra Empresas – gigante do setor bancário com atuação mundial. *Suno*, 27 nov. 2017. Disponível em: https://www.sunoresearch.com.br/artigos/safra-empresas/#:~:text=Banco%20safra%3A%20%C3%89%20um%20banco,para%20empresas%20e%20pessoas%20f%C3%ADsicas. Acesso em: 04 maio 2020.

RIBEIRO, Djamila. *Lugar de fala* (feminismos plurais). São Paulo: Sueli Carneiro; Pólen, 2019.

RIBEIRO, Djamila. Prefacio. In: DAVIS, Ângela. *Mulheres, raça e classe*. Trad. Heci Regina Candiani. São Paulo: Boitempo, 2016.

RIO DE JANEIRO (Estado). Tribunal de Justiça do Rio de Janeiro. Agravo de Instrumento n. 0013857-50.2019.8.19.0000. Relator: Desembargador Fernando Foch de Lemos Arigony da Silva. Rio de Janeiro, RJ, julgado em 04/09/2019. *Diário de Justiça eletrônico*, Brasília, DF, 06 set. 2019.

ROCHA, Amélia Soares da. *Defensoria pública*: fundamentos, organização e funcionamento. São Paulo: Atlas, 2013.

ROCHA, Amélia Soares da. Prefácio. In: AMORIM, Ana Mônica Anselmo de. *Acesso à Justiça como direito fundamental e defensoria pública*. Curitiba: Juruá, 2017.

ROCHA, Amélia Soares da. Prefácio. In: GONÇALVES FILHO, Edilson Santana. *Defensoria pública e a tutela coletiva dos direitos - Teoria e prática*. 2. ed. rev. atual. e ampl. Salvador, BA: JusPodivm, 2016.

ROCHA, Amélia Soares da; MORAIS, Flávia Marcelle Torres Ferreira de. A atuação da Defensoria Pública como um dos instrumentos de efetivação da cidadania da população em situação de rua. In: GRINOVER, Ada Pellegrini; ALMEIDA, Gregório Assagra de; GUSTIN, Miracy; LIMA, Paulo César Vicente de; IENNACO, Rodrigo (Org.). *Direitos fundamentais das pessoas em situação de rua*. Belo Horizonte: D'Plácido, 2014.

ROCHA, Cármem Lúcia Antunes. O constitucionalismo contemporâneo e a instrumentalização para a eficácia dos direitos fundamentais. *Revista CEJ*, Brasília, DF, v. 1, n. 3, p. 76-91, 1997. Disponível em: https://www.cjf.jus.br/ojs2/index.php/revcej/article/viewArticle/116. Acesso em: 31 maio 2020.

ROCHA, Cármen Lúcia Antunes. *O princípio constitucional da igualdade*. Belo Horizonte: Lê, 1990.

RODOTÁ, Stefano. *A vida na sociedade da vigilância*: a privacidade hoje. Organização, seleção e apresentação de Maria Celina Bodin Moraes. Rio de Janeiro: Renovar, 2008.

ROHRMANN, Carlos Alberto. *Curso de direito virtual*. Belo Horizonte: Del Rey, 2005.

ROVAI, Armando Luiz; SANTOS, André Luiz Lopes dos. "Consumidores somos todos nós". *Ministério da Justiça e Segurança Pública*, 16 mar. 2017. Disponível em: https://www.justica.gov.br/news/201c-consumidores-somos-todos-nos201d. Acesso em: 30 maio 2020.

SABBAH, Françoise. The new media. In: CASTELLS, Manuel. *High technology, space, and society*. Beverly Hills, Calif.: Sage Publications, 1985.

SADEK, Maria Tereza Aina (Org.). *O sistema de justiça*. Rio de Janeiro: Centro Edelstein de Pesquisas Sociais, 2010.

SADEK, Maria Tereza Aina. Apresentação. In: SIMÕES, Lucas Diz; MORAIS, Flávia Marcelle Torres Ferreira de; FRANCISQUINI, Diego Escobar. *Defensoria Pública e a tutela estratégica dos coletivamente vulnerabilizados*. Belo Horizonte: D'Placido, 2019a.

SADEK, Maria Tereza Aina. Prefácio. In: ALVES, Cleber Francisco; GONZÁLEZ, Pedro. *Defensoria Pública no Século XXI*: novos horizontes e desafios. 2. ed. Rio de Janeiro: Lumen Juris, 2019b.

SADEK, Maria Tereza Aina. Introdução. In: BRASIL. Ministério da Justiça. *Estudo diagnóstico Defensoria Pública no Brasil*. Brasília: MJ, 2004. Disponível em: http://bibliotecadigital.seplan.planejamento.gov.br/bitstream/handle/iditem/192/Diag_defenso ria.pdf?sequence=3&isAllowed=y. Acesso em: 04 maio 2020.

SANTOS, Adrianna de Alencar Setubal; VASCONCELOS, Fernando Antônio de. Novo paradigma da vulnerabilidade: uma releitura a partir da doutrina. *Revista de Direito do Consumidor*, São Paulo, v. 116, n. 27, p. 19-49, mar./abr. 2018.

SANTOS, Boaventura de Sousa. *A cruel pedagogia do vírus*. São Paulo: Boitempo, 2020.

SANTOS, Boaventura de Sousa. *Pela mão de Alice*: o social e o político na pós-modernidade. 14. ed. São Paulo: Cortez, 2013.

SANTOS, Boaventura de Sousa. Prefácio. In: SIMÕES, Lucas Diz; MORAIS, Flávia Marcelle Torres Ferreira de; FRANCISQUINI, Diego Escobar. *Defensoria pública e a tutela estratégica dos coletivamente vulnerabilizados*. Belo Horizonte: D'Placido, 2019.

SANTOS, Boaventura de Sousa. *Reconhecer para libertar*: os caminhos do cosmopolitanismo multicultural. Rio de Janeiro: Civilização Brasileira, 2003.

SANTOS, Élida de Oliveira Lauris. *Acesso para quem precisa, justiça para quem luta, direito para quem conhece*: dinâmicas de colonialidade e narra (alterna-)tivas do acesso à justiça no Brasil e em Portugal. 2013. 416f. Tese (Doutorado em Pós-Colonialismos e Cidadania Global) – Faculdade de Economia da Universidade de Coimbra, Portugal, 2013. Disponível em: https://estudogeral.uc.pt/bitstream/10316/24297/1/Tese%20Elida%20final_29-09-2013.pdf. Acesso em: 04 maio 2020.

SANTOS, Milton. A aceleração contemporânea. In: SANTOS, Milton; SOUZA, Maria Adélia Aparecida de; SCARLATO, Francisco Capuano; ARROYO, Mónica (Org.). *Novo mapa do mundo*: fim de século e globalização. São Paulo: Hucitec/Anpur, 1993.

SANTOS, Milton. *O espaço do cidadão*. São Paulo: Nobel, 1987.

SAPHIER, Angélica. Acrobatismo jurídico e vulnerabilidade digital em tempos de Covid-19. *Consultor Jurídico*, São Paulo, 5 maio 2020. Disponível em: https://www.conjur.com.br/2020-mai-05/angelica-saphier-acrobatismo-juridico-vulnerabilidade-digital#author. Acesso em: 20 maio 2020.

SCHWARTZ, Fábio de Souza. *Hiperconsumo e hiperinovação*: combinação que desafia a qualidade da produção, análise crítica sobre o aumento dos recalls. Curitiba: Juruá, 2016.

SEMINÁRIO internacional debate os 25 anos do Código de Defesa do Consumidor. *STJ*, 16 nov. 2015. Disponível em: http://www.stj.jus.br/sites/portalp/Paginas/Comunicacao/Noticias-antigas/2015/2015-11-16_16-15_Seminario-internacional-debate-os-25-anos-do-Codigo-de-Defesa-do-Consumidor.aspx. Acesso em: 21 maio 2020

SEVERI, Fabiana Cristina. Justiça em uma perspectiva de gênero: elementos teóricos, normativos e metodológicos. *Revista Digital de Direito Administrativo*, São Paulo, v. 3, n. 3, p. 574-601, ago. 2016.

SIDNEI, Beneti fala sobre a defesa do consumidor no Sistema Jurídico Brasileiro durante seminário. *STJ*, 17 nov. 2015. Disponível em: http://www.stj.jus.br/sites/portalp/Paginas/Comunicacao/Noticias-antigas/2015/2015-11-17_13-33_Sidnei-Beneti-fala-sobre-a-defesa-do-consumidor-no-Sistema-Juridico-Brasileiro-durante-seminario.aspx. Acesso em: 21 maio 2020.

SILVA, Gabriele. O que são fake news? *Educa mais Brasil*, 10 dez. 2019. Disponível em: https://www.educamaisbrasil.com.br/educacao/dicas/o-que-sao-fake-news. Acesso em: 25 jun. 2020.

SILVA, Joseane Suzart Lopes. Os contratos padronizados de consumo e a posição visionária de Orlando Gomes em defesa da parte vulnerável. *Revista de Direito Civil Contemporâneo*, São Paulo, v. 16, n. 5, p. 137–158, jul./set. 2018. Disponível em: http://ojs.direitocivilcontemporaneo.com/index.php/rdcc/article/view/455/0. Acesso em: 04 maio 2020.

SIMON, Sandra Lia. Apresentação. In: CONSÓRCIO LEI MARIA DA PENHA (Org.). *Tecendo fios das críticas feministas ao Direito no Brasil*. Ribeirão Preto, SP: FDRP/USP, 2019.

SOARES, Fábio Lopes; LISBOA, Roberto Senise. Jurimetria e sociedade da informação: do custo da reclamação nas relações de consumo. *Revista de Direito do Consumidor*, São Paulo, v. 25, n. 103, p. 225–239, jan./fev. 2016.

SOARES, Gabriel. O Brasil e o mundo também enfrentam o racismo ambiental. *Jornal da USP*, São Paulo, 20 maio 2017. Disponível em: https://jornal.usp.br/radio-usp/radioagencia-usp/o-brasil-e-o-mundo-tambem-enfrentam-o-racismo-ambiental/. Acesso em: 04 maio 2020.

SOBRE o Serviço. *Consumidor.gov.br*, [20-]. Disponível em: https://consumidor.gov.br/pages/conteudo/sobre-servico. Acesso em: 04 maio 2020.

SZTAJN, Rachel; BAROSSI FILHO, Milton. Assimetria e incompletude informacional nas relações de consumo sob a perspectiva de law & economics. In: LEAL, André Cordeiro; SILVA, Michael César; BRAGA NETTO, Felipe Peixoto (Coord.). *Direito privado e contemporaneidade*: desafios e perspectivas do direito privado no século XXI. Indaiatuba, SP: Foco, 2020.

TEPEDINO, Gustavo; FRAZÃO, Ana; OLIVA, Milena Donato (Coord.). *Lei geral de proteção de dados pessoais e suas repercussões no direito brasileiro*. São Paulo: Ed. RT, 2019.

TIMM, Luciano Benetti; GUARISSE, João Francisco Menegol. Análise Econômica dos Contratos. In: CATEB, Alexandre Bueno; TIMM, Luciano Benetti (Org.). *Direito e economia no Brasil*: estudos sobre a análise econômica do direito. 3. ed. Indaiatuba, SP: Foco, 2019.

TJRJ regulamenta funcionamento das câmaras especializadas em Direito do Consumidor. *TJRJ*, 19 set. 2013. Disponível em: http://www.tjrj.jus.br/noticias/noticia/-/visualizar-conteudo/5111210/5155709#:~:-text=TJRJ%20regulamenta%20funcionamento%20das%20c%C3%A2maras%20especializa-das%20em%20Direito%20do%20Consumidor,-Tribunal%20de%20Justi%C3%A7a&text=O%20%C3%93rg%C3%A3o%20Especial%20do%20Tribunal,%C3%BAltimo%20dia%202%20de%20setembro. Acesso em: 25 maio 2020.

TORQUATO, Bruno. Por que ter dados raciais da Covid-19 melhora o enfrentamento à doença. *Ecoa*, 13 abr. 2020. Disponível em: https://www.uol.com.br/ecoa/ultimas-noticias/2020/04/13/dados-raciais-da-covid-19-sao-essenciais-para-acao-igualitaria-diz-medica.htm. Acesso em: 25 maio 2020.

TRINDADE, Antônio Augusto Cançado. *A humanização do direito internacional*. Belo Horizonte: Del Rey, 2006.

TRINDADE, José Damião de Lima. *História social dos direitos humanos*. 3. ed. São Paulo: Editora Petropólis, 2011.

VIANA, Pablo Moreno Fernandes; BELMIRO, Dalila Maria Musa. O racismo brasileiro ou... quando o protagonista não é branco. *Signos do Consumo*, São Paulo, v. 11, n. 1, p. 73-83, jan./jun. 2019. Disponível em: http://www.revistas.usp.br/signosdoconsumo/article/view/150758. Acesso em: 24 jun. 2020.

WOLKART, Erik Navarro. *Análise econômica do processo civil*: como a economia, o direito e a psicologia podem vencer a tragédia da justiça. São Paulo: Ed. RT, 2019.

XEREZ, Rafael Marcílio. *Concretização dos direitos fundamentais*: teoria, método, fato e arte. Rio de Janeiro: Lumen Juris; Direito, 2014.

ZAK, Paul. *A molécula da moralidade*: as surpreendentes descobertas sobre a substância que desperta o melhor em nós. São Paulo: Campus, 2012.

ZOHAR, Danan. *O ser quântico*: uma visão revolucionária da natureza humana e da consciência, baseada na nova física. Trad. Maria Antonia Van Acker. Rio de Janeiro: Best Seller, 2012.

ZUFELATO, Camilo. A participação da Defensoria Pública nos processos coletivos de hipossuficientes: da legitimidade ativa à intervenção *Ad Coajuvandum*. In: RÉ, Aluisio Iunes Monti Ruggeri (Org.). *Temas aprofundados da defensoria pública*. 2. ed. Salvador: Juspodivm, 2013. v. 1.

ANOTAÇÕES